구속사
성경해석과 설교

– 사무엘상–

INTERPRETATION REDEMPTIVE HISTORICAL
AND PREACHING OF THE SCRIPTURE

구속사성경신학연구원

하늘
기획

구속사
성경해석과 설교

– 사무엘상–

INTERPRETATION REDEMPTIVE HISTORICAL
AND PREACHING OF THE SCRIPTURE

구속사성경신학연구원

책을 열며

그리스도교는 성경이 교회의 설립과 존립(存立), 성도의 신앙과 생활의 유일한 법칙이라는 신조(信條) 위에 서 있다. 성경은 왜 교회와 성도의 신앙·생활의 표준이 되는가? 그것은 성경 자체의 권위 때문이다. 성경은 사람들이 쓴 것이지만 하나님의 감동으로 된 계시의 말씀이다. 하나님의 성언(聖言)·계시라는 그 자체에서 권위가 드러나는 것이다. 또한 성경의 권위는 '해석' 이라는 중계(中繼)를 통해 본문이 '케리그마(Kerygma)' 로 선포될 때 세워진다.

이 세상의 창조에는 원리와 원칙이 있다. 이를 가리켜 창조의 질서와 조화라고 한다. 성경에도 해석하는 원리와 원칙이 있다. 하나님께선 무엇 때문에, 무엇을 드러내시려고 성경의 저자들에게 성령님의 감동 가운데 자기의 뜻을 알리셨는가? 과연 성경 계시의 원리·원칙은 무엇인가?

구약 성경은 오실 메시아의 언약과 선지자들의 예언으로 그 안에서 하나님의 영광과 인류 구원을 성취하러 오시는 예수 그리스도를 알리셨다. 구약의 구속사이다. 신약 성경은 하나님의 영광과 인류 구원을 십자가 구속으로 이루신 그리스도를 선포한다. 사도들과 전도자들은 오직 십자가와 부활의 구속사를 증언했다. 예수 그리스도의 구속사다. "너희가 성경에서 영생을 얻는 줄 생각하고 성경을 연구하거니와 이 성경이 곧 내게 대하여 증언하는 것이니라" (요 5:39).

지난 몇 년간(2020-2022년) 한국 교회는 예기치 못한 코로나 팬데믹의 도전 앞에 한때 예배가 중단되고, 인터넷(방송) 설교 앞에 우리 영혼을 의탁해야 했다. 누구보다 조국 교회의 건강한 강단을 소망하며, 광야의 세례 요한처럼 오직 '구속사 설교와 삶' 을 외치셨던 고 이준일 목사님(구속사성경신학연구원장)은 결국 2022년 7월 6일, 위중했던 코로나와 무더위를 이기지 못하시고 우리 곁을 떠나셨다. 나를 데리러 오실 주님을 그렇게 기다리고 사모하시더니 당신의 소원대로 주님의 품에 안기셨다. 이곳에 남은 우리는 황망할 수밖에 없었고, 선장을 잃은 배처럼 휘청거렸다. 그러나 한 평생 '오직 예수' '오직 구속사' 만을 열망하셨던 원장님의 구속사 불씨가 아직 일원(一員)들의 가슴에 남았기에 심기일전(心機一轉), 다시 구속사 모임을 이어갔다. 조국 교회의 강단마다 울려 퍼질 '구속사 설교' 를 위해 초연히 가셨던 당신의 그 길을 이제는 구속사 후학들이 달려 가려고 한다.

원장님의 유작(遺作)중 시편을 셋으로 나눠 시편 1권(1-41편), 2권(42-86편), 3권(87-150편)과 여호수아/사사기 합본을 앞서냈고, 이번에 사무엘상을 세상에 내놓게 되었다. 이 또한 구속사 회원들의 아낌없는 후원과 기도, 지대한 관심 속에서 가능했고, 무엇보다 편집위원들의 수고가 남달랐다. 조국 교회의 강단을 건강하고 풍성케 하는 구속사 성경해석과 설교 "사무엘상"이 되기를 열망하신 원장님의 뜨거운 열정이 베어있는 사무엘상 원고를 들여다보며 스승의 날이 있는 5月이기에 더욱 아련한 그리움에 젖는다.

2025년 5월 15일

구속사성경신학연구원
이사장 김동형 목사

목 차

사무엘상 성경 구속사 개요

여호수아 사후 하나님을 거역하고 떠난 이스라엘은 하나님의 거듭 경고하신 대로(출34:10~17; 레26:14~39; 신28:15~68; 수23:12~16) 범죄하여 하나님의 진노의 심판을 면할 길이 전혀 없었다. 그 범죄의 결과 외적으로는 이방인들의 무능한 압제와 박해, 내적으로는 윤리 도덕의 부패와 타락, 동족상잔의 온갖 고통과 내전(內戰)의 괴로움에 시달리면서 무려 350년간의 암울한 사사 시대를 살아가야 했다.

이렇게 길고도 긴 사사 시대가 끝나갈 무렵, 하나님께서는 삼대 족장들에게 언약하신 그 땅(창12:1~7; 15:12~16; 26:1~5; 28:13~15)에서 인류를 구원하실 메시야를 보내시기 위하여 구속사를 지속적으로 진행시켜 나가신다(수24:31). 메시야 계시 언약의 구속사가 이제는 완전히 단절되는 것이 아닌가? 하는 긴급한 시대라고 할지라도 하나님께서는 그 원리 복음과(창3:15) 아브라함에게 계시하셨던 그 구속사의 경륜을 지속해 나가시기 위하여 입다와 삼손 이후에도 위대한 한 사람의 구속사 도구, 그릇을 다시 선정하여 주셨으니 그가 바로 부친 엘가나와 한나를 통하여 언약의 땅에 보내신 사무엘이다.

사무엘은 삼손으로서 막을 내리는 사사 시대와 사울로서 막을 여는 왕정시대를 연결하는 과도기적 시대의 주역으로서 하나님의 예정하시고, 경륜하시는 구속사의 진행적인 주요한 그릇이다.

실로 사무엘은 영적으로 심히 혼탁하고 암울한 시대의 상황에서도 성결과 경건함을 상실하지 아니하고 하나님의 구속사 진행의 도구로써 흠도 없고, 점도 없이 무결하게(단6:4참조; 딤후2:20~22) 성장하였다. 그가 태어날 당시인 사사 말기는 전 이스라엘이 부패하고 타락하여 하나님의 말씀이 희귀하여 이상이 흔히 보이지 아니하던 영적인 암흑기였다(삼상3:1). 더욱이 사무엘의 영적인 양육자라 할 수 있는 엘리 제사장은 육체는 물론 영안마저 흐리고 어두워가고 있었고, 두 아들 홉니와 비느하스는 완전히 타락된 자들이었기에 하나님의 심판을 자초할 지경이었다(삼상2:12~17; 22~25). 그러한 육체적 타락과 부패한 무질서적 혼돈과 영적 시대의 암흑기에서 사무엘 홀로 청소년 시기를 바르게 성장하여 나간다 하는 것은 참으로 희귀한 일이 아닐 수 없었다.

사무엘이 이같이 그 시대에서 한 줄기의 거룩한 등불이 될 수 있었던 것은 주야로 성소를 떠나지 아니하고 항상 하나님과 깊은 영적 교제에서 여호와의 계명과 율법을 날마다 묵상하고 있었기 때문이었다(삼상3:1~9).

엘리 제사장 시대 말기에 이스라엘은 하나님의 선민도 아니었고, 메시야 계시 언약의 구속사의 장자도(출4:22), 온 인류, 만백성의 제사장 나라(출19:6)도 아니었다(레11:45). 하나님께서 여호수아를 통하여 멸망시켜 버린 가나안 일곱 족속처럼 신 사상의 혼합주의(religious syncretism)였다. 그럼에도 사무엘은 그 모친 한나가 하나님을 위하여 쓰여지는 구속사의 도구가 되기를 위하여 간구한 것처럼(삼상2:8~10), 메시야 구속사의 일꾼으로 잘 성장하여 가고 있었다. 그리하여 마침내 그로 말미암아 이스라엘 최초에 하나님 나라의 신정 왕국이 세워지게 되었으니 기스의 아들 사울과 다윗으로 말미암아 백성들의 소원과 꿈이 성취되어진다(신17:14~20; 삼상10:1; 16:12,13).

이렇게 예정되어진 뜻이 구체적으로 실현되는 왕정 체제로의 전환이 사무엘상, 하서의 내용이자 신정 왕국의 메시야 구속사의 근원이다. 한편 이러한 배경과 목적하에서 사무엘서는 구체적으로 하나님의 신정 왕국으로서 선민의 왕정 체제의 탄생과정과 그 초기 역사, 곧 사사 시대의 말기(B.C.1075년경)로부터 다윗 왕의 통치가 끝나는 시기(B.C.975년경)까지의 약 100년 기간의 역사를 다루고 있다. 이처럼 신정 왕국이 전개되는 사무엘서로부터 역대기서까지 모든 왕조시대의 역사가 어쩌면 그렇게도 창3:15의 원리 복음하에서 되어지고 있는지 실로 기이하고도 괴이쩍은 왕조사(史)들이다. 부언한다면 다윗 왕조의 모든 역사는 메시야 언약 계시의 구속사로서 여자의 아들이라면(마1:1~17), 인본주의적으로 되어진 첫 왕 사울로부터(삼상8장) 북 왕국으로 되어지는 모든 열왕 들은 여인의 후손의 발꿈치를 상하게 하는(창3:15) "붉은 큰 용" 의 세계가 되어진다(계12:3~6참조).

사무엘상 총론

유대인들의 전통을 따르는 히브리어 성경은 본래는 사무엘서를 상하(上下) 구분 없이 한 권으로만 취급하여 "쉐무엘(שְׁמוּאֵל)" 이라고 했다. 그것은 본서가 이스라엘의 왕정 체제(王政體制) 형성과 발전을 다루고 있는 책인 만큼 그 주역으로서 "사무엘" 이 가장 합당한 인물이었기 때문이다. 왜냐하면, 사무엘은 신정 체제(新政體制)에서 왕정 체제로 전환하는 이스라엘의 과도기적 상황에서 성실하게 하나님의 예언 계시의 구속사 진행을 맡길 만한 구속사 도구일 뿐만 아니라 향후 왕정 체제의 두 주역인 사울과 다윗에게 기름을 부어 이스라엘 왕정 국가의 형성에 기반을 닦은 위대한 인물이기 때문이다.

삼성 8장을 보면 하나님께서는 전혀 신정 체제로써만 선민 이스라엘이 지속되어 지기를 바라셨지 인간 통치로써 왕정 체제를 용납하지 않으셨음을 알 수 있다(삼상8:1~9). 그러나 이는 하나님의 뜻이 결정되어질 때까지 참고 인내하며 기다리지 못하고, 조급하게 왕정 체제를 요구한 백성들의 무례한 요구 사항을 꾸짖는 것이지 하나님의 계속된 통치체제로써만 나라가 지속되어지기를 원하신 것은 아니시다. 만약 하나님만 이스라엘을 다스리고 통치해야 한다는 신정 국가의 체제였다고 하면 하나님께서 이스라엘의 삼대 족장들(아브라함, 이삭, 야곱)에게 계시하신 메시야 언약의 구속사를 말씀하실 때 그리스도의 모형이 되는 다윗 왕과 그 후계자들의 왕권에 대하여는 예언하시지 아니하셨을 것이다. 그러나 하나님께서 구속사 언약에서 메시야 왕권이 그리스도에게서 성취되어진 것인데(창14:17~18; 히7:1~10) 그 메시야 예수 그리스도는 신정 체제에서라기보다는 순전한 왕정 체제로서 다윗 왕조의 뿌리에서 오실 것임을 확증시키신 것이다(창49:8~12; 사11:1~5,10). 그렇다면 하나님의 신정 체제의 전환이 전혀 이스라엘의 구속사 왕조와 관계가 없는 사울 왕을 첫 왕으로 하여 시작하신 것이 아니라, 신정 체제와 바로 직결이 되는 메시야 왕조의 뿌리가 되는(사11:1~5,10; 마1:1,17) 다윗 왕조로부터 시작하셔야 할 것이 아닌가? 하는 생각이 든다. 이는 하나님의 진지하신 뜻으로써 전혀 메시야 구속사와는 상관이 없는 베냐민 지파의 기스의 아들 사울을 메시야 왕국의 첫 왕으로 세우신 것에는 3가지 뜻이 있으셨다. ① 하나님의 뜻보다는 인간 자율주의의 뜻대로 자기들의 왕을 세우려는 이른바 세속주의 왕을 기다리고 있었기 때문에 하나님께서 백성들이 요구하는 대로 방관하여 버리신 것이다(삼상8:7~9,18~22). ② 이는 창3:15의 원리 복음의 진행이었다. 두 사람의 왕국에서 사울은 뱀의 후손으로서 메시야 왕국의 시작인 다윗 왕조를 없애 버리려는 북 왕국 이스라엘의 사탄주의를 가리킨다. 북 왕국의 시조가 되다시피 한 사울은 사탄의 화신(化身)이 되어 끈질기게 메시야 왕국의 근원이 되는 다윗의 남 왕국을 없애 버리려고 계속 그 발꿈치를 상하게 하고 있다. 이는 사무엘상에서부터 시작하여 역대하까지 계속 이어지는 뱀과 여자의 후손과의 싸움이다(창3:15; 계12:1~6,13~17; 13:1~10 참조). ③ 그러나 결국 북 왕국은 사울로부터 시작하여 완전한 멸망에 이르렀으나 남 왕국은 결국 다윗으로부터 그리스도 예수님으로 완성된 통일 왕국에 이르게 된다(겔37:15~28; 사60장; 요12:34~36).

Ⅰ. 명칭 - 본서의 히브리어 성경의 명칭은 상하 구분 없이 한 권으로 된 '사무엘서' 였다. 이는 사무엘로부터 인하여 신정 체제에서 왕정 체제로 전환하는 사울(삼상)과 다윗(삼하)의 두 왕조가 사무엘에게 기름 부음이 되어 한 성경으로 기록되었기 때문이다.

그러나 B.C. 제13세기에 이르러 알렉산드리아의 유대인들은(Alexandrian Jews) 70인역(LXX. Septuagint)을 편집하는 과정에서 본래 한 권으로 취급되었던 사무엘서와 열왕기서를 각각 두 권씩으로 분리했다. 아울러 그들은 사무엘서를 열왕기에 포함시켜 그 명칭을 "왕국들의 책(Βίβλοι Βασιλειῶν 비블로이 바실레이온)" 이라고 통합하여 명명한 뒤 사무엘서 상하를 제1왕국기와 제2왕국기로, 열왕기 상하를 제3왕국기와 제4왕국기로 각각 명칭하였다.

Ⅱ. 저자와 연대 (1) 저자 - 사무엘서의 저자는 알 수 없다. 하지만 유대인의 탈무드(Talmud)경 바바 바트라(Baba bathra 14b)에 의하면 "사무엘은 자신의 이름을 가진 책을 썼다(Samuel wrote the book which bears his name)" 라고 기록되어 있다. 그렇지만 본서 전체가 사무엘의 기록이라고는 볼 수 없는 유력한 증거가 몇 가지 있다. ① 삼상25:1; 28:3 등에는 분명 사무엘의 죽음에 관한 기

사가 나타나 있으나 사무엘서는 그가 죽은 이후에도 계속되어 기록하고 있다. ② 삼상27:6; 30:25등에 언급된 "오늘까지" 란 말은 분명히 '다윗 시대 이후 사무엘서 저작 당시까지를' 가리키는 말인데 이는 그 부분의 저자는 최소한 다윗 시대 이후의 인물인 것을 알 수 있다. 그렇다면 본 서는 사무엘 당시까지는 그가 본서를 기록했다고 보아야 할 것이다. 그 이후에는 다윗 시대의 인물이 되는 '나단' 이나, '갓' 혹은 사무엘과 같은 선지자의 자격인이 기록했다고 보아야 할 것이다. (2) 연대 - 사무엘 선지자가 생존할 때까지는 사무엘이 썼으나 그가 죽은 후에는 마지막으로 본서를 편집한 사람은 다윗과 솔로몬의 통치가 끝날 때까지 함께 살았던 사람의 저작이라고 할 것이다. 그렇다면 그 시기는 B.C. 950년이었다고 할 수 있다(K & D. Rp Jmith. Unger, Mattew Henry).

Ⅲ. 기록의 내용과 목적 (1) 내용 - 사무엘서는 선지자 사무엘과(삼상1~8장), 사울과(삼상9~31장), 다윗(삼하1~24장) 이 세 사람에 관한 약 115년간의 역사이다(Ryrie). 이 세 사람 중에서도 물론 그 중심적 인물은 다윗이요, 그가 지향하는 왕국이란 하나님의 신정 체제 속에서 오시는 메시야 구속사를 이스라엘에 이루므로 천하만국을 구원하시려는 메시야 구원에만 초점이 되어 있다. 이 구속사를 이스라엘에 이루기 위하여 하나님께서는 먼저 그 기초적인 인물을 사무엘에게 맡기셨으니(삼상2:8~10), 사무엘은 ① 마지막 사사요(삼상7:6,15~17), ② 선지였으며(삼상3:20), ③ 신정 체제에서 드디어 왕

정 체제의 구속사의 도구가 되어진다. 물론 그도 한계가 있는 부족한 인간인지라 백성들이 간절히 염원하는 왕권을 끝까지 물리치지 못하므로(삼상8:4~22) 하나님의 뜻이 아니라 사람들이 바라는 대로 이스라엘의 첫 번째 왕으로 베냐민 지파 기스의 아들인 사울을 세우게 된다. 이는 먼저 메시야 예언 계시에도 전혀 합당하지 아니할 뿐 아니라(창49:8~10) 모세 율법 즉 하나님의 계명도 준비되지 못한(신17:14~20) 어설픈 왕이었다.

그래서 족장들에게 허락하신 메시야 계보의 조상인 다윗(창12:1~9) 메시야 계시의 구속사 예언의 성경인 유다 지파 사람 다윗(창49:8~10), 하나님께서도 참으로 합당하게 여기시는 다윗이(삼상16:12) 등장하였을 때 사울이 창3:15; 계12:3,9의 말씀대로 한 마리의 "옛 뱀"과 "한 붉은 용의 하수인"이 되어 메시야 구속사의 원천과 근본이 되는 다윗을 죽여 버리려고 사탄의 짐승(계13:1~4) 노릇을 다한 것이다.

그렇기 때문에 사무엘이 너무나 극성맞게 떠들어대는 백성들의 원성에 못 이겨 전혀 하나님의 뜻이 아닌 오로지 백성들의 강압에 못 견디어 사울을 왕으로 삼았지만, 이는 결국 창3:15의 뱀을 구속사 안에 끌어들이는 결과가 되고 만 것이다. 이렇게 삼상 전체의 내용을 구속사로 해석하지 못하고 그냥 일반론적인 왕권으로 본다면 사울과 다윗의 왕권 다툼의 주도권으로 볼 수 있지만 그러나 이것은 아니다. 창3:15의 사탄과 그리스도와의 원리 복음에서 영적 큰 전쟁으로 보아야 한다. ⑵ 목적 - 하나님의 신정 체제에서 인간의 왕정 체제로 전환이 되는 이스라엘의 왕국은 장차 가나안 땅에 임하시게 될 메시야 왕국의 그림자로서 오직 하나님의 구속사적인 경륜과 섭리하에서 그 역사가 진행되어 가고 있다. 하나님의 위대하신 경륜과 섭리는 영구히 계속되는 신정 체제가 아니라 메시야가 오시면 반드시 인간의 왕정 체제로의 전환이었다. 그 언약이 바로 삼대 족장들에게 주신 계시의 언약이셨다(창49:8~10). 만약 왕정 체제로의 전환이 아니셨다면 예루살렘의 왕 멜기세덱의 등장이 없었을 것이며(창14:17~20; 히7:1~3), 미리 신명기서에 왕권에 대한 기록도 계시하시지 아니하셨을 것이다(신17:14~20). 지금은 하나님의 주권적인 신정 체제이시지만 언젠가는 반드시 메시야의 구속사가 도래하기 전에 메시야 주권과 왕권을 상징, 표방하는 왕정 체제가 되어야 할 것을 하나님은 아신 것이다. 그러나 그때가 아직은 준비되지 못하였기에 사무엘로 하여금 왕정 체제로의 준비를 시작하시려고 하셨는데 이스라엘은 하나님의 계획 속에서 모든 것을 경륜하시고, 섭리하시는 것을 생각지 아니하고 무조건 왕정 체제의 전환을 요구하였기에 하나님은 당신님의 선하시고 기쁘신 뜻이 아니라 인간의 염치없는 요구에 따라 인간 사울을 이스라엘의 첫 번째 왕으로 세우도록 하신 것이다. 그러므로 사울을 통한 왕정 체제로의 전환은 4가지 이스라엘의 실패작이다. ① 하나님의 선하시고 기뻐하심의 택정이 아니라 인간 육적의 실패이다. ② 하나님의 계시 언약의 이반이다. 성경의 예정이 아니다(창49:8~10). ③ 하나님 계시의 언약의 순종이 아니라 인간 탐욕의 불순종이다(신17:14~20). ④ 하나님께서는 메시야 오심으로 말미암아 이스라엘의 가나안 땅에 신정 왕국을 위하여 먼저 다윗 왕조를 세우려고 하셨지만, 이스라엘 백성들의 하나님께 대한 불순종으로(신17:14~20; 삼상8:4~22) 메시야의 신정 왕국과는 전혀 관계없는 사울 왕이 등장하였고, 그는 메시야 오심의 구속사를 역행하는 "옛 뱀, 큰 붉은 용" 의 수하로서 짐승 노릇을 다한 것이다(계12:3,9; 13:4~6). 그렇게 본다고 하면 사무엘서는 비단 사울과 다윗 간에 왕권 다툼이라기보다는 "큰 붉은 용" 의 사탄과 여자의 아들 곧 구속사 성취의 전쟁이라고 할 것이다.

Ⅳ. 사무엘서의 구속사

오랜 옛적(B.C. 2091년) 하나님께서 아브라함을 택하시어 이 지상의 가나안 땅에 "하나님의 나라" 를 세우려고 하신 것은 하나님의 신정 왕국(新政王國)을 통하여 이스라엘과(출4:22) 천하만민을 구원하시려는 데(출19:6) 그 목적이 있으셨다. 그 구원의 방법은 먼저는 아브라함이었고, 그 몸에서 구속사의 씨이신 메시야를 보내는 것이었다. 그러므로 창세기~사사기까지는 신정 체제에서의 하나님이 다스리시고, 주관하시는 것이었으나 사사기가 지나간 사무엘 시대부터는 신정 체제에서 왕정 체제로 전환하는 신정 왕국의 섭리였다. 오래전부터 하나님의 계획은 하나님의 선민으로 결정되어진 백성들의 마음과 생활 속에서 하나님이 다스리고 통치하시는 왕국을 세우시는 것이었다. 이를 가리켜 "신정 체제(Theocracy)" 라고 한다. 더구나 부패하고 타락된 원죄 된 인간을 구원하시려고 자기의 독생자를 보내시려는 하나님은 신정 체제 속에서 "왕정 체제(Monarchy)" 도 함께 받는 결부되고 결합되어진 "신정(神政)주의적(主意的) 왕정(王政) 체제(體制)" 를 이루시는 것이었는데 바로 이 계획이 사무엘서를 통해 성취되어지고 있다. 모세 오경에서는 신정주의가 설립되고, 여호수아, 사사기, 룻기에서는 그것이 실행되면서 왕정주의의 배경이 마련되었으나 이제 사무엘서에서는 하나님의 구속사라고 할 수 있는 신정 왕국이 다윗으로부터 설립되어진다. 그러나 이는 메시야께서 오심으로 완전하게 성취되어지기까지는 그림자적인 예표에 불과하다. 아무튼, 모세 오경, 여호수아, 사사기, 룻기가 구속사 진행의 본론이라고 할 수 있다. 예수님의 본질적인 다윗 왕조가 드러났기 때문이다.

Samuel

Goliath

Jonathan

Witch of Endor

Phinehas

Hannah

Ziphites

Jesse

Nabal

Hophni

Philistines

1 Samuel

사무엘상

Elkanah

Abigail

Ishbosheth

Amalekites

Achish

Saul

David

Michal

Abiathar

Eli

Ahimelech

Doeg

Abner

Ahinoam

제 1강 사무엘의 출생

본문 : 사무엘상 1장

사무엘이 출생할 당시인 사사 시대 말기의 이스라엘(B.C. 1,100년경)은 사회 질서는 심히 문란하였고, 정치와 경제는 쇠퇴하여 민생은 도탄에 빠져 있었으며 여호와 종교는 이방 세계의 신상들과 동화되어 혼합주의(混合主義 Syncretism)에 빠져 있었다. 이렇게 된 원인은 백성들의 정신적 지주와 영혼의 받침대 되는 구속사 그릇들이 사라졌기 때문이다. 이 시대의 특징은 영적 지도자의 부재(不在)로 백성들이 자기들 생각이 옳다고 하는 대로만 행하였기 때문이다(삿 17:6; 18:1; 19:1; 21:25).

이렇게 여호수아의 죽음으로부터(B.C.1390년경) 사울 왕의 즉위까지(B.C.1050년경) 약 350년간 여러 가지로 지쳐 있었던 이스라엘 백성들은 하나님께 나아가 자기들도 만방의 나라들처럼 자기들을 지도하고, 다스리며, 인도할 왕을 세워주시기를 간절히 간구하였다(삼상 8:4~22). 물론 언젠가는 하나님께서도 신정정치제도 후에 왕정정치제도가 있어야 할 것을 예측하시고 아브라함에게도(창17:6,16), 야곱에게도 그 왕위에 대해서 예언하시고(창49:8~10), 모세에게는 이스라엘의 왕이 될 자의 계율과 수칙도 주신 바 있으시다(신17:14~20).

이스라엘의 하나님께서 선민 이스라엘에게 계획하시고, 경륜하시려고 하셨던 이스라엘의 왕의 제도는 하나님의 뜻을 받들어 하나님의 백성들을 하나님 대신 다스리고 통치하시는 이른바 신권 제도하에서의 '신정주의(神政主意 theocracy)' 이셨다. 그렇게 하기 위해서는 무엇보다도 먼저 하나님의 마음에 합당한 사람이 왕이 되어야 하는데, 그 같은 왕을 찾아서 하나님 대신 그 사람에게 기름 부어 왕으로 세워야 할 선지자가 먼저 필요했다. 결국, 하나님의 계획은 신정 체제와 왕정 체제가 결합된 '신정주의적 왕정 체제' 를 수립하시는 것으로 볼 수 있는데 이제 그때가 다 되었으니 그는 하나님의 구속사적 신정 왕국을 위하여 오랜 세월 동안 준비해 두신 사무엘이었다. 그러므로 본 장(삼상1장) 전체는 하나님께서 이스라엘의 왕정 정치를 위하여 예비하여 두신 사무엘(삼상2:7,8)이 어떻게 메시야 계시의 그 구속사 왕권을 성취시키기 위하여 선민 이스라엘에게 출생하게 되었는가 하는 그 내역이다. 본 장의 내용은 ① 한나의 고통과 슬픔(1:1~8) ② 한나의 기도(1:9~18) ③ 사무엘의 출생(1:19~28)등으로 나누어진다.

첫째: 한나의 고통과 슬픔(1:1~8)

이스라엘 최초의 신정 왕국(神政王國) 건설의 준비자인 사무엘의 출생에 대한 내역이다. 사무엘의 출생지는 '라마다임소빔' 으로 그곳에서 출생하였고(1:19~20) 거기서 살면서 일하다가(7:17; 15:34,35; 19:18,19절) 거기서 죽어 장사되었다(25:1; 28:3절). 그곳은 예루살렘 서북쪽의 8km로써 에브라임 지파에 속한 곳이었다(수18:11).

아버지 엘가나의 지파는 레위 지파에 속한 그핫 족속이었다. 제사장 자손은 아니었기 때문에 부친 엘가나가 축첩했는지도 모른다(레21:13~15). 그러나 이는 제7계명을 어긴 죄이다(출20:14; 신5:18). 그때 법궤를 모신 성소가 "실로(시로 שִׁילֹה shiloh)" 에 있었는데 사무엘의 고향 "라마다임 소빔" 에서는 22km 지점에 있었다. 이스라엘의 모든 남자는 매년 세 차례씩, 유월절, 오순절, 장막절에 여호와의 성막에 나아가 제사를 하는데(출23:14~17; 34:18,22~23; 신16:16) 사무엘의 부친 엘가나도 이 제사 규범은 잘 지키고 있었다.

부친 엘가나가 축첩을 한 것은 한나에게 아들이 없었기 때문에 그랬던 것으로 보이지만(1:2절), 그러나 남편 엘가나는 첩 브닌나(페닌나 פְּנִנָּה Peninnah) 보다는 그래도 본처 한나(한나 חַנָּה Hannah)를 더 사랑하고 있었다. 성소가 있는 실로에 나가 하나님께 화목 제사를 드릴 때 기름과 콩팥 등을 여호와께 불사르고(레3:3~5), 가슴과 우편 뒷다리 등은 제사장에게 돌리며(레7:34), 그 나머지 부분은 바친 자의 것이었는데 엘가나가 그것을 가지고 와서 식구들에게 나누어 줄 때 한나에게는 그것의 갑절(마나 아하트 앞파임 מָנָה אַחַת אַפָּיִם a double portion cf. 마나 מָנָה 부분, 몫/하나, 에하드 אֶחָד 첫번째/아프 אַף 가치있는, 얼굴, 중요한 부분)을 주었다고 했으니(1~5절) 이는 "배가 되는 한 부분" 을 가리킨다. 그러면 브닌나는 시기, 질투가 불같이 타올라서 격분하여 크게 한나를 괴롭히며 슬프게 했다고 하였다(1:6절).

그 고통과 슬픔은 매년 되풀이되고 있었다(1:7,8절). 한나의 고통과 괴로움 그래서 격정적인 슬픔이란 아들이 없는 무자의 서러움

(2,4,5)이었다. 그러나 남편 엘가나의 사랑은 여전히 한나에게 있었다(1:8절).

둘째: 한나의 기도(1:9~18)

한나는 자기 식구들이 제사를 드린 후 제물을 먹고 마시던 그 자리에서 일어나 회막 앞으로 기도하러 갔다. 그는 묵음으로 통곡하며 서원 기도를 드린다(11절). 여기서 한나의 기도는 "통곡(우바코 티브케 וּבָכֹה תִבְכֶּה in bitterness cf. 바카 בָּכָה 울다, 비탄하다, 통곡하다)" 하는 기도로써 대단히 울었다(weeping much)는 깊은 눈물의 기도를 가리킨다. 한나의 기도는 "장시간의 기도(히르뻬타 레히트팔렐 הִרְבְּתָה לְהִתְפַּלֵּל she continued praying/cf. 라바 רָבָה 길다, 능가하다/파랄 פָּלַל 기도하다, 중재하다, 간구하다)" 였다. 응답이 내리실 때까지 쉬지 않고 드리는 간절한 간구이다. 여기에 큰 믿음이 결부되어 있다(약1:5,6).

그리고 한나의 기도는 자신의 고통과 슬픔으로 인하여 하는 기도이면서도 자기 자신의 정욕을 위한 기도가 아니라(약4:1~3), 하나님께 영광이 될 수 있는 서원 기도로써 아들을 하나님께서 주시면 기꺼이 드리겠다는 "서원(네데르 נֶדֶר a vow 11절)" 의 기도였다. 그 기도가 이루어지면 반드시 그 서원대로 이행할 수 있는 진실성이 담겨 있어야 한다(시15:4; 50:14; 116:14,18; 전5:5~6). 더 나아가 한나의 기도는 "입술만 움직이고 음성은 들리지 않는" (1:13절) 묵음의 간구였다. 이 기도는 오직 하나님만 대상으로 삼는 영적 관계이요, 진심을 담는 청심적 기도이요, 결사적으로 매달리는 일사각오적 간구이다. 예수님께서도 오직 이 기도를 가르치시므로 외식주의에서 떠나라고 하셨다(마6:5~8). 이렇게 한나의 몸부림, 마음 부림의 간구하는 청심(凊心)의 기도를 이해하지 못한 엘리 제사장은 포도주에 취한 한 여자의 술주정으로 생각하여 크게 꾸짖어 나무란다(1:13,14절). 히브리인들은 대체적으로 소리를 내어 기도하는 것이 습관이었고(마6:5; 눅18:10~13), 대 절기 때에 대식과 폭음으로 술 취하는 경우가 종종 있기도 했었다(사28:7,8; 56:10~12; 암2:8). 더구나 오랫동안 몸부림치며, 통곡하고, 있으니 술에 취한 것으로 오해할 수도 있는 일이다. 그때 꾸중을 달갑게 여긴 한나는 자기의 애통하는 기도를 엘리에게 다 말할 때 모든 오해가 풀린 엘리 제사장은 한나의 어진 마음과 깊은 신앙의 기도를 충분히 헤아리고 하나님의 은혜 가운데 기도의 응답이 있으시기를 바란다(1:15~17절). 이것이 한나 자신에게 임하시는 응답으로만 알고 그 다음날부터는 그 얼굴에 다시는 근심의 빛이 없어지게 되었다(1:18절).

셋째: 사무엘의 출생(1:19~28)

본문에는 사무엘의 이적적인 출생과 서원한 그대로 사무엘을 하나님께 바친 것에 대한 세 가지 과정의 단계가 있었음을 말씀한다. (1) 실로에서 하나님의 응답을 받고 집에 돌아간 한나가 잉태하여 아들을 낳을 때 "여호와께서 들으시다" 라는 뜻으로 사무엘(쉐무엘 שְׁמוּאֵל '하나님께서 들으신 바 됨' 〈 솨마 שָׁמַע 듣다/엘 אֵל 하나님)이라고 지었다. (2) 사무엘이 젖을 뗄 동안 그를 정성껏 양육하는 과정이다(1:21~23). 한나의 수유(授乳) 교육은 모세처럼 구속사 신앙 훈련이기도 하였으리라(출2:9,10). (3) 젖을 뗀 후 사무엘을 실로에 데리고 가서 서원 기도한 대로 엘리 제사장에게 맡기었으니 그때부터 엘가나와 한나의 아들이라기보다는 엘리에게서 자라나는 여호와 하나님의 구속사 그릇이 되어간 것이다.

구속사 설교

◈ 응답되는 기도 ◈

구약 시대에 드러나 이스라엘 가정 관계에서의 본처와 첩의 사이란 대개는 본처에게서 자식이 없을 때 주인 마나님의 몸종이 되는 하녀를 자기 남편이 취하게 하여 첩으로 남게 하는 경우가 종종 있었다. 사라의 몸종 하갈이 사라가 무자(無子)할 때 하갈을 남편 아브라함의 첩이 되게 하여 이스마엘을 얻게 하였고(창16:1~11), 야곱의 두 아내 중 레아의 몸종 실바와 라헬의 여종 빌하도 다같이 야곱의 첩들이 되었다. 그래서 여종들이 아무리 자식을 생산한다고 하여도 본처를 무시하게 될 때는 그 가정에서 쫓겨나기도 하였다(창16:4~6; 21:8~14).

라마에서의 엘가나 가정에서도 첩 브닌나에게 몇 자식들이 생기게 되니까 자기 집 주인 마나님 한나를 깔보고 무시하여 수차례나 심히 격분하게 하여 괴롭히고 있었으므로 한나는 눈물 마를 날이 없었다(1:5~7절). 그렇다면 사라가 첩 하갈을 당장에 자기 집에서 추방시켜 버리듯이 한나 역시 첩 브닌자를 쫓아 내버릴 수도 있었다. 더구나 남편 엘가나는 항상 절대적으로 한나 편이 아니었는가? 브닌나의 열 아들보다 한나에게 모든 사랑을 다 쏟고 있었다고 했다(1:8절).

그러나 한나는 괴롭고 슬픈 여인이었지만 단 한 번도 대적하는 브닌나를 미워하거나 상대하여 싸우지 아니하고, 그 고통과 슬픔을 가슴에 묻고 견디었다. 그해에도 실로의 성막에 나가 하나님께 화목 제사를 드린 한나는 집에 돌아가기 전에 회막에 홀로 남아 자기의 몸부림, 마음 부림을 다 쏟아내며 통곡으로 간구한다. 그래서 마침내 하나님께 응답되는 기도가 되었다. 한나의 응답 받는 기도는?

1. 자기 십자가를 지고 가는 기도이다.

그리스도 예수님의 십자가 밑에 있지 아니하는 한나였다면 사라가 자식을 낳은 하갈을 인정 사정도 두지 아니하고, 그냥 쫓아내 버리듯이(창16:4~6; 21:8~14; 롬9:7~8) 한나는 남편과 함께 브닌나를 당장에 자기 가정에서 추방시킬 수도 있었다. 그러나 한나는 자기 남편의 아들을 낳은 여인을 차마 그렇게 할 수가 없어서 눈물 마를 날이 없이 모든 고통과 괴로움, 핍박과 박해마저 참고 견디며 남편의 십자가와 자기 십자가를 날마다 지고 가는 중에 있었다.

예수님께서 말씀하신다. "누구든지 나를 따라 오려거든 자기를 부인하고 자기 십자가를 지고 나를 따를 것이니라" (마16:24). 한나의 통곡하는 기도는 예수님의 십자가 고난을 자기 몸에 체휼하며 자기 십자가로 만들어 홀로 지고 가고 있다. 자기 십자가 기도는 하나님의 응답되는 기도이다.

2. 통곡하는 기도이다.

한나는 마음이 괴로워서 여호와께 기도하고 통곡한다(1:10절). 실상 한나는 엘가나의 본처의 자리에 있음에도 불구하고 불임(不姙)이라는 이유 하나 때문에 그 권리를 행사하지 못하고 오히려 낮고 천하며 무가치한 자로부터 온갖 수모를 다 당하고 있다. 만약 한나가 가정 평화를 생각지 아니하고 자기 자신만 생각하였다면 무슨 일인들 못하였으랴. 그러나 구속사를 위하여 오실 주님의 십자가를 생각하므로 모든 일들은 은혜와 화평, 화목으로만 가정을 섬기려고 하니 한나에게 있어서 오직 유일한 방법이란 하나님께 하소연하는 통곡의 눈물로 기도하는 것 외에는 없었다.

3. 마음으로 하는 기도이다.

일반적으로 성막에서 기도하는 사람들은 큰소리로 몸짓을 해가며 기도하는 것이 그 당시의 관습이었다. 예수님 시대까지도 그러했다(마6:5; 눅18:11). 그러나 한나는 묵음으로만 기도하였기 때문에 입술만 움직일 뿐 아무 소리도 내지 않았다(1:13절). 이는 아무도 모르고 오직 하나님만 아실 수 있도록 하나님만 바라보고 하는 더 간절한 기도로써 주님만 아시는 기도이시다(마6:6~8; 눅22:39~44). 다니엘도 총리 일을 마치고 집에 돌아가면 예루살렘으로 향하는 문을 열고 하루에 세 번씩 이 같은 침묵 정진의 기도를 했다(단6:10). 그러므로 기도는 어떻게 하느냐? 하는 기도의 자세나 방법이 중요한 것이 아니라 어떤 마음으로 하느냐? 하는 그것이 더 중요하다.

4. 인내하는 기도이다.

한나는 여호와 앞에 오래도록 기도했다(1:12절). 즉흥적이고 일시적인 기도가 아니라 여호와께서 응답해 주실 때까지 참고 기다리며, 인내하는 간구였다(12절). 예수님께서는 기도하는 자가 참고, 기다리며, 인내할 때에 비로소 하나님의 들으신 바가 되어 응답되리라고 하셨다(마7:7~11; 눅18:7.8). 주님의 아우 야고보도 참고 기다리는 인내심 없는 기도는 바른 기도가 아니기 때문에 주께로부터 응답 받은 것이 없을 것이라고 하였다(약1:5~8).

자식 없는 큰 서러움에서 첩에게 당해야 하는 한나의 원통함과 분함은 오직 참고 견디는 인내심의 간구 외에는 풀 길이 없었다. 이렇게 참고, 견디며, 기다리는 오랜 세월의 침묵 정진의 간구가 있었기에 하나님의 여종 한나에게는 마침내 모세와 버금가는 위대한 구속사 일꾼의 복된 열매가 열릴 수 있었던 것이다.

제 2강 한나의 기도 엘리 아들의 타락

본문 : 사무엘상 2장

본 장(2)의 제목은 한나의 기도이지만 내용은 여호와(주님) 하나님께 대한 감사와 찬양으로 되어 있고, 전체의 뜻은 예언 계시의 구속사로서 이스라엘의 영원하신 왕이 오시게 될 때 그때 선민 이스라엘은 온 천하만민의 장자가 될 것과(출4:22), 메시야로 인한 구속사의 제사장이 될 것을 예언한다(출19:6; 삼상2:1). 여기서 한나의 예언은 신정 왕국의 체제로부터 왕정 체제로 전환이 되는데 그 왕정의 나라 건립 후에는 반드시 메시야께서 그 왕권으로 말미암아(창49:8~10; 렘33:15~22; 겔34:23~31; 37:24~28) 메시야의 구속사가 언약의 땅 이스라엘에서 성취되리라고 예언한다(2:8절). 그러므로 하나님께서 오랜 세월 동안 준비하여 자기에게 허락하여 주신 사무엘은 메시야 왕국의 기본을 이루는 다윗 왕조의 구속사 도구가 될 것이라고 예언한다(2:10절).

본 장의 내용은 ① 한나의 찬양(2:1~11), ② 엘리의 두 아들의 타락(2:12~26), ③ 엘리 가문의 멸망 예언(2:27~36) 등으로 나눈다.

첫째: 한나의 찬양(2:1~11)

본 장에 나오는 한나의 기도는(2:1절), 예언 기도이면서 또한 하나님을 찬양하고, 감사하므로 하나님의 절대 주권과 삼라만상 우주 만물을 다스리고 통치하는 가운데 모든 영광을 다 받으시는 메시야 계시의 구속사 대 예언의 시이기도 하다(2:10절).

본 기도문은 예수님의 모친 마리아의 찬가인 '마그니피카트'(Magnificat 눅1:46~55)와 흡사하여 구약에서의 마리아 찬미라고도 한다.

한나의 기도에는 세 가지 연속적인 동작이 나온다. (1) '내가 아들을 낳았다' 라는 큰 기쁨이다(2:1절). 여기 한나에게서의 '내 뿔(카르니 קַרְנִי My horn 내 뿔이 〈 케렌 קֶרֶן 뿔)은 사무엘로서 한나의 존귀성과 원수에 대한 승리가 된다. 주의 모친 마리아께서 예수님을 낳을 때 처녀에 대한 부끄러움이 다 없어지고 만세(萬世)에 존귀성이 주어졌다(눅1:46~49). (2) 주님의 구원이 열려지셨다(2:2,3절). 한나가 찬미하는 구원이란 브닌나의 한나에 대한 아들을 낳지 못하는 핍박과 조롱, 비웃음에서의 해방과 자유가 아니라 메시야 구속사의 구원을 가리키는 것으로 사무엘이 이스라엘의 다윗을 두 번째 왕으로 세우므로 그는 메시야 왕국을 건설하는 구속사의 터전을 가리킨다. 주의 모친 마리아께서도 예수님을 낳으실 때 하나님께서 아브라함에게 주신 계시 언약의 구속사 아들 예수로 말미암아 이루어지셨다(눅1:54,55)라고 찬미한 것이다. (3) 사탄의 세력이 꺾어졌다(2:9,10절). 한나가 찬미하는 "악인들과 대적자들이 다 산산이 깨어질 것이라" 하는 것은 사무엘이 기름 부어 세우게 될 다윗 왕조를 가리키는 예언으로 그 다윗 왕조의 자손으로 오실 메시야 그리스도의 구속사로 사탄의 세계가 철장 권세로 산산조각이 날 것을 가리킨다(시

2:9; 사30:14). 주의 모친 마리아의 찬미에서도 같은 말씀이 있다(눅 1:51,52).

이렇게 한나의 기도와 찬미하는 시와 감사에는 인간사적인 감정으로 브닌나와 겨루어 이겼다는 기쁨보다는 자기가 낳을 아들로 말미암아 이스라엘에 신정 왕국의 체제가 열리게 되어 사무엘이 기름 부어 세운 다윗 왕조의 계보로 인하여 메시야 계시의 구속사가 드디어 열리게 된 기쁨과 승리의 영광을 가리킨다.

둘째: 엘리의 두 아들의 타락(2:12~26)

본문(2:12~26절)의 단락은 세 부분이다. 12~17절은 엘리 두 아들의 하나님 제사에 대한 신성모독 죄, 18~21절은 사무엘의 경건성, 22~26절은 다시 엘리 제사장 두 아들의 성적 타락이다. 이 세 부분의 단락을 해석의 편의상 두 개로 나누어 1) 엘리 아들의 타락 상태, 2) 사무엘의 경건성으로 나눈다.

1) 엘리 아들의 타락 상태 - 여기서 엘리의 두 아들과(2:12절) 사무엘을 소개하면서(2:18절) 시작하는 첫 마디는 엘리의 두 아들은 "행실이 나빠 여호와를 알지 못하더라" 로 시작하는데 이 말씀의 뜻은 "비류의 자식들(뻬네 벨리야알 בְּנֵי בְלִיָּעַל = 벨리야알 בְּלִיַּעַל 신 13:13 불량배, 삼상1:16 악한, 삼상25:25 불량한, 삼하20:1 불량배, 삼하23:6 사악한 자, 고후6:15 벨리알(히브리어를 헬라어로 음역함)

〈 베리 בְּלִי 없이, 없는, 아닌 부정부사+야알 יַעַל 이익을 얻다, 이익이 있다+벤 בֵּן 아들)로서 곧 배교자(背教者 an apostate)들을 가리킨다. 이들이 하나님을 알지만 하나님의 계명과 율법을 떠났기 때문에 행동으로서는 하나님을 거역하는 반역자들이 되었다는 것으로 신성 모독죄를 가리킨다.

그러나 사무엘의 시작은(2:18절) 성소에 있는 소년으로서 예복을 갖추어 입고 "여호와 앞에서 섬겼더라" 이다. 경건한 신앙인의 자세를 가리킨다. "망령된 자(홉니와 비느하스)" 와 "경건한 자(사무엘)" 의 비교이다. 그럼 엘리 아들의 범죄와 타락 상태는 무엇이었는가? ① 망령된 죄를 고치지 아니하였다(2:12,24,25절). ② 신성 모독죄를 계속 범하고 있었다(13~17절). 구약 시대 당시에 하나님과 선민 이스라엘의 유일한 관계성은 5대 제사를 드리는 데 있었고, 그 5대 제사 중에서도 특별히 화목 제사였다.

화목 제사란 범죄한 인간이 제사를 드리므로 하나님께 지은 모든 죄를 사죄 받음으로 하나님과의 관계가 화평, 화목하게 되는 것을 가리키는데(레3:1,3,6,9; 4:10,26,31,35; 6:12; 7:11,13,14,15,18,20 등) 이는 신약에서의 예수님의 골고다 십자가의 피로 인간과 하나님과의 관계(롬5:10,11; 고후5:18~21)를 화목하게 하시면서 우리들끼리도 화목하게 하면서(고후5:18) 하나님과 인간과 천하 만물을 그리스도의 피로써 화목(통일) 시키려고 하신 것이다(골1:16~20). 그런데도 엘리의 두 아들은 화목 제사의 제물을 모두 다 세 갈고리로 건져 내어 가져간 것이다(2:13~16절). ③ 회막문에서 수종 드는 여인들을 농락한 것이다(2:22절). ④ 부친, 더구나 제사장이신 엘리의 충고, 사랑의 권고도 듣지 않았다(2:23~25절; 신21:18~21). 이 같은 범죄는 마땅히 사형감이다.

2) 사무엘의 경건성(2:18~21) - 2:12절,18절은 두 인생의 비교이다. 전자는 엘리의 두 아들 홉니와 비느하스이고, 후자는 사무엘이다. 두 가지 인생 모두 다 인생 초기에서부터 그렇게 되어 있었음을 가리킨다. 사무엘은 시작하는 초기에서부터 ① 경건한 복장을 갖추었다 "세마포 에봇(에포드 빠드 אֵפוֹד בָּד with a linen ephod 〈 에봇 אֵפוֹד 빠드 בַּד 아마로 꼰 실, 흰 실) 즉 에포드 빠드이란? 대제사장의 성복으로서(출28장), 지성소에 들어갈 때 입었는데 어린 사무엘이 감히 이 같은 제의적 복장은 한 것이 아니었고 다만 경건한 의복으로 하나님을 섬겼다는 것이다(2:18절). ② 실로에 올라가 절기 예배(출23:16~17; 34:18~24)를 드리었다. ③ 사무엘은 실로의 성막에 남아 자기 사명을 감당하였다(1:11,28; 2:18). 사무엘은 유년기 때부터 경건과 공경이 몸에 배어 있었다.

셋째: 엘리 가문의 멸망 예언(2:27~36)

하나님께서 엘리 가문에 대한 멸망의 심판에 대한 예언은 먼저는 무명의 예언자를 들어서 하셨고(2:27절), 다음에는 하나님께서 어린 사무엘을 통하여 통고하신 그 심판을 그대로 엘리 제사장에게 일러준다(3:12~14절). 먼저 무명의 예언자를 들어 엘리 제사장 가문의 멸망의 심판에 대한 예언은 이스라엘이 출애굽 할 때 이스라엘의 열두 지파 가운데서 레위 지파에게만 그것도 아론 계통의 자손들에게만 제사장, 대제사장의 권한을 주시므로 하나님의 예배를 전담하게 하였는데, 그 막중한 사명을 망각하고(2:27,28절) 엘리 제사장 때에 이르러 이렇게 하나님께 드리는 제사가 우상의 제물만도 못하게 되어 버렸느냐(2:29~30) 하시면서 하나님께서 크게 탄식하시므로 크게 책망하시면서 꾸짖는다(2:27~30절). 그리하시고는 그처럼 패역한 엘리 가문에 준엄한 심판을 내리신다(31,34,36절). 이렇게 하나님 예배에(제사, 제물) 패역질을 한 엘리 제사장의 두 아들 홉니와 비느하스가 받을 저주의 심판과 그것을 엄중하게 관리해야 할 제사장이면서 아버지 되는 엘리의 무책임한 감독의 행태에 대하여는 다음과 같은 준엄한 심판이 예고되어 있다.

(1) 그 가문이 젊어서 모두 죽으므로 노인이 없으리라의 예언(31절)이 엘리의 두 아들의 조사(早死)한 일이나(4:11절), 사울 왕이 에돔인 도엑의 고자질로 놉 지역의 제사장 85명을 학살한 것이나(22:11~23절) 또 솔로몬이 대제사장 아비아달을 파면시킨 일 등에서(왕상2:27,35절) 성취된 것으로 나타난다.

(2) 그 가문의 처소에서 환난과 질병이 끊어지지 아니하므로 노인이 없으리라의 예언(2:32절) 다윗과 솔로몬 시대에 이스라엘은 다 번영하고 창성했으나 엘리 가문은 그때에도 질고와 고난과 환난을 당했었다. (3) 하나님께서 아론 계통의 제사장 가문으로 정하여 주셨으므로 그리스도께서 그 땅에 오실 때까지는 그 계보에 이어 제사장

이 지속되어질 것이다. 그러나 엘리 계보에서는 존재 가치가 없는 자들만 제사장이 되리라는 것이다(2:33절). 왜냐하면 모두 단명하기 때문에 경륜 있는 제사장이 될 수가 없었기 때문이다. "네 집에서 출산 되는 모든 자가 젊어서 죽으리라" (4) 홉니와 비느하스가 한 날에 죽으리라(2:34절). 여기서 "그 일이 네게 표징이라(웨제 레카 하오트 וְזֶה־לְּךָ הָאוֹת And this shall be a sign unto thee 〈 제 זֶה 이것은 ~이다. 오트 אוֹת 전조, 표시)는 말씀은 블레셋과의 전쟁에서(4:11절) 홉니와 비느하스가 다 죽는 그것이 벌써 4가지 심판의 저주가 되어지는 증거라는 것이다. 그러나 사무엘은 제사장 가문은 아니지만 그 자손들은 욱일승천(旭日昇天 his star is in the as cendant 떠오르는 태양처럼 거침없는 기세)하여 잘 될 것인데 신정 왕국의 다윗 왕조를 도와 마침내 그 왕조의 씨를 받아(사11:1,2,10) 메시야 계보의 구속사가 이루어지기 때문이다(2:35절). 그때에도 엘리 가문의 자손들은 겨우 "은 한 조각과 떡 한 조각 덩이로" 굶주림이나 면하고 살게 될 것이라고 한다(36절).

◈ 제사장 엘리의 범죄 ◈

엘리 제사장은 실로에 있는 성막, 성소의 제사장으로서 이스라엘의 마지막 사사이기도 하였다(B.C. 1115~1075년). 그는 사무엘의 모친 한나의 통곡하는 애절한 기도를 듣고 사무엘을 한나가 얻을 수 있도록 축복을 선언한 예언자이며(삼상1:17~18), 한나가 사무엘을 낳고 젖을 떼고 사무엘을 맡긴 때에도 두말없이 사무엘을 맡아 기르며 가르친 양육자이면서 영혼의 스승님이기도 했다(1:23~28; 2:18절). 만약 엘리에게 흡니와 비느하스 같은 불량자요, 신성모독자요, 패륜아가 없었다면 엘리는 그런대로 무난히 제사장 직분을 감당하여 나갈 수 있었다. 그러나 세상에 아무 짝이 없을 정도로 패역무도한 자식 놈들을 두고 잘못 가르친 죄로 하나님께 징계의 심판을 받아 멸문지화(滅門之禍 a disaster that wipes out a whole family)를 당하게 된다. 엘리의 범죄는?

1. 신성 모독죄를 근절시키지 못한 죄이다.

망나니 같은 두 자식의 나쁜 행동은 어릴 때부터였고, 그 죄를 하나님께서도 이미 다 아시므로 그들을 죽이기로 작정까지도 하신 바 있으시다(2:12,25절). 그런데 어찌 자식들을 엄히 살피고 다스려야 할 최상의 감독자이신 부친이 모르고 있었겠는가? 다 알고 있었다(2:22~24절). 더구나 하나님께 제사 드리는 성물에 대하여 도적질하고, 불경스러운 행동(2:13~17절)을 하는 망령되고, 참담한 짓, 신성 모독죄는 제3계명을 거스르는 돌에 맞아 죽어야 할 죄이다(레24:15,16). 일반 백성들도 그렇게 하면 엄중한 처벌을 받아야 하는데 하물며 제사장의 아들이 더구나 본인들도 이미 제사장이 되었는데도 그 따위 망령된 짓을 한다면(2:13,15절) 어찌 두고만 볼 수 있겠는가? 엄한 징벌로 다스려야 할 것이다. ① 엘리도, 두 아들도 제사장을 그만두고 성막, 성소에서 떠나야 했을 것이다. ② 듣지 아니하면 장로회에 고발하여 엄중한 책벌로 다스려야 했을 것이다(신21:18~21). 그런데도 엘리는 아무 소리 없이 자식들의 행동을 방임, 방관하고 만 것이다. 다윗의 실수로 방관하는 죄이다(왕상1:6).

2. 채찍질하지 못한 죄이다.

남녀 간에 온당하지 못한 불륜을 저질렀으면 불문곡직(不問曲直 without inquiring into the right or wrong) 돌로 쳐죽이든지, 불태워 죽이라고 했다(신22:22,23~25; 요8:1~5). 더구나 엘리의 두 아들은 제사장이면서도(4:4절), 회막에서 수종 드는 여인들을 농락하여 그 소문이 이미 이스라엘 가운데 퍼져 있었다. 그렇다면 이제는 타이름이나 훈계 정도나, 가벼운 징계로는 도가 넘쳐 있었다. 심한 채찍질로 준엄한 매질을 가하거나(잠20:30), 장로회에 넘겨서 곤장질이라도 가해야 한다(신21:18~21). 그런데도 엘리는 부친의 권위를 상실한 자처럼 부드럽게 타일렀으니 어찌 막된 자식들이 그 말씀을 귀담아 경청, 경종할 수가 있었겠는가? 그들은 하나님께서 버리시기로 작정된 자들이었다(2:25절).

3. 심각하게 생각지 아니한 죄이다.

제사장이 된 자식들이 망령되고, 신성모독 죄를 범하는 제3계명의 죄에 빠져 있었는데도 엘리는 그 죄에 대한 심각성이 없었다.

하나님의 성막과 성소, 하나님을 모시고 대면하는 회막에서 여인들을 성폭행하여 이스라엘 가운데 소문이 파다하고, 난무하는데도 엘리는 자식들의 그 범죄에 대하여 심각성이 결여되어 있었다. 심지어 예언자가 찾아와서 "두 아들 때문에 네 가문이 멸절 되리라" (2:29~34절), 어린 사무엘로부터도 멸망의 마지막 통보를 받았지만(3:10~14,18절), 엘리는 큰 자각심으로 자기의 무능함과 범죄를 심각하게 생각지 아니하고 다만 "이는 여호와이시니 선하신 대로 하실 것이니라" (3:18절)라고 그냥 보통으로 생각하고 만 것이다. 이런 방임적, 방관적인 사고로서는 죄에 대한 통렬한 회개가 나올 수가 없다. 그래서 그 범과를 고칠 수도 없다. 그래서 엘리 가정은 다 망하고야 만 것이다(4:11,18,20~21절).

제 3강 사무엘의 소명(召命)

본문 : 사무엘상 3장

"옛 뱀, 큰 붉은 용" (계12:3,9)의 유혹으로 원시인의 원죄에 대하여(창3:1~6) 온 인류, 모든 인간이 다 사망에 이르게 되었을 때(창3:17~19; 롬5:12~21), 하나님께서는 원리 복음(창3:15)으로 사망에 이르게 된 죄인들을 구원하여 주시겠다는 새 생명의 구속사를 선언하신다.

그러나 메시야의 구속사가 하나님의 원리 복음의 언약하신 대로 이루어지기까지는(요19:30), 여자의 후손과 "옛 뱀, 큰 붉은 용" 사이에 치열한 전투가 계속 전개되어 있었으니 단 한 번도 휴전이 되어 평안하거나 평화공존의 순탄한 때는 없었고(엡6:10~17; 벧전5:8~9) 항상 풍전등화(風前燈火 candle flickering in the wind)와 같은 위기 상태에만 있었다. 구속사 첫걸음의 조상 아브라함에게 첫 번 구속사 언약을 주실 때에도(창12:1~9; 15:12~21) 그에게는 구속사 성취를 위한 터전이나 기반은 전혀 없는 혈혈단신 무소유자였었다(창23:2~4; 히11:8,13~16; 행7:4~5). 하나님이 주신 언약으로 애굽에 들어갔지만(창15:13; 행7:6), "옛 뱀, 붉은 용" 의 자식들에게 사백 년 동안 종으로 있으면서 모든 고난과 박해를 당하고만 있었지 단 한 번도 메시야 구속사를 받은 하나님의 백성으로서 환영을 받아 보지는 못하였다. 그러한 백성의 처지에 어떤 힘과 능력과 권세로서 뱀의 자식들(창3:15)에게 벗어나 하나님의 언약의 땅, 가나안에 들어가서 구속사 오시는 진행을 계속할 수가 있었겠는가? 그런 때에도 하나님께서는 여자의 후손에게(창3:15) 구속사를 성취시키므로(요19:30), 모든 인간, 온 인류를 구원시키기 위하여 나일강에 버려진 갓난아기를 살려내어 마침내 창3:15; 15:12~21의 구속사 진행을 언약의 땅 가나안에서 이루어 나가신다.

그러나 그 땅에서 350년을 지나오는 동안에 구속사 진행의 담당자 모세와 여호수아가 세상을 떠나간 후에는 몇 사람의 사사들마저 자취를 감추어 버렸고, 이제 구속사 땅에서 남은 사람들이란 겨우 사사요, 제사장이란 이름만 있는 늙은이 엘리와 방탕과 타락으로 깊이 썩어 문드러져 버린 홉니와 비느하스 같은 두 망나니만 남게 된 것이다. 이는 이스라엘에 있어서 구속사 진행의 큰 위기이다. 오! 누가 있어 창3:15의 원리 복음을 이루어 가고 메시야께서 복음의 구속사를 지속하여 나가겠는가? 드디어 여기 이 자리에서 하나님의 구속사는 끝마무리를 그어야 하는가? 모세여! 여호수아와 기드온과 입다여! 이제는 메시야 오시는 구속사가 종국을 마무리 지어야 하는가? 구속사 도구들은 답하라! 그러나 하나님의 언약, 예언은 그치심이 없느니라 이시다(민23:19; 삼상15:29; 겔24:14; 마5:17~19). 구속사 진행의 위기 때마다 아브라함에게는 백 세에 이삭을 주셨고(창21:1~5), 애굽의 사백 년간 노예 생활의 구속사 단절의 위기에서는 나일강에 버려진 모세를 건져 내시어 구속사 진행의 도구로 삼으셨고(출2:10), 350년간 구속사 막힘이 생길 때에는 심지어 길르앗의 기생 자식인 입다까지 쓰심으로 구속사 진행의 물줄기를 트이게 하신 것이다. 그리고 실로 지금은 언약의 조상 아브라함 이후 일천 년 만에(B.C. 2091년경) 대위기를 맞이하였다(B.C. 1091년경).

이스라엘의 마지막 사사요, 제사장이라고 하는 엘리는 극노인으로 98세였고, 자기 자식들 하나 바로 만들지 못한 유명무실한 성직자였으며, 제사장으로 있는 홉니와 비느하스는 천하에 둘도 없는 망나니로서 하나님께서 짐승들처럼(벧후2:12; 유:10) 멸망시키기로 작정된 자들이었다. 때는 바로 이웃지간에 있는 블레셋에서 침략하는 날짜만 계산하고 있는 전쟁의 큰 위기였다.

이러한 구속사의 단절의 위기 때에 하나님께서는 아브라함에게 이삭을, 출애굽 때에 모세와 여호수아를, 사사기 350년 동안에 입다를 준비시켜 놓았듯이 바로 부패와 타락으로 몰락해 가는 이스라엘의 운명과 오시는 메시야 계시의 구속사 진행을 위하여 어린아이 사무엘을 예비하여 놓으신 것이다.

내용적으로는 ① 사무엘을 부르시는 하나님(3:1~9) ② 엘리 가정에 대한 선고(3:10~14) ③ 사무엘의 구속사 진행(3:15~21) 등으로 분류된다.

첫째: 사무엘을 부르시는 하나님(3:1~9)

우리는 사사 말기의 엘리 시대를 가리켜 구속사 진행의 대위기라고 한다. 이는 "여호와의 말씀이 희귀하여 이상이 흔히 보이지 아니" (3:1절) 하였기 때문이다. 여기서 '희귀(야카르 יָקָר; precious 가치 있는, 소중한, 무거운, 값비싼, 희귀한, 귀한)' 라는 말씀은 "보배로운, 드문, 귀중한" 이라는 형용사이다. 그럼 왜? 구약의 다른 시대에는 하나님의 말씀이 풍성하였었는데 특히 엘리 시대에만 마치 귀중한 보배를 찾기가 힘들 듯이 말씀이 어렵고 힘들었는가? 당시가 왕정 시대로 넘어가기 직전에 있었고, 죄악의 범람으로 인하여 하나님의 계시가 끊어졌고, 백성들에게는 말씀을 가르치는 자가 심히 적었기 때문이다. 우리는 구약의 두 시대를 가리켜 영적인 암흑시대라고 하는데 사사 말기의 엘리 제사장과 구약의 마지막 선지자 말라기와 세례 요한의 등장 사백 년 기간이라고 한다.

다음에는 '이상(하존 חָזוֹן vision '보는 것' , 계시, 꿈 〈 하자 חָזָה 보다, 알아차리다, 바라보다, 주시하다, 이상을 보다)' 이라는 말씀은 여호와의 말씀과 더불어 하나님께서 예언자들을 통해서 백성들에게 자신의 뜻을 나타내는 전형적인 계시의 방법이다. 이스라엘이 영적으로 각성할 때에는 하나님의 말씀의 계시를 받는 선지자들이 많았기 때문에 말씀이 희귀하지 않았고, 거룩하고 경건한 시대에는 신인(神人)간의 영적 교감이 활발하였기 때문에 '이상' 도 잘 나타나 있었다. 그러나 구약 시대 이천 년 동안 영적으로 가장 혼탁 되어 있고, 육적으로는 죄의 범람이 극성을 떨고 있었기 때문에 하나님의 말씀을 듣고, 알기가 참으로 어려웠고, 하나님의 비전(vision)은 찾아내기가 참으로 힘들었다. 이는 영적 쇠퇴기와 육적인 심판의 때임을 가리킨다.

그러나 이런 때에도 "어린아이(웨한나아르 וְהַנַּעַר 아이 And the child 〈 나아르 נַעַר 소년, 어린이)" 사무엘은 네 번이나 여호와의 부르심을 듣는다. 여기 "아이" 라는 나아르는 어느 정도 지각은 있으나 그러나 어른의 지도 아래에 있는 소년을 가리키는데 A.D. 1세기에 활동했던 유대 역사가 요세프스(Josephus)는 그의 저서 〈유대고대사 Jewish Ant. V. 10:4〉에서 이때 사무엘의 나이가 열두 살쯤 되었으리라고 한다. 유대인의 12세는 "율법의 아들" 로 불리어지고, 성년으로 처음으로 성전에 올라가는 나이이다(눅2:42).

여기 사무엘만 특별히 여호와의 부르심을 듣게 된 것은 (1) "여호와의 전 안에" 누워 있었기 때문인데 이는 바로 "하나님의 법궤" 의 지성소와 가장 가까운 "성소" 라고 할 수 있다. 이 성소에서 그는 기도하므로 하나님과 교제를 하였든지 성소를 섬겼든지 하였을 것이다. (2) 항상 깨어 있는 신앙 준비를 하고 있었기 때문이다. 하나님이 부르시는 시간은 틀림없이 한밤중이었을 것이다. 잠 많은 소년 때에 단 한 번 부르시는 그 음성을 듣고 곧바로 일어나 달려 나아가 엘리 앞에 섰다는 것은 항상 제사장님이 부르시면 언제든지 깨어 일어나는 신앙의 자각심이 투철했다는 것을 증명한다. (3) 절대명령의 복종과 순종심이다. 사무엘은 엘리 앞에 서서 "당신이 나를 부르셨기로 내가 있나이다" (4,5,6,8절)라고 똑같은 답변을 드린다. 부르시는 소리에 달려나가는 것도 보통 일이 아닌데 한두 번이 아니고 무려 네 번이나 그렇게 한다는 것도(짜증, 원망, 불평하지 아니하고) 절대복종과 순종심으로 단련, 훈련되지 아니하고는 아무나 할 수 없는 고도화된 복종, 헌신의 정신력이다. (4) 말씀의 사람, 구속사로 준비되어 있는 큰 그릇이다. 세 번이나 달려와 자기 앞에 서 있는 사무엘에게 엘리는 여호와께서 다시 한번 너를 부르시거든 "여호와여 말씀하옵소서 주의 종이 듣겠나이다" 하라고 한다(3:9,10절). 그 시키심에 사무엘이 순종하여 "말씀하옵소서 주의 종이 듣겠나이다" (3:10절) 한다.

이는 열두 살쯤 되는 어린 소년 사무엘이 벌써 "여호와의 말씀의 사람" 구속사 계시 언약의 준비된 큰 그릇이 되어가는 것을 가리킨다. 이는 ① 가시나무 불꽃 가운데서 부름 받은 모세와 같고(출3:4,7), ② 성전에서 부름 받은 이사야와 같고(사6:8), ③ 갈대아 땅 그발 강가에서 부름 받은 에스겔과 같고(겔2:1~7), ④ 다메섹 도상에서 구속사 진리 복음의 메신저로 부르심을 받은 사도 바울과 같다(행9:1~6). 주여! "내가 여기 있사오니 나를 부르소서"

둘째: 엘리 가정에 대한 선고(3:10~14)

제사장 엘리 가정에 대한 제1차 심판의 경고는 이미 선언되었다(2:27~34절). 그렇지만 하나님의 심판의 경고를 받은 엘리의 두 아들과 엘리는 전혀 회개하는 심령도 개선되는 태도도 보이지 않았다. 하나님께서 마침내 어린 소년 사무엘이 들은 가문의 멸절을 경고로 결론지으신다.

이때 여호와께서 깊이 잠이 든 사무엘을 네 차례나 부르신다(3:4,5,6,8절). "사무엘아 사무엘아" (3:10절). 여호와께서 어느 때든지 이렇게 거듭하여 부르실 경우에는(창22:11; 출3:4; 삼상3:10; 행9:4) ① 긴급한 일이 생겼을 때 ② 중요한 사건의 경우에서 ③ 메시야 계시 언약이 구속사로 진행되어 갈 때이다. 여기서 엘리 가문에 대한 구체적인 심판은 이미 2:27~34절에서 밝혀져 있으므로 이제는 그때가 되면 제1차적으로 내린 저주의 심판이 반드시 시행될 것인데 (3:12절) 그 심판은 동물의 제사로 드리는 '제물(뻬제바흐 בְּזֶבַח with sacrifice 〈 제바흐 זֶבַח 제물)' 로나 곡물의 제사로 드리는 '예물 (우베미느하 וּבְמִנְחָה or offering 〈 민하 מִנְחָה 소제, 헌물)' 로도(3:14절) 영원히 속죄함을 받지 못하리라는 것이다.

셋째: 사무엘의 구속사 진행(3:15~21)

지난 밤을 뜬눈으로 지새운 사무엘은 이른 아침 일어나 성소의 문을 연다(3:15절). 성막의 문을 연 자는 실로의 제사장 엘리도, 그의 두 아들 홉니와 비느하스도, 성막을 지키는 레위인들도 아니라 열두살 된 소년 사무엘이다. 이는 신정의 왕정 치하에서 구속사 진행의 문을 열 자도 사무엘이 될 것을 예증한다. 새 아침이 되었지만 그러나 사무엘은 엘리 제사장이 어젯밤에 있었던 하나님의 계시의 말씀을 묻기 전까지는 미리 차마 말씀드리지 못했던 것은 ① 엘리 제사장 가문이 멸절 되리라는 너무나 놀라고 엄청난 "이상(vision)' 이었기 때문이며, ② 그 제사장으로부터 양육 받으며 영적 훈련을 쌓고 있는데(1:28; 2:11절) 엘리 스승님 가문이 멸절 되리라는 생각을 하게 되는 너무나 슬프고 큰 충격이었기 때문이며, ③ 그래도 혹시 멸절당하기 전에 회개할 수도 있다는 기대감이 있었기 때문이다. 그렇지만 어젯밤 일을 미리 다 알고 있는 엘리 제사장(3:9절)이 하나님으로부터 어젯밤에 받은 이상과 계시를 숨김없이 고하라고 할 때 사무엘은 더는 감출 수가 없어 받은 그대로 다 고해 드린다(3:17,18절).

그런데 문제는 사무엘이 말씀드리는 그 이상을 다 듣고 난 엘리 제사장의 태도이다. 하나님의 징벌의 선고를 듣고, 심각하게 생각하므로 깨달아 불철주야(不撤晝夜)로 다윗처럼 눈물로 회개해야 할 처지인데도(시6:6,7; 38:4~8), 엘리 제사장은 마치 다른 사람의 이야기를 듣는 것처럼 "이는 여호와이시니 선하신 대로 하실 것이니라" (3:18절)하고 만다. 이것을 볼 때 회개하는 그 심령이란 성령님의 영적 감동이 그에게 임하실 때 비로소 되어지는 것으로 안다(롬 8:26~28).

◈ 사무엘의 구속사 도구 됨의 증거 ◈

본 장(3장)의 19~21절은 사무엘이 소년의 때로부터 모세와 여호수아처럼 하나님의 구속사 큰 그릇이 되어질 것을 증명해 주는 말씀이다.

1. 모태로부터 예정되어진 구속사의 도구이다.

모친 한나의 서원 기도는 자기에게 아들을 주시면 단지 엘가나와 한나의 장자로 삼기 보다는(2:21절 참조) 여호와의 "나실인"으로 하나님께 드리겠다고 서원 기도를 하면서(1:10~11절) 사무엘을 낳아 젖을 떼자마자 실로의 성막에 나아가 그를 여호와께 드리므로 아기 때부터 오시는 메시야 계시 언약의 구속사의 일꾼이 되도록 한다(2:9,10,11,18~19절).

2. 하나님의 부르심 받은 구속사의 도구이다.

하나님의 구속사의 도구가 될 자는 하나님의 예정을 입은 자요(1:17,18; 출2:1~10; 렘1:4; 행9:15등) 반드시 하나님으로부터 부르심을 받은 자이다(3:3,6,8,10; 출3:4,10~12; 신31:14; 사6:8; 렘1:4~10; 겔1:1~3등). 누구든지 하나님의 구속사 진행이 되려고 하나님의 도구로 사용되는 자는 그가 먼저 하나님을 찾기도 전에 하나님이 먼저 그를 찾아 먼저 그를 불러 주신다는 것이다.

모세, 여호수아, 기드온(삿6:12), 입다(삿11:11), 이사야, 예레미야, 에스겔, 베드로(마4:18~20), 바울이 그리하였다(행9:3~6).

그러므로 누구든지 그리스도 예수님의 구속사 도구가 되려 하는 자는 자신이 메시야를 찾아 만나기 전에 주님께서 먼저 그를 찾아 부르신다(요1:48; 요일4:9,10,19). 하나님은 잠자는 사무엘을 네 번이나 깨우고 부르심으로 그를 신정 왕국의 첫 번째 구속사의 도구로 삼아 주셨다. 하나님이 구속사의 도구로 삼으시기 위하여 불러 주신 자라야 그 손에 붙들려 일평생 구속사 사명을 감당하게 된다.

3. 예언 계시의 구속사 도구이다.

사무엘의 예언 계시는 단 한마디도 틀림이 없었고, 그렇기 때문에 단 한마디도 땅에 떨어지지 아니하였다(3:19절). 이는 사무엘은 오직 하나님께서 주신 하나님의 예언된 계시만 나타냈고, 계시된 예언만 전했기 때문이다. 여기에서 하나님의 참 선지자, 예언자와 거짓 예언자가 구별된다. 거짓 선지자는 전혀 하나님의 계시 예언이 없이 자기 심중에서 생각되거나 떠오르는 것으로만 예언하기 때문에 맞지도 아니할 뿐 아니라 되지도 아니한다(신13:1~5; 18:9~14; 렘14:13~18; 23:25~32; 27:9~11,15~22). 예수님께서도 거짓 선지자들의 표식을 말만 있고 행위가 없으며 그가 말하는 대로 행하지 아니하는 열매 없는 자들이라고 하셨다(마7:15~22; 23:1~7). 하나님께서 진실무망 하신 것처럼 하나님의 참 선지자에게도 진실무위(眞實無僞)한 것만 드러난다. 사무엘은 예언 계시가 무위하였으므로 그 계시 예언

또한 거짓이 전혀 없었다. 그는 실로 계시 예언의 구속사 도구이다.

4. 이스라엘 백성들의 구속사 도구이다.

그래서 무려 350년간 구속사 진행사의 도구가 없었기에 전 선민 이스라엘은 자기가 옳다고 생각되는 대로 행하였으므로 전후가 뒤범벅되어 버리고 말았다(삿17:6; 18:1; 19:1; 21:25). 그러나 이제는 여호와께서 주시고, 여호와께서 함께 계시는 구속사의 진행자가 이스라엘 가운데 계시게 되었으므로 이스라엘 전 백성들은 그만 믿고 의지하므로 따라가기만 하면 되게 된 것이다(3:20,21절). 오늘의 이 시대에도 오직 오신 그리스도 예수님의 구속사만 전하고 증거하는 구속사 도구인 목자가 필요하다.

제 4강 언약궤를 빼앗기다(1)

본문 : 사무엘상 4장

엘리 가정에 대한 하나님의 멸망의 예언 계시가 제1차적으로는 무명(無名)의 하나님의 사람에 의하여 선언되었고(2:27~34절), 다음에는 성막에 누워 잠자는 소년 사무엘에게 계시 예언으로 선포가 되었다(3:10~14절). 그러므로 본 장(4장)은 이 두 예언 계시가 어떻게 엘리 가정에 그대로 실현되어지는 가에 대한 성취이시다.

사사 시대에도 이스라엘이 하나님을 떠나 우상숭배하고, 범죄하면 하나님께서 이방인을 들어 이스라엘을 침략하게 하시듯이 이번에도 범죄한 이스라엘과 엘리 가정을 하나님께서 징계하시려고, 블레셋을 들어 이스라엘을 침략하게 하신다. 비단 하나님은 이스라엘과 엘리 가정뿐만 아니라 어느 민족, 어느 시대이든지 타락하고 범죄하면 공의로우신 하나님께서는 그들이 회개하지 않는 한 반드시 징계하시고, 심판하시는 것이다.

본 장의 내용은 ① 이스라엘의 패전(4:1~10), ② 엘리 가문의 멸망(4:12~22)으로 분류된다.

첫째: 이스라엘의 패전(4:1~10)

선민 이스라엘과 이방 세계와의 모든 전쟁은 하나님께 속하여 있기 때문에 이스라엘이 하나님께 신실하고, 충성되어 있을 때는 하나님께서 외적으로부터 전쟁을 막아 주시든지 혹 전쟁이 일어나더라도 이스라엘이 이기게 하여 주신다(삼상17:47; 대하20:17).

그러나 이번 블레셋과의 전쟁은 하나님이 이스라엘을 징벌하시기 위하여 그들을 들어 이스라엘을 치시는 것이므로 패할 수밖에 없었으니 한 번 전투에 그만 이스라엘 군대가 사천 명 가량이 전사하고 만다(4:2절). 그렇게 되었다면 이스라엘은 전쟁에 대한 패배를 직시(直視)하고 철저히 회개하는 아이 성의 여호수아 장군처럼 되어야 했을 것인데(수7:6~9), 전쟁하는 '에벤에셀' 로부터 약 40km쯤 떨어진 실로에 가서 지성소에 안치된 '언약궤' 를 모시고 온다.

이는 오히려 하나님의 성호(聖號)를 모독하는 제3계명의 신성모독죄로서 미신적 주술(呪術)행위이다. 언약궤는 "만군의 여호와 하나님' 의 임재의 상징으로 메시야 언약 계시의 구속사 그리스도를 예표하신다. 그래서 이스라엘의 구속사 신앙으로 충만할 때는 언약궤를 모시고 갈 때에 요단강이 열리었고(수3:6,14~17), 철옹성 여리고 성도 무너지고 말았다(수6:6,20~21). 그러나 이번 전쟁은 오로지 하나님의 징벌로 이스라엘을 치기 위하여 블레셋을 들어 사용하시는 전투인데 어찌 언약궤에 하나님의 임재하시는 증표가 있을 것이며, 메시야의 구속사 능력이 나타나시겠는가?

이스라엘은 언약궤가 진영이 들어올 때에 큰소리로 외치며 환영했지만(4:5절), 오히려 블레셋에게는 하나님의 언약궤가 진영에 들어간 것으로 알고 그 언약궤에 지지 아니하려고 더 용기 백배하여 맹렬히 전쟁에 임했으므로(4:6~9절), 그만 이스라엘이 패배하여 ① 전쟁에 죽은 자가 삼만이나 되었고 ② 언약궤는 빼앗기게 되었으며 ③ 제사장 자격으로 언약궤와 함께 있었던(4:4절) 홉니와 비느하스는 전사하게 된 것이다(4:10,11절).

둘째: 엘리 가문이 멸망(4:12~22)

하나님께서 블레셋을 들어 이스라엘을 징치하신 것은 사사 시대 350년 동안 지속적으로 전가시켜오는 우상숭배와 범죄로 인한 방종과 타락 때문이었고, 제사장 엘리 가문의 신성모독의 제3계명과 성막에서의 음행의 제7계명이었다. 모두 다 수백 년 동안 회개와 참회하는 기회를 주셨지만 도리어 더 큰 범죄에 빠져들어 갈 때에 하나님은 크신 매로 징벌, 징계, 징치하셨으니 이스라엘은 크게 패전하여 언약궤마저 빼앗기게 되었고, 엘리 제사장의 가문은 ① 먼저 두 아들, 홉니와 비느하스가 전사했고(4:11,17절), ② 98세 된 극 노인 엘리는 의자와 함께 땅에 쓰러져 죽었고(4:17,18절), ③ 엘리의 둘째 며느리인 비느하스의 아내는 산고 끝에 아들을 낳다가 죽으면서 "이가봇(이카보드 אִי־כָבוֹד Ichabod '영광이 없다, 불명예스러운/이 אִי ~이 아니다+카보드 כָּבוֹד 영광, 명예, 영광스러운, 존귀)" 이라고 했다. 그래도 엘리 가문에서 적은 신앙이라도 있는 자는 둘째 며느리, 비느하스의 아내이다. 가정의 온 식구가 다 죽고, 심지어 극심한 산고 끝에 낳은 아들과 자신마저 죽어갈 때에도 아무 관심도 없는 그녀였는데(4:20절), 하나님의 언약궤가 블레셋에게 빼앗겼다는 비통한 소리를 듣고는(4:21,22절) "영광이 이스라엘에서 떠났다" (21,22절)라는 비명을 질렀다. 남편도, 시부도, 심지어 갓 난 핏덩어리에게도 소망과 관심도 없었으나, 하나님의 영광의 예표인 "법궤" 에는 소망이 넘쳐 있었음을 가리킨다. 참으로 안타까운 여인이다. 애석하도다! 그녀의 맑은 신심이여!

◎ 이가봇(이카보드 אִי־כָבוֹד Ichabod)의 교훈 ◎

본문에는 이스라엘이 블레셋에게 하나님의 언약궤를 빼앗기고, 엘리의 두 아들도 전쟁에서 죽고, 엘리도 언약궤를 빼앗겼다는 소식을 듣고는 죽고, 비느하스의 아내는 옥동자를 낳다가 극심한 산고 끝에 죽으면서 그 갓난아기 이름을 이가봇이라고 한다. "영광이 이스라엘에게서 떠났다" (4:21,22절)라는 뜻이다. 그러면 왜 하나님의 영광이 이스라엘에게서 떠나게 되었는가?

1. 언약궤의 저주이다.

하나님께서는 출애굽하여 시내산에 머무르게 하시고, 모세에게 명하여 성막을 짓도록 지시하시고, 지성소를 두어 그 안에 언약궤, 법궤를 안치(安置)하여 두도록 명하셨고(출25:10~22; 37:1~9), 그 언약궤를 이동할 때에는 레위 제사장들로 하여금 어깨에 메어 옮기라고 하신 것이다(신31:9,25; 수3:3). 그런데도 만약 레위인들이 어깨에 언약궤를 메지 아니하고, 일반 백성들이 손으로 만지거나 다른 방법으로 옮기면 저주를 받게 된다(민4:15; 7:9; 10:21; 삼하6:6; 대상13:9,10). 그런데도 율법에 무지한 백성들은 실로의 성막에 안치되어 있는 하나님의 언약궤를 40km쯤 떨어진 곳 에벤에셀에 옮겨 블레셋과의 전쟁에서 미신적인 주술(呪術)로 사용하기 위하여 레위 지파의 고핫 자손도 아니고, 제사장들도 아닌 일반 사람들을 시켜서 오게 한 것이다(3,4절). 이 신성모독 죄는 블레셋과의 전쟁에서뿐만 아니라 언약궤를 범한 죄에서도 저주를 받아야 한다(삼하6:1~7; 대상13:1~10 참조). 하나님의 성물(聖物)을 범하므로 벌써 "이가봇" 이 된 것이다.

2. 주술적으로 사용한 저주이다.

하나님께서 출애굽하여 모세에게 시내산에서 일 년 동안 머물게 한 후에 언약궤를 제조하도록 하신 것은 하나님 임재의 상징일 뿐만 아니라 메시야 계시 언약의 구속사 모형이시다. 그러므로 언약궤의 사용되어짐은 사사로운 곳에 쓰여지는 것이 아니라 메시야 계시 언약이 가나안 땅에서 이루어지는 구속사 진행에서와 요단강을 지나갈 때와(수3장) 여리고 성이 무너질 때이다(수6:8~21). 이 사실을 살펴보면 언약궤의 사용은 반드시 하나님의 공의 안에서 하나님의 영광이 드러날 때와 오시는 메시야 계시의 언약 안에서 구속사 진행을 나타낼 때이다. 그렇다면 블레셋과의 전쟁은 하나님의 징벌로 되어진 것이기 때문에 전혀 하나님의 영광에도 메시야 구속사의 진행에도 무관계한 언약궤 사용이다. 이스라엘이 이때에 언약궤를 사용한 것은 오히려 미신적 주술일 뿐이다. 오히려 언약궤를 사용하므로 저주가 되어 다곤신의 자식들에게 언약궤를 빼앗길 뿐만 아니라(4:11절), 삼만의 군사가 궤멸당하고야 만 것이다.

3. 회개하지 못한 저주이다.

하나님의 언약궤는 하나님께서 이스라엘과 함께하신다는 임재하심의 메시야 계시 언약의 구속사적 표징이시기 때문에 언약궤가 계시는 곳에는 항상 하나님의 승리가 계셨다. 그렇기 때문에 이 사실을 알고 있는 이방인들은 하나님의 언약궤가 나타나기만 하면 두려워 떨게 되었다(4:5~9절). 그러나 에벤에셀의 전쟁에서는 모든 경우와 과정이 달라 있었다. 언약궤를 모시고 전쟁에 임했는데도 이스라엘이 대참패를 당하고 말았다. 왜? 하나님의 영광이 이스라엘 가운데서 떠나는 이가봇이 되어 있었는가? 이스라엘이나 엘리 가문도 크게 범죄한 상태로 있었기 때문이다. 범죄한 상태에서 언약궤를 모시고 전쟁에 나갔다 하는 것은 기복주의 정신 상태로 신앙심이 아니라 신념 주의이다. 반드시 실패를 당하는 것은 명백한 일이다.

이상으로 우리는 하나님의 영광이 이스라엘에게서 떠났던 원인일 살펴보았다. 이는 언약궤의 저주가 임하였기 때문이요, 그 언약궤를 미신적인 주술로 사용했기 때문이요, 회개함이 없는 전쟁이었기 때문에 이가봇이 되어 버린 것이다. 이는 비단 이스라엘뿐만이 아니라 어느 시대에나 어느 민족이든지 이스라엘처럼 되어지면 반드시 이가봇의 저주가 생겨나게 될 것이다.

구속사 설교

◈ 이스라엘의 실패의 요소들 ◈

유브라데 강을 건너온 히브리 민족이 오늘날 이스라엘의 백성들이 된 것은 야곱이 얍복 강에서 하나님과 겨루어 승리하였기 때문이다(창32:24~28). 그러므로 이스라엘이라고 하는 이름은 "하나님과 겨루어 이김" 즉 '하나님의 승리' 라는 명칭이다. 그 명칭 그대로 이스라엘은 어떤 전쟁이라도 하는 전쟁마다 다 이기고 승리했다. 더구나 하나님의 임재의 상징, 그리스도 오심의 구속사의 표상이 되는 언약궤가 이르는 곳이라면 백전백승 하시었다. 그런데 왜 에벤에셀의 전쟁에서 언약궤를 앞세우고 전쟁하였는데도 블레셋에게 비참하게 참패하고 말았는가?

1. 패전의 원인을 깨닫지 못했기 때문이다.

이스라엘이 에벤에셀 근처에서 포진하고 블레셋과 전쟁을 하였으나 한 차례 전쟁에서 무참히 패배하여 한꺼번에 사천의 병사가 죽었다. 그때에 이스라엘의 지도자들(장로들)은 우리는 이스라엘인데 왜 블레셋과의 전쟁에서 패하게 되었는가? 하면서 그 원인을 찾게 되었다. 그것은 이미 답이 다 나와 있다. 우상 숭배하였고, 하나님께 범죄하고서도 깨달아 회개하지 못했기 때문이다(3:11~14절). 그런데도 어리석은 지도자들(백성의 장로들)은 자기들의 죄를 깨닫지 못하고, 우리가 블레셋에게 패배한 것은 하나님의 언약궤를 전면에 모시지 못했기 때문이라고 하여 범죄한 상태 그대로 언약궤를 앞세우게 된 것이다. 그러나 하나님의 임재하심이 언약궤에서 떠나셨는데 어찌 그 언약궤가 이스라엘을 도울 수가 있겠는가? 오히려 하나님의 징계가 내리실 때에 한꺼번에 삼만 명이나 전사하고 말았다(4:10,11절).

그리스도인이 범죄하면 은혜와 축복이 단절된다. 그때에 축복받으려고 모든 수단과 방법을 다 써보지만 회개하기 전까지는 모든 것이 다 헛수고이다. 언약궤는 하나님의 진리와 공의로서 능력과 권세가 나타나시는 하나님의 임재의 표상이시지 죄 지은 자의 승리가 되는 것은 아니다. 죄 지은 자의 승리는 오직 회개뿐이다.

2. 심판의 계시 예언만 있었기 때문이다.

이스라엘이 이방과의 전쟁에서 승리하려면 반드시 하나님께서 그 전쟁을 맡으시므로 이기도록 하여 주시겠다는 계시 예언이 먼저 내려지셔야 한다. 하나님께서는 출애굽 이후 모세에게도 여호수아와 기드온 그리고 입다에게도 그 같은 전갈을 미리 보내셨다. 그 같은 전쟁 승리의 전갈을 가장 많이 받은 사람은 다윗이었다.

그러나 이번 블레셋과의 전쟁에서 하나님께서 이스라엘에게 내리신 계시 예언은 무엇이었는가? 첫 번째 계시 예언은 2:27~34절로서 무명의 예언자에게 임하셨고, 두 번째 예언은 소년 사무엘에게 주신 3:11~14의 계시이다. 그 내용이란? 이스라엘은 범죄하므로 저주의 심판을 받겠고, 엘리 가문은 멸문지화(滅門之禍 extermination of a whole family)을 당하리라는 선고였다.

하나님의 심판의 계시 예언만 받은 이스라엘과 엘리 가문은 언약궤를 모시는 것보다도 먼저 여호수아처럼 통곡하며 참회를 해야 한다. 외적인 물리주의가 아니라 내적인 심령 상태 곧 영혼의 자각, 통회가 우선되어야 한다. 그것을 우선하지 못한 이스라엘과 엘리 가정은 언약궤 앞에서도 패망하였다(4:4절).

3. 구속사를 역행하였기 때문이다.

여호와의 언약궤가 에벤에셀의 진영에 들어올 때에 이스라엘이 큰 소리로 외쳤고, 그때에 땅이 진동하였다(4:5절). 이 땅울림이 있을 때 이스라엘은 이 언약궤가 전쟁에 승리해 주실 것으로만 알고 있었으나(4:3,4절), 오히려 하나님이 없는 블레셋 사람들은 이스라엘에 오실 메시야 언약 계시의 구속사를 더듬어 살펴보고 있었다. 언약궤는 이스라엘의 신이시요, 구속사이시다. 이 언약궤의 신이 이스라엘을 출애굽 시켰고, 홍해를 갈라내어 자기 백성들을 건너가게 하셨고, 광야 사십 년 동안에 수많은 이적으로 대적자들을 물리치셨으며, 여기 가나안 땅에 들어와서는 요단강을 건너가게 하셨고, 여리고 성을 물리쳐 무너지게 하셨고, 이번에는 우리 블레셋까지도 다 죽이게 하실 것이니 과연 그 누가 이 언약궤의 신을 이길 수가 있겠느냐? 하는 것이다(4:5~9절).

비록 블레셋은 하나님을 신앙하지는 아니하였지만, 가나안 땅에서 메시야 계시의 언약을 구속사로 이루시려고 하는 언약궤는 신실하게도 출애굽 당시로부터 작금에 이르기까지 다 알고 믿고 있었다. 그러나 이스라엘은 블레셋만큼 메시야 언약 계시의 구속사를 모르고 있었으니 어찌 언약궤의 구속사가 이스라엘을 대적하는 블레셋을 물리치도록 하여 주시겠는가? 하는 것이다.

이스라엘은 언약궤로 말미암아 오히려 메시야 계시 언약의 구속사를 역행하였지만 블레셋은 ① 그 신을 두려워했고(4:6,7절) ② 그 신의 구속사 행적을 믿고 있었고(4:8절) ③ 자기들이 그 신을 이길 수 없음을 알고 있었고(4:8절) ④ 그 신 앞에 있는 우리들 자신이 '화로다' (4:7,8절)라고 하나님을 경외하기까지 한 것이다.

그렇지만 이스라엘에게는 이만한 구속사의 지식과 믿음이 전혀 결여되어 있으니 어찌 그들을 이길 수 있겠는가? 패배당하고 만 것이다.

구속사는 이스라엘의 독점물이 아니다. 어느 시대, 어느 백성들이라도 믿고 경외하면 비단 언약궤를 모시지 못했다고 할지라도 구속사로 말미암아 구원이 되어지고 구속사로 인하여 승리하게 된다.

제 5강 언약궤의 재앙(2)

본문 : 사무엘상 5장

사무엘이 실로에 있는 성막에서(삼상3장) 성장하여 공생애를 시작하는데 이는 블레셋과의 전쟁이 일어난다. 이때 또한 언약궤와 관련이 되어 4장은 언약궤를 빼앗기고, 5장은 언약궤가 블레셋에 안치되는 곳마다 재앙이 생겨나게 되므로, 6장에 와서는 그 언약궤를 다시 이스라엘 본 곳으로 돌려보내게 된다. 그래서 사무엘이 장성한 후에 시작되는 공생애의 4~6장까지는 블레셋과의 전쟁에서 언약궤에 관한 성경의 내용들이다.

우리는 전 장(4장)에서 이스라엘이 미신적 주술방법으로 하나님의 언약궤를 의지하여 블레셋을 무찌르려다가 도리어 무참히 패전함과 동시에 언약궤도 빼앗기게 된 것을 보았다.

그러므로 본 장(5장)은 하나님의 언약궤를 블레셋에 빼앗긴 후에 되어진 일을 기록하는 것이다. 본 장의 내용은 ① 다곤 신상이 박살나다(5:1~5) ② 언약궤가 이르는 곳마다 재앙의 징계(5:6~12)로 나누어진다.

첫째: 다곤 신상이 박살 나다(5:1~5)

고대 전쟁사를 보면 전쟁할 때마다 자기 나라에서 주신(主神)으로 모시는 신을 모시고 가서 전쟁하였으므로 성전(聖戰 holy war)이라고 하였다. 전쟁에서 이긴 신은 패한 나라에서 모셔다가 자기 신의 자리에서 경배하도록 했다. 블레셋이 이스라엘과 전쟁하여 언약궤를 빼앗아 자기 나라의 신전인 다곤 신의 전각에 두었다(5:1~2절). 블레셋이 그렇게 하여 이스라엘을 이긴 다곤의 신을 높이 받들어 찬양하며 경배하려고 했던 것이다. 여기서 '다곤(다곤 דָּגוֹן dagon 물고기 신, 블레셋의 풍요의 신, 사람의 얼굴과 손 그리고 물고기의 꼬리를 가진 것으로 표현됨 〈 다그 דָּג '물고기~다산하는 〈 따가 דָּגָה 늘리다, 증대시키다, 수가 많아지다)' 은 물고기 신이다.

일부 고대 우가릿 문헌에서는 '다곤' 은 바일 신의 부친으로 말하고 있는데 이것으로 보면 다곤은 가나안의 주신으로 있는 바알을 아들로 삼고 있을 정도로 고대에서 가장 역사가 오래된 신으로서 앗수르, 베니게 등지의 민족들이 섬기고 있었다. 이 우상을 사람들이 풍요의 신으로 모신 것이다.

블레셋의 '아스돗' 사람들이 언약궤를 다곤 신전에다 다곤 신 곁에 모셨더니 다음 날 다곤이 여호와의 언약궤 앞에 엎드려 있었다. 그래서 다곤을 일으켜 세워 다시 언약궤 앞에 세워 두었다. 그리고 다시 그 다음날 다곤 신전에 들어갔더니 이번에는 언약궤 앞에 다곤의 얼굴이 땅에 닿았고, 그 머리와 두 손목은 끊어져 문지방에 있고, 몸뚱이만 남게 된 것이다. 여기서 '손목(캄포트 야다이우 כַּפּוֹת יָדָיו the palms of his hands KJV 〈 야드 יָד 손. 카프 כַּף 손바닥)' 은 '손바닥' 으로 '끊어져(케루토트 כְּרֻתוֹת were cut off 〈 카라트 כָּרַת 자르다, 베어내다, 몸통을 잘라내다)' 는 '짤리어져' 로 '문지방(함미프탄

הַמִּפְתָּן 문지방 upon the threshold 〈 미프탄 מִפְתָּן)' 은 '문턱' 으로 직역해야 한다.

이는 한 마디로 ① 다곤 신의 전적 무능함의 우상인 것과(사44:9~17,18~20; 46:6,7; 시115:4~8) ② 사탄, 옛 뱀의 권세(계12:3~9)를 하나님의 철장으로 질그릇 부수듯 깨뜨려 쳐부술 것을 가리킨다(시2:9; 사30:14).

비록 이스라엘의 범죄와 신성모독 죄로 인하여 하나님 임재하심의 언약궤는 빼앗겼지만(롬2:24; 사52:5) 그러나 하나님의 영원 자존하심과 무궁한 영광은 피조물에게 훼방, 훼손을 당하지 아니하려고 하신다. 어찌 하나님 앞에서 "모든 열방은 통의 한 방울 물과 같고, 저울의 작은 티끌 같으며 섬들은 떠오르는 먼지같이 작은 것들" (사40:15)에게 하나님의 영광이 훼손을 당하랴! 마땅히 하나님 앞에서 다곤의 골통은 부수어지고, 온 몸뚱이는 조각나 박살되어야 마땅하리라! 어느 신이든지, 피조물이든지 감히 하나님과 맞서 비교되려 하는 자는 그 존재도, 그 영광도 산산조각이 되고 말 것이다.

둘째: 언약궤가 이르는 곳마다 재앙의 징계(5:6~12)

앞부분에서는 블레셋의 신 다곤을 엄중히 심판하시는 하나님께서는 이번에는 가는 곳마다 블레셋 곳곳을 철저히 심판하신다. 그곳은 아스돗(6,7절), 가드(8,9절), 에그론(10~12절)등이다. 언약궤가 이르는 곳마다, "독한 종기의 재앙" (5:6,9,12절), "심히 큰 환난" (9절), "사망의 환난" (11절)을 계속하여 내리신다. 그래서 블레셋에서는 가는 곳마다 사람이 감당할 수 없는 악성 종기와 환난을 쏟아 부음으로 이제는 더 이상 견딜 수 없어 소리쳐 아우성으로 언약궤를 도로 이스라엘로 보내기로 결정한다(5:11,12절).

구속사 설교

◈ 언약궤의 저주의 심판 ◈

이스라엘이 블레셋과의 전쟁에서 승리하려고 실로의 지성소에 안치 되어있는 언약궤를 전쟁터인 에벤에셀에 모셔올 때 지축(地軸)이 흔들리는 큰 요동이 있었다. 그때에 블레셋 군사들도 마음이 흔들리며 매우 놀라고 두려워했다.

블레셋도 이스라엘이 출애굽 할 때부터 오늘에 이르기까지 이 언약궤가 이스라엘의 구속사 성취를 위하여 얼마나 크고 위대한 이적과 기사를 행하여 왔었는가를 잘 들어 알고 있었기 때문이다(4:5~9절). 마침내 블레셋이 전쟁에 이기어 그 위엄과 이적의 권능이 있는 언약궤를 자기들이 모시게 되었는데 언약궤를 모셔온 것이 축복은 고사하고 오히려 언약궤가 옮겨지는 곳마다 "독한 종기의 재앙" (5:6,9,12절), "심히 큰 환난(5:9절), 심지어 "사망의 환난" (5:11절)까지 생기게 되었다. 언약궤를 이스라엘이 모시고 있었을 때는 놀라운 은혜와 축복의 원천이셨는데 왜 블레셋 사람들이 모시고 있을 때는 언약궤로 말미암아 심판의 저주가 되고 있는가? 하는 것이다.

1. 경홀히 여겼기 때문이다.

블레셋 백성들도 자기 신 다곤(다곤 דָּגוֹן dagon)과 언약궤의 가치를 잘 알고 있었다. 다곤신에게서는 수백, 수천 년 동안 동작하는 행위가 전혀 없었기에 그 신의 존재적 역사가 없었지만, 여호와 하나님의 실존의 임재이신 언약궤로서는 출애굽 이후 수많은 이적과 표적이 쏟아져 기록하는 역사의 증거가 나타나신 것이다. 이렇게 실존하는 역사적 기록이 신에게서 없다는 것은 다만 인간의 수공물인 가공품의 우상이란 것이요, 신의 존재적 역사 기록이 있다는 것은 실존하는 참 신의 생활이라는 것이다. 전자는 바로 블레셋의 신 다곤으로 우상이요(사44:9~20; 46:5~7), 후자는 이스라엘의 언약으로서 증명되는 하나님이시다.

이 거짓된 우상과 참 신을 블레셋 사람들도 잘 알고 있었다(4:7~8절). 그렇다면 언약궤의 임재의 참 신이신 여호와 하나님을 정중히 모시고 극진히 환대했어야 했을 것이다. 그런데도 허수아비 우상인 다곤과 언약궤 임재의 전지전능하신 하나님을 다곤 신전에 두어 우상과 동일하게 취급하였고, 오히려 언약궤를 다곤신의 발아래 놓아둔 것이다. 이는 여호와 하나님을 경홀히 여기는 무례한 행동이요, 망령된 행동의 신성 모독죄이다. 참 신이시며, 절대적인 하나님께서는 이 세상 어느 신과 비교되는 것을 절대로 용납하지 아니하신다. 이는 알곡과 가라지의 비교가 되기 때문이다(사46:5~9; 시89:6~8; 렘23:28).

우리 하나님은 참신이신 인격(人格), 신격(神格)의 신(神)이시기에 피조물로부터 존귀와 감사와 찬양과 영광을 받으시기 원하신다. 그렇기 때문에 누구든지 하나님을 경홀히 여기는 자는 "죄 없다 아니하시므로" 엄중히 징계하신다(32:15~18).

2. 깨우치지 못했기 때문이다.

블레셋은 언약궤의 하나님은 두려우신 신이시요(4:7절), 전능하신 신이시요(4:8절), 자기 백성을 출애굽 시키신 구속사의 신이시요(4:8절), 단 한 번도 패한 적이 없는 절대적인 신(4:9절)으로 알고 있었다. 그렇다면 절대적인 인격과 신격의 신으로 알고 언약궤를 모셨어야 했다. 어찌 근본도 없고, 출처도 분명하지 않고, 실존의 역사성도 없는 인간 수공물 정도의 우상인 다곤과 비교하여 그 발아래 언약궤를 둘 수가 있었는가? 이는 조물주 앞에서 피조물로서의 망령되고 참람된 무례한 행동이다.

신성의 진노에 가득 차신 하나님 임재의 언약궤 앞에서 ① 다곤은 엎드러졌고(5:3절) ② 머리와 두 손바닥과 몸뚱이는 끊어지고 박살이나 찢어져 버렸다(5:4절). 이는 하나님 앞에서 우상이란 철장 권세로 산산이 부수어져야 할 것을 가리킨다(시2:9; 계2:27; 12:5; 19:15). 그런데 문제는 블레셋의 지도자들이다. 웅장한 신전에 잘 모셔져 있는 자기들의 신, 다곤이 궤 안에 있는 언약궤의 신 여호와 신에게 형편없이 부서지고, 박살되었다면 그 허수아비 신 "물고기" 의 다곤을 빗자루로 쓸어 담아다가 신전의 오물 버리는 곳에 내버리고 오직 하나님의 그 언약궤를 잘 섬기고 모셔야 할 것인데 우상 숭배로 영안이 어두워진 블레셋은 그렇게 하지 못하였다. 몸뚱이가 두 동강난 다곤을 그대로 신전에 모신 것이다. 참 신과 거짓 신에 대한 분별력이 없었기 때문에 참된 진리를 깨우치지 못했기 때문이다. 성령님의 조명이 아니면 인간 스스로의 자아로서는 신령한 일에 깨달음, 깨우치는 것이란 전혀 있을 수 없다(고전2:10~15).

3. 구속사의 신앙이 없었기 때문이다.

이스라엘은 하나님의 임재의 언약궤를 모시고도 블레셋과의 전쟁에서 패한 것에 대하여, 블레셋은 하나님의 언약궤로 인한 재앙에 대하여 구속사적인 참회가 있어야 한다. 먼저 이스라엘은 조상들이 출애굽부터 오늘에 이르기까지 하나님의 언약궤를 모시고 가는 곳마다 또 하는 일마다 승승장구하였는데 왜 블레셋과의 전쟁에서는 이토록 처참하게 깨어졌는가? 하는 회개이다. 역사에 나타난 언약궤의 승리는 인간 육체의 사건에서의 승리가 아니라 오직 메시야 언약계시의 구속사 승리였다. 창15:12~21의 언약을 이루시기 위해서 하나님께서는 이스라엘이 언약의 땅 가나안에 들어가 안착할 때까지는 구름 기둥과 불기둥으로 이스라엘의 가는 길을 비추셨으며, 언약궤로서는 요단강을 건너게 하시고, 전쟁에서는 이기게 하셨다. 이는 메시야께서 구속사를 이루시도록 가나안을 언약하신 그대로 주시기 위해서이다. 그렇기 때문에 메시야 계시 언약의 구속사가 아닌 것에서 언약궤의 이적은 단 한 번도 나타나지 아니했다. 더구나 블레셋과의 전쟁은 구속사는 고사하고, 이스라엘의 범죄로 인한 육체적 혈육의 싸움이기 때문에 하나님은 전혀 간섭하지 않으셨다. 그러므로 이스라엘이 대파하여 먼저 사천 명, 다음에는 삼만 명이나 죽었다(4:2,10절). 이스라엘의 처절한 전쟁의 패배는 구속사가 아니었기 때문이다.

블레셋도 구속사가 아닌 것은 이스라엘과 다름이 없다. 언약궤 앞에서 블레셋은 두 가지를 깨닫고 구속사로 돌아와야 한다. ① 하나님의 언약궤 앞에서 다곤 신이 산산조각이 나 박살되었다면 그 조각난 것들을 빗자루로 쓸어 내버리고 참 신이신 하나님만 믿고 자기 신전에다 정중히 모셔야 했다. ② 이스라엘이 언약궤를 모시고 전쟁할 때는 전혀 이스라엘을 돕지 않던 그 언약궤가 블레셋에 들어와서는 왜 이렇게 큰 진노의 재앙으로 가는 곳마다 치시는가? 이는 블레셋도 구속사가 없고, "옛 뱀, 큰 붉은 용" (계12:7~9; 13:11~12)이 다스리는 사탄의 왕국이기 때문에 언약궤는 지금 그 "옛 뱀, 큰 붉은 용" 과 싸우며 그것들을 다곤 신과 같이 박살 내고 있는 것이다. 이제 블레셋도 그것을 영적으로 깨닫고, 언약궤 앞에서 메시야 계시 언약의 구속사로 돌아와야 한다. 메시야 구속사 신앙이 있으면 이방인이나 유대인이나 다 같이 구속사 안에서 다 함께 그리스도의 백성이 되지만(롬3:29~31; 갈3:26~29), 그러나 구속사가 없다면 유대인이나 이방인들이라도 다 같이 멸망의 족속일 뿐이다.

제 6강 언약궤가 돌아오다(3)

본문 : 사무엘상 6장

이스라엘은 언약궤를 모시고 전쟁에 나갔으나 구속사 신앙이 아닌 율법의 범죄로 말미암아 언약궤는 빼앗기고, 군대는 전멸을 당하고야 말았다. 블레셋은 언약궤에 대한 지식이 있으므로(4:6~9절), 전쟁에 이기고, 언약궤도 빼앗아 왔지만 그들도 역시 구속사 신앙이 아닌 이적으로만 대하였기 때문에 그 언약궤의 재앙으로 인하여 도저히 살 수가 없어 다시 그 언약궤를 본 곳, 이스라엘로 돌려보내려고 제사장들과 복술자들이 보내는 그 방법에 대해 의논을 한다(6:1~2절).

본 장의 내용은 ① 언약궤의 반환에 관한 결정(6:1~9) ② 이스라엘로 돌아온 언약궤(6:10~18) ③ 사망에 이르는 벧세메스 사람들(6:19~21)이다.

첫째: 언약궤의 반환에 관한 결정(6:1~9)

블레셋이 이스라엘과 전쟁에 이기어 하나님의 언약궤를 처음에는 "다곤" 의 신전에 모셨으나 그 모신 언약궤가 다곤을 박살 냈음으로 다곤의 신전에 둘 수 없어 아스돗으로 옮겼는데 그곳에 "독한 종기의 재앙" (5~6절)으로 쳐서 망하게 하니 다음에는 "가드" 로 옮겼고(5~8절), 다음에는 "에그론" 으로(5~10절) 보냈다. 그 곳에서도 여전히 온 성읍이 "사망의 환란" 을 당하게 되므로(5:11,12절), 이제는 어느 곳에도 둘 수가 없어 "지방(삐스데 בְּשְׂדֵה in the country 〈 싸데 שָׂדֶה 들, 땅, 광야)" 으로 보내어 "일곱 달" 을 보내게 하였다. 여기서 "지방" 이란? 히브리어 "삐스데(בְּשְׂדֵה)" 로서 '~ 안에' 를 뜻하는 '삐(בְּ)' 와 '들판(field)' 을 의미하는 명사 '사데(שָׂדֶה)' 가 결합하여 흔히 "광야" 나 "들" 을 가리킨다. 언약궤의 환난과 재앙에 견디지 못한 블레셋에서는 어느 곳에서도 모실 수가 없어 결국은 인적이 없는 광야나 들판에 방치하여 둔 것이다. 이같이 "일곱 달(쉬브아 호다쉼 שִׁבְעָה חֳדָשִׁים seven months 〈 호데쉬 חֹדֶשׁ 달, 매월, 일곱, 칠/ 〈 쉐바 שֶׁבַע 일곱) "이 지난 후에 더 이상 이대로 방치하였다가는 언약궤의 어떤 큰 재앙이나 징벌이 떨어진 것만 같아 블레셋에서는 다곤신의 제사장들과 "복술자(웰락코쎄밈 וְלַקֹּסְמִים and the diviners, 복술자들을 〈 카쌈 קָסַם 점을 치다, 예언하다)" 즉 "점쟁이, 별 점치는 자" 들을 모아 의논한 결과 이스라엘로 보내기로 결정한 것이다(6:1~2절). 언약궤를 도로 반환할 때에 그 방법은 (1) 속건제를 드려야 하는데(6:3절) 속건 제물로는 "금독종 다섯과" (6:4절), "금 쥐 다섯 마리" 이며(6:4절) (2) "새 수레를 하나 만들고 멍에를 메어 보지 아니한 젖 나는 소 두 마리를 끌어다가 소에 수레를 메어" 모시고 가도록 한다는 것이다. (3) 속건 제물이 되는 "금 독종 다섯과 금 쥐 다섯 마리" (6:4절)를 상자에 담아 새 수레에 다 싣고 가게 한다는 것이다(6:8절).

그러나 이는 이방 제사 풍속의 블레셋의 방법이었지 하나님 계시 언약의 제사 제도는 전혀 아니었다. ① 속건 제물은 '생명 있는 짐승의 피' (레6:1~18; 히9:11~14,20~22)이지 금 독종과 금 쥐는 아니다. ② 언약궤는 수레에 싣고 소로 하여금 끌고 가는 것이 아니라 레위 지파의 고핫 자손들의 어깨에 메고 가야 한다(민4:15; 7:9; 10:21; 신31:9) ③ 속건제로 드릴 금 독종 다섯과 금 쥐 다섯 마리를 상자에 담았으면(6:4,8절) 언약궤와 함께 새 수레에 담아 소가 끌고 가게 하는 것이 아니라 이 성물은 언약궤와 함께 고핫 자손이 어깨에 메고 가야 한다(민3:27~32; 4:15; 7:9). 그렇게 하지 아니하면 다윗이 큰 실수를 하여 웃사가 저주받아 죽은 것처럼(삼하6:1~7; 대상13:6~11) 하나님의 제사 제물 법에 어긋나게 된다. 이처럼 블레셋은 다 어긋난 것만 있었다. 이렇게 블레셋은 단 하나도 합당하지 못하였지만, 그러나 단 한 사람도 저주받지 아니한 것은 그들은 하나님의 모든 제사 제도와 제물, 예물 드리는 것은 몰랐기 때문이다. 그들의 제사 제도와 제물은 고대 가나안에 있었던 제사의 풍습이었고, 고대 애굽에서 페니키아에 있었던 제의 방법이었다. 그러나 그들은 자기 민족의 제의법에서 최선을 다한 것만은 사실이었다. 하나님을 두려워했고, 그들 나름대로는 경외심도 가지고 있었기 때문이다(4:5~9절).

둘째: 이스라엘로 돌아온 언약궤(6:10~18)

본문에서는 하나님의 언약궤를 새 수레를 마련하여 젖소 두 마리로 하여금 모시도록 하여 언약궤를 본 곳 이스라엘로 반환하려고 한다. 이때 블레셋에서는 언약궤를 모시고 가는 소 두 마리가 "그 본 지역 길로 올라가서 벧세메스로 가면" (6:9절) 일곱 달 전에 블레셋에 있었던 여러 곳에서 재앙이 이스라엘의 신 하나님께서 내리신 것으로 믿을 것이요, "그렇지 아니하면 우리를 친 것이 그의 손이 아니요 우연히 당한 것인 줄 알리라" (6:9절)고 했다. 그런데 젖소 두 마리가 집에 있는 새끼들이 보고 싶어 울기는 했지만 좌우로 치우치지는 아니하고, 곧바로 길을 향하여 벧세메스까지 올라간 것이다(6:12절). 그러므로 칠 개월 동안 계속되었던 블레셋의 재앙은 하나님의 재앙으로 입증된 것이다. 벧세메스에서 하나님의 법궤를 본 선지자와 레위인들이 기뻐하며 언약궤를 모셨고, 젖소 두 마리는 잡아서 번제와 화목 제사(6:15; 민7:15~17; 신27:6,7)를 드렸다. 이로 말미암아 하나님의 영광이 이적으로 증명되었고(6:14,15절), 블레셋 사람들에게는 소문으로만 들었던 그 이적(4:5~9절)을 아스돗과 가사와 아스글론과 가드와 에그론 등 다섯 고을들에게 명백히 밝혀져 증명되었다(6:16~18절).

셋째: 사망에 이른 벧세메스 사람들(6:19~21)

블레셋 사람들이 언약궤로 말미암아 저주의 징계를 받은 것은 자기들의 신 다곤의 신상 곁에 언약궤를 모신 것과 여호와를 경홀히 여기었기 때문이다(5:1~11절). 이와 더불어 이스라엘의 국경 지대인 벧세메스 사람들도 언약궤로 말미암아 저주의 징계를 받았으니 이는 신성모독의 불경죄를 범했기 때문이다(6:19~21절).

이스라엘의 벧세메스 사람들은 하나님의 언약궤가 블레셋에서부터 자기들 땅에 들어오자 그것에 대한 호기심이 가득하여 언약궤를 들여다본 것이다. 이는 저주의 징계를 받는 것인데 ① 언약궤를 만지는 것과(민4:15; 삼하6:6; 대상13:9,10), ② 들여다보는 것이다(민4:5,6,20). 언약궤는 지성소에 모셨는데 대제사장만이 일 년에 한 번씩 대속죄일에 지성소에 들어가 언약궤를 본다(레16:1~6,34). 그렇기 때문에 평소에는 지성소에 모셔져 있는 언약궤를 일반 백성들은 볼 수가 없었다. 이번에 벧세메스 사람들이 언약궤를 볼 수 있게 된 것은 블레셋에서 찾아오게 되었기 때문이다. 성경 어디에도 언약궤를 보면 저주를 받아 죽는다는 말씀은 없다. 그러면 왜 벧세메스 사람들이 "여호와의 궤를 들여다본 까닭에 그들을 치사 칠십 명이나 죽었는가? (6:19절) 언약궤를 만졌기 때문이다. 누구든지 언약궤를 만지면 죽는다. 그래서 시내산에서 언약궤를 만들어 언약의 땅 가나안에 들어갈 때까지 제사장들과(신31:9,25; 수3:3) 레위 지파의 고핫 자손들이 어깨에 메고 갔지 수레에 싣거나 만진 것은 아니다(민4:15; 7:9). 그렇기 때문에 벧세메스 사람들이 단지 언약궤를 들여다본 까닭에 칠십 명이 죽은 것(6:19절)이 아니라 언약궤를 덮었던 여러 가지 성물들의 덮개(민4:5,6)를 걷어내려고 언약궤를 만지고 또 손을 대었기 때문이다(민4:15,16).

그런데 여기서 문제가 되는 것은 언약궤로 인하여 사망 당할 수 "오만 칠십 명" 이다. 오만 칠십 명(빠암 쉬브임 이쉬 하밋쉼 엘레프 이쉬 בָּעָם שִׁבְעִים אִישׁ חֲמִשִּׁים אֶלֶף אִישׁ people fifty thousand and threescore and ten men 〈 암 עַם 백성, 국민/쉬브

임 שִׁבְעִים 칠십, 일흔/이쉬 אִישׁ 사람, 남자/하미쉼 חֲמִשִּׁים 오십/에레프 אֶלֶף 천) "천명에 오명씩 도합 칠십 명" 으로도 번역될 수도 있다(Oswald T. Allis, The Evangelical Quarterly, October 1943), 어떤 사본들과 다수의 주경가들은 오만은 삭제하고, 다만 "칠십인" 으로만 받아들이기도 한다(R.S.V. Josephus Ant. Ⅵ. 1.4. Lange, K&D. Hp smithe, Rp smith등). 그 당시 벧세메스의 인구가 오만 명이나 된다는 것은 납득할 수가 없다. 그 수가 다 본다면 몇 시간이 걸렸을 것이다. 그러므로 오만 칠십 명이란 수효는 사본을 쓴 기자의 착오이다. 이렇게 벧세메스 사람들이 언약궤로 인하여 칠십 명이나 죽임을 당하자 큰 슬픔이 되었고, 그래서 블레셋인들처럼 언약궤를 다른 곳으로 옮길 작정을 하여 결국 "기럇여아림" 으로 보낸 것이다. 이곳은 예루살렘 서북쪽 19km 지점에 있는 곳으로 블레셋에게 파괴된 실로의 성소가 가까운 곳이다.

◈ 벧세메스 길의 은총 ◈

하나님 임재의 상징이신 언약궤가 이스라엘을 떠나 블레셋으로 들어가셨다는 것은 블레셋으로는 큰 행운이었고, 대 복이 열리는 것이다. 그러나 영안이 어두운 그 나라와 그 민족은 그것을 모르고 언약궤를 경홀히 여기고 홀대하면서 언약궤에 대한 신성모독의 불경죄를 지으니 하나님께서 진노하심으로 언약궤가 가는 곳마다 "작은 자와 큰 자를 다쳐서 독한 종기가 나게 하신지라" (5:9절) 더 이상은 언약궤를 모실 수가 없어 만 일곱 달 만에 다시 이스라엘로 돌아 보내려고 한다. 돌아가는 곳은 벧세메스요, 방법은 젖소 두 마리에 수레를 끌게 하는 것이다. 천하제일의 언약궤가 들어가는 벧세메스 길은 하나님의 축복이요, 그 길의 은총이시다.

1. 선택받은 자의 은총이시다.

하나님 임재의 언약궤가 다시 이스라엘로 들어가신다 하실 때 이스라엘에서 모실 만한 곳은 실로 부지기수(不知其數 being numberless)이다. 그렇지만 하나님의 언약궤를 모시는 곳은 이 세상에서 가장 축복 된 곳으로 하나님의 선택된 곳의 은총을 받아야 한다. 하나님의 언약궤를 수레에 싣고 모시고 가는 짐승들도 이와 같다.

블레셋에는 얼마나 많고 많은 나귀나, 말이나, 소들이 있겠는가?

그 부지기수의 짐승들 가운데 그날 그때 여호와 하나님의 언약궤를 모시고 이스라엘로 들어가는 두 마리의 젖소는 특별히 하나님으로부터 선택되어진 은총의 짐승들이다. 예수님께서도 예루살렘 성에 들어가실 때 그날 그때의 하나님의 은총에 의하여 특별히 선택되어진 어린 나귀를 타시고 입성하신 것이다(마21:4~7). 어느 시대에서 누구든지 그날 그때 하나님의 손에 붙들리어 사용되어지는 자는 하나님의 특별한 은총 가운데 있었던 자이다. 사도 바울은 만물이 탄식하는 소리를 듣고 있는데 다 같이 하나님의 창조물로서 지으심을 받았지만 어떤 피조물은 우상의 썩어질 신전에서 귀신에게 쓰여진다는 것을 생각하면 말할 수 없는 탄식으로 고통받고 있다고 하였다(롬8:19~23). 낮은 자리 높은 자리 가릴 것이 없이 어느 시대에서라도 그리스도의 구속사의 도구로서 쓰여지는 자는 하나님의 특별하신 은총을 입은 자들이다.

2 사명에 충직한 은총이시다.

블레셋에서 언약궤를 위해서 만든 수레는 새 수레로서 누구도 타본 적이 없는 수레이다. 그러므로 허술한 수레인지, 튼튼한 수레인지 가다가 고장이 나지 아니할까, 아무도 모른다. 다만 수레가 수레로써 자기 사명을 다하기를 바라는 것뿐이다.

이처럼 새 수레를 끌고 가는 젖 나는 소 두 마리도 단 한 번도 멍에를 메어 보지 아니한 풋내기 소일뿐이다. 그래서 수레를 잘 끌고 갈지 못 끌고 갈지 아무도 모른다. 더구나 평소에 왕래하는 길이 아닌 새길이다. 처음 가는 벧세메스 새길이다. 그래서 블레셋에는 이 소들이 수레에 언약궤를 싣고 곧바로 "그 본 지역 길로 올라가서 벧세메스로 가면 이 큰 재앙은 그가 우리에게 내린 것이요, 그렇지 아니하면 우리를 친 것이 그의 손이 아니요 우연히 당한 것인 줄 알리라" (6:9절)고까지 시험한 것이다. 드디어 새 수레는 움직이기 시작하였고, 젖소 두 마리도 난생처음 길의 벧세메스로 가기 시작한다. 그리고 이 두 마리 젖 나는 소가 벧세메스 대로로 가면서 집에 떼어 놓은 어린 송아지, 자기 새끼가 보고 싶은 지 그리워 울기는 했지만 (6:10~12절) 단 한 번도 멈추어 서서 지체하거나 좌우로도 치우치지 아니하고 곧바로 벧세메스까지 다 온 것이다. 이는 에그론에서부터 함께 따라온 블레셋 사람들이 증인들이 되었다(5:10절). 여기에서 만약 하나님이 내려 주시는 사명자들에 대한 은총이 없었다면 ① 새 수레가 길 가는 동안 흔들리어 수레에 모신 언약궤가 떨어질 수도 있었겠고(삼하6:1~8), ② 송아지들이 보고 싶어 멍에를 벗어 버리고 도망가는 소도 있을 수 있겠고(6:12) ③ 처음 가 보는 낯선 길이기에 좌우로 치우쳐 가는 길이 난삽할 수도 있었는데 전혀 그 같은 일이 생기지 아니했던 것이다. 이는 자기 사명에 충직하여 오직 사명자의 길로만 행했던 자들을 도우시는 하나님의 크신 은총이셨다. 사명자의 충직성은 하나님께서 돌보신다(눅12:35~40, 42~44).

3. 산 제사의 은총이시다.

한 번 하나님께 바친 것은 사람이나, 물건이나, 짐승이나 다른 데로는 사용할 수가 없다(삿11:35). 그래서 언약궤를 싣고 왔던 새 수레는 나무를 패어 불사르고, 젖소 두 마리는 그날에 번제로 드린 것이다(6:14). 이 얼마나 영광스럽게 쓰임 받은 피조물로서의 수레인가? 악인들을 위한 수레였다면 탄식하며 고통받았으리라. 하나님의 번제에 화제물로 드렸으니 큰 은총의 선물이 된 것이다. 이 젖 나는 소들도 하나님께 드리는 번제물이 아니었다면 블레셋의 다곤이나 바알에게 드리는 우상 제물이 되었을 것인데 언약궤를 모시는 자기 사명 다하고, 이제는 자기 생명까지도 하나님 전에 드리는 은총의 산 제사가 되었으니 이 소들은 얼마나 하나님께 복받은 짐승들이 되었는가 하는 것이다. 우리 인간도 이 세상에 단 한 번 사람으로 태어나서 다른 것에 사용되거나 다른 일에 쓰임 되지 아니하고 우리 주 예수 그리스도의 구속사를 위한 도구로 사용된 후에 하나님 앞에 갔다면 이보다 큰 은총이 어디에 있겠는가? 감사 무한한 일이다.

제 7강 사무엘의 정치

본문 : 사무엘상 7장

삼상7:1,2은 4장 이후부터 계속 이어져 오던 언약궤 이야기의 마지막 부분이다. 이 부분을 끝으로 하여 본서의 내용은 이스라엘의 최후 사사이며 이스라엘 왕정의 새 시대를 여는 민족의 구속사 진행자인 사무엘에 관한 이야기로 넘어간다. 여호와의 언약궤가 블레셋에서 돌아와 기랏여아림의 아비나답 집에 들어간 후 사무엘로 말미암아 민족의 대회개적 각성 운동이 벌어질 때까지가 이십 년간이었다(7:1,2절).

그러나 실지로는 70년 이상 기랏여아림의 아비나답 집에 머물러 있었다고 보아야 할 것은 다윗이 이스라엘의 왕이 되어 예루살렘으로 언약궤를 모실 때까지(삼하6:1~5) 그 기간에 사무엘의 공생애 즉 사울 왕의 왕정 기간까지 합하면 칠십 년 기간이 된다(블레셋과의 에벤에셀 전쟁이 주전 1075년 ~ 다윗의 예루살렘 통치를 주전 1003년 이후로 볼 때).

본 장의 내용은 ① 이스라엘의 미스바의 회개의 대각성(7:1~6) ② 이스라엘이 블레셋에 대한 승리(7:7~11) ③ 이스라엘의 회복(12~17) 등으로 분류된다. 이 같은 내용 분해는 오직 사무엘로 말미암아서이다.

첫째: 미스바의 대각성(7:1~6)

사무엘이 부친 엘가나와 모친 한나의 맏아들로 태어나서 완전히 성장하기 전까지는 이스라엘은 정치적으로나 경제적으로나 종교상으로도 항상 불완전하여 위태롭기 한이 없었다. 그 위험의 세월이 사사기까지 하면 사백 년간이었고, 사무엘이 주전 1100년 전에 탄생하여 완전히 성장할 때까지 주전 1055년 전으로 보면 55년간이나 된다. 종교적으로는 우상 숭배하고 혼합 주의적으로 타락하였고, 도덕, 윤리적으로는 가나안 문화에 적응이 되어 성범죄로 하나님으로부터 버림을 당하였다. 이것이 소위 제사장 가문의 성도덕의 타락이었다. 더구나 이스라엘의 근방에 있는 외적들은 쉴 사이 없이 이스라엘을 침략하였으므로 민생은 도탄에 빠져 있었고, 이스라엘의 최고, 최상의 존엄성인 언약궤마저 빼앗기게 되었다. 열방으로부터 수치와 멸시와 모든 부끄러움의 치욕을 당하고 있었던 것이다. 관연 이러한 비절, 비참하고 한심한 상태에서 천하만민을 구원하시게 될 메시야 언약 계시의 구속사는 이루어질 수 있겠는가? 여기에서 끊어지지는 아니하는가? 였다.

이 같은 민족사적, 종교의 구속사적 절대 위기 상황에서 사무엘은 출생하였고, 실로에 계시는 성막에서 그는 자라났다. 여호와 하나님께서는 범죄하여 타락된 이스라엘은 외면하셨지만 이스라엘의 조상들, 즉 삼대 족장들에 언약하셨던 메시야 계시 예언의 구속사를 모세와 여호수아, 입다 후임으로 계속 진행시키시기 위하여 이스라엘의 구속사 도구로 보내신 사무엘에게는 집중적으로 지키시므로 성장시키셨고, 관여하여 주신 것이다(3:1~4절). 드디어 주전 1055년이 되었을 때 사무엘은 50~55세 된 완전한 성인으로 장성하여 이스라엘의 민족사와 구속사 도구로 우뚝 서 있게 되었다.

사무엘에 대하여 하나님은 이스라엘 민족 전체를 맡기는 제2의 모세가 되게 하셨고, 여호수아와 입다의 뒤를 이은 완전한 구속사 진행의 후임자가 되게 하셨는데 이때 전 이스라엘도 사무엘을 하나님의 선지자, 구속사 후임으로 인정한 것이다(3:19~21; 7:8절). 사무엘이 자기 백성 이스라엘과 함께 최초로 가장 먼저 한 것은 하나님 앞에 물을 길어 붓고 종일 금식함으로 통회 자복하며 지나간 모든 죄를 엎드려 회개하는 것이다. ① 이제까지 가지고 섬겼던 가나안의 모든 이방 신상을 버리는 것과(7:3,4절) ② 마음을 다하여 유일신 하나님만 모시고 섬기는 것과(7:3절) ③ 전 이스라엘 백성들이 일심 단결하여 미스바에 모여 사무엘을 모세와 여호수아와 입다의 뒤를 이은 민족의 지도자로 구속사 진행의 후임자로 삼은 것이다(7:6,8절).

둘째: 블레셋에 대한 승리(7:7~11)

이스라엘이 가나안의 우상을 따라 종교적으로 범죄했고, 그들의 생활문화의 관습을 따라 성적 타락이 되었을 때 하나님께서는 모세의 율법에 따라 블레셋을 징벌의 도구로 삼으셔서(신4:23~38; 7:1~11; 8:20), 이스라엘을 치므로 언약궤까지 빼앗기게 하신다. 그러나 이제는 언약궤가 이스라엘에 돌아왔고, 사무엘은 완전히 장성하여 이스라엘 민족의 지도자가 되었으며 따라서 구속사 진행도 여전히 메시야 오시는 길로 나아가게 된다. 이때 다시 블레셋이 침략했으나(7:7절), 사무엘이 "젖 먹는 어린양 하나를 가져다가 온전한 번제를 여호와께 드리고 이스라엘을 위하여 여호와께 부르짖으매 여호와께서 응답" (7:9)하시므로 당장에 물리쳐 주셔서 승리하도록 하여 주신다(7:10,11절).

이때 언약궤를 앞세워 전쟁하지 않았어도 사무엘과 이스라엘은 승리하였다. 이는 사무엘의 전쟁은 하나님이 하여 주시는 성전(聖戰)이었고, 진리와 정의, 하나님의 공의에 합당한 전쟁이었기 때문이다.

셋째: 이스라엘의 회복(7:12~17)

이렇게 하나님과의 언약적 관계가 회복되어 외세의 침략도 간단히 해결이 된다. 이것이 바로 그리스도님 안에서 모든 것이 다 해결되고 풀어지는 "에벤에셀" 의 하나님이시다. "에벤에셀" 의 하나님께서는 ① 이방의 모든 대적들을 굴복시켜 주셨고(7:13절), ② 빼앗겼던 땅들을 다시 회복시켜 주셨으며(7:14절), ③ 다시는 전쟁이 일어나지 않도록 모든 대적들을 잠잠하게 하셨으며(7:13~14절), ④ 그러므로 사무엘로 하여금 그 회복된 땅에서 그동안 막혀 있었던 메시야 언약 계시의 구속사를 진행하도록 활짝 열어 주신 것이다(7:15~17절). 그래서 드디어 하나님의 신정정치 제도를 왕정 정치 체제로 바꾸도록 하여 주신다.

◈ 미스바의 참회 ◈

범죄한 이스라엘이 블레셋과 첫 번 전쟁에서 사천 명의 전사자가 생기자(4:2절) 엘리 제사장과 백성의 장로들은 전 백성들과 함께 참회하는 눈물 대신에 하나님의 언약궤를 힘입어 승리하고자 두 번째 전쟁에서는 언약궤를 전면에 앞세워 전투에 참여케 하였다. 그렇지만 아무 효력도 없이 오히려 이번에는 삼만이나 되는 대군이 모두 전사하고 언약궤는 빼앗겼다(4:10,11절). 그리고 이십 년의 세월이 지났다.

하나님께서는 모세와 여호수아 이후에 오직 이스라엘의 선민과 그 땅에 언약 계시되어진 구속사를 계속 진행하기 위하여 단 한 사람 사무엘을 민족의 위대한 영도자와 구속사의 큰 그릇으로 쓰시기 위하여 언약궤의 전쟁이 있은 지 이십 년 후에(B.C. 1075~1055년경) 사무엘을 후계자로 세우셨다. 사무엘이 이스라엘 민족의 영도자와 구속사 진행의 그릇이 되어 나라를 통치하게 되자 국가와 민족은 강성하기 시작하였고, 백성들은 메시야 언약의 계시로서 구속사의 하나님을 사모하기 시작하였다(7:1~2절).

이 번영하는 이스라엘, 구속사 신앙으로 돌아가므로 급속도로 발전해 나가는 이스라엘을 그대로 그냥 두어서는 안 되겠다고 생각한 블레셋은 자기들의 지배에서 벗어나지 못하게 하려고 이스라엘을 침략하기 시작했다(7:7~8절). 이십 년 전에는 엘리 제사장과 백성들의 장로들이 언약궤를 앞세워 전쟁에 임했는데 이십 년 후에 돌발적으로 벌어진 블레셋의 전쟁에는 엘리 제사장의 제자 사무엘이 맡아 전쟁에 임한 것이다.

이 전쟁을 가리켜 그리스도 교회의 역사가들은 ① 미스바의 대각성 운동 ② 미스바에서 이스라엘과 블레셋과의 대전투라고 한다. 그 어떤 이름이 되었든지 사무엘의 영도 아래 전 이스라엘은 미스바에 모여 민족적 대각성으로 회개하는 운동이 시작되었고, 또 바로 그곳에서 침략해 오는 블레셋과의 전쟁에서 대승(大勝)하게 된 것이다. 본 장 7:3~14까지는 사무엘이 블레셋과의 전쟁에서 대승하게 된 그 승리 비결이 기록되어 있으니 그것은 미스바의 참회이다.

1. 모든 우상을 버린 것이다.

하나님께서 아브라함에게 가나안 땅을 메시야 계시 언약의 구속사 성지로 삼게 하여 주신 것은 그곳이 소돔과 고모라처럼 우상 숭배와 성 문란의 타락으로 멸망시켜야 할 곳이기 때문이었다(창 15:12~16,18~21).

고대 국가의 모든 범죄는 사실 우상 숭배로부터 시작하여 성 문란의 범죄로 번져간다. 엘리 제사장은 우상 숭배와 성범죄 타락은 그대로 놓아둔 채 언약궤만 모시고 전투에 참여시켜 이기려고 했지만 대패를 했다. 그러나 사무엘은 공생애의 출발은 전 백성들과 다 함께 미스바에서 모여 민족적 대각성 운동을 벌이는데 이는 하나님 앞에 우상 숭배한 것은 참회하는 것이다. 수많은 이방신들과 아스다롯과(7:3절), 바알 신상을 내버리는 것이다(7:4절). 이 시대의 그리스도인들의 우상 숭배는 ① 하나님보다는 세상에 있는 것을 더 사랑하는 모든 것들이다. ② 예수님의 구속사보다 세상에 있는 것을 더 믿고 의지하는 모든 것들이다. 예수님은 "하나님과 재물을 겸하여 섬기지 못하느니라" (마6:24)라고 하셨다. 그 자체가 바로 우상 숭배 사상이기 때문이다. 그것을 버릴 때 비로소 이 시대에 미스바 대각성이 된다(고후6:14~7:1 참조).

2. 삶의 방향을 전환시킨 것이다.

엘리 제사장 가문의 실패는 삶의 방향이 여호와 하나님에게 있지 아니하였다. 엘리 자신은 망나니 같은 두 자식에게 있었고(2:29), 두 아들은 신성모독의 망령된 행동과(2:12~17) 음행하는 데 정신이 쏠려 있었다(2:22~25절). 이스라엘 전 백성들은 하나님을 알지 못하고 각기 자기가 옳다고 생각되는 대로만 살아가고 있었다(삿17:6; 18:1; 19:1; 21:25). 이런 범죄 상태에서는 하나님 임재의 언약궤도 어떠한 도움의 이적도 나타내지 못한다.

사무엘이 공생애의 첫 시작을 자기 백성들과 함께하면서 가장 먼저 전개한 것은 인식의 변화로서 심령의 전환이었다. "이방의 신들과 아스다롯을 너희 중에서 제거하고" (7:3절), "너희 마음을 여호와께로 향하여 그 분만을 섬기라" (7:3절)라는 것이다. 이 인식의 변화로서 심령의 방향 전환의 목표를 오직 하나님께로 두라는 영도자 사무엘의 깨우침에 대하여 전체 이스라엘은 그대로 순응하면서(7:4절), 모든 사신 우상을 다 버리고 오직 여호와 하나님만 모시게 된 것이다(7:6절). 그렇게 하였더니 언약궤를 모시지 않고도 당당히 블레셋과 맞서 이긴 것이다(7:10~11절).

오늘의 한국교회(전 세계의 교회)는 점점 교회의 감수와 그리스도인들의 감수라는 깊은 늪의 수렁 속에 빠져들어가 허우적거리고 있다. 많은 목회자들과 교회 성장 연구자들이 수단과 방법을 다하여 이 침체의 늪에서 벗어나 보려고 갖은 애를 쓰고 있다. 그러나 교회의 방향 전환이 예수 그리스도의 십자가와 부활의 구속사 전환이 되어지지 아니하는 한(고전1:18,22~24; 2:1~2; 갈2:20) 교회와 그리스도인들은 교회와 교인들의 감수라는 이 늪의 수렁에서 결코 벗어날 수 없다.

현대 교회에는 예수님의 십자가와 그리스도의 부활이 없는데 영혼의 방향을 상실한 잃어버린 심령들이 무엇을 찾아 만나려고 교회에 나오겠는가?

3. 구속사를 진행시킨 것이다.

유월절에 실로의 성막에 들어가 서원하는 한나의 간구는 아들을 주시면 그를 메시야 계시 언약의 구속사 진행의 일꾼으로 하나님께 드리겠다는 약속이었고(1:11절), 사무엘이 탄생되었을 때에 한나의 기도와 감사 찬양에도 구구절절이 메시야 오시는 구속사가 넘쳐있다(2:1~2,8~10절). 하나님께서 그를 준비된 구속사 일꾼으로 삼으시기 위하여 실로에 있는 성막에서 기르실 때도 사무엘 단 한 소년만 구속사 하나님의 사람으로 성장해나갔고(3:1~3,10~12,19~21절),

완전히 장성하여 공생애를 첫 출발할 때도 오직 메시야 언약 계시의 구속사 사람으로만 행사한다(7:8~9절).

이스라엘이 애굽에서 출애굽 할 때부터 요단강이 아스라히 보이는 모압 평지에 이르기까지 이스라엘 백성들은 오직 모세만 민족의 영도자와 하나님의 구속사 일꾼으로 알고 모시듯 사사 시대 이후의 이스라엘 백성들도 오직 사무엘만 자기들의 영도자와 하나님이 보낸 구속사 일꾼으로 모시고 섬긴다(7:10~14절).

여기 7:15절의 "사무엘이 사는 날 동안에 이스라엘을 다스렸으되" (와이쉬포트 쉐무엘 에트 이스라엘 콜 에메 하이야이우 מֵי חַיָּיו וַיִּשְׁפֹּט שְׁמוּאֵל אֶת־יִשְׂרָאֵל כֹּל יְ And Samuel judged Israel all the days of his life. 〈 솨파트 שָׁפַט 재판하다, 통치하다, 심판하다/욤 יוֹם 날, 시간, 해, 오늘/하이 חַי 산, 살아있는)이라는 구절은 ①" 재판장도 되었다" (와이쉬포트 וַיִּשְׁפֹּט)는 것과 ② 영적 지도자 ③ 정치적 지도자까지를 가리킨다. 그렇다면 사무엘은 모세와 여호수아와 같은 구속사 도구요, 이스라엘의 영도자요, 선지자 겸 제사장직도 겸한 자라고 할 수 있다. 직분으로만 보면 그리스도의 삼중직에서(왕, 제사장, 선지자) 제사장과 선지자의 모형이라고 할 수 있다.

제 8강 왕을 요구하는 백성들

본문 : 사무엘상 8장

하나님께서 이스라엘에 모세와 여호수아를 탄생시키신 이유와 목적은 이스라엘의 삼대 족장 곧 아브라함과 이삭과 야곱에게 언약하신 메시야 계시의 구속사를 가나안 땅에 이루도록 하기 위함이시다(창12:1~3,5~7; 26:1~5; 28:13~15). 그러므로 모세와 여호수아는 이스라엘을 출애굽 시켜 가나안 땅에 들어가도록 하였으므로 삼대 족장들에게 언약하신(창15:12~21), 그 메시야의 구속사가 가나안 땅에서 성취되었다(마1:18, 21; 2:1,2).

이와 같이 하나님께서 유다 지파에게 언약하신 메시야 계시의 구속사의 족보를 이루시기 위하여(창49:8~12; 사11:1~5,10) 사무엘을 이스라엘에서 출생시키시므로 말미암아 사무엘은 베들레헴에 있는 이새의 여덟 아들 중에서 마지막 아들 다윗을 선정하여 그에게 기름 부어 왕으로 삼았으니 바로 사무엘이 기름 부음으로 왕이 된 그 다윗의 자손 중에서 예수 그리스도께서 성탄하심으로 메시야 계시 언약의 구속이 성취된다(마1:1,18~23; 요19:30).

이스라엘은 출애굽 한 후 사무엘이 이스라엘의 영도자와 구속사 진행의 일꾼이 되기까지 거의 사백여 년간 왕이 없었다. 하나님께서 자기 백성을 직접 통치하시는 신정국가의 체제였다. 그러나 언제, 어느 때까지 신정 체제가 계속되어 갈 수는 없었기에 하나님께서도 언젠가는 그때가 되면 이방 국가들처럼 인간이 통치하는 왕정 국가 체제로 만들어 주겠다고 계획은 세우신 것이다(2:10; 창49:10; 민24:17; 신17:14~20). 그러나 아직은 정왕(正王)이 오지 않았기 때문에 그때까지는 이스라엘 백성들이 참고 기다려 주기를 바라신 것이다(창49:10).

그러나 뜻밖에도 그 일이 바로 사무엘의 두 아들 때문에 시기가 앞당겨지게 되었다. 사무엘의 나이가 심히 많아 노쇠해질 때 두 아들에게 사사 직분을 맡겼는데 이 아들은 그 부친 사무엘과 같이 청렴 결백하지 아니하여 자기들의 "이익에 따라 뇌물을 받고 판결을 굽게 하였다" (8:1~3절). 그러자 이미 엘리 제사장의 두 아들 때문에 심적 고민과 갈등을 겪어 오던 장로들은 "라마" 에 거주하는 사무엘에게 나아가 이스라엘도 이방 나라들처럼 왕을 세워줄 것을 간청하였던 것이다(8:4~6절).

그러나 이는 장로들이 핑계 삼아 한 요구였다. 더욱 근원적인 이유들이 있었으니 (1) 이방인들과의 외교 관계에서 유리한 지위를 확보하기 위한 것이었다. 사실 지금까지의 열두 지파 동맹으로는 일사불란한 체계가 되지 못했다. 그래서 단 지파, 베냐민 지파와 같은 민족 분열이 초래된 것이다. 왕이 있어야 그 왕을 중심으로 하는 강력한 중앙 집권 체제가 성립된다고 생각했던 것이다. (2) 국가의 안보 관념에서이다. 이스라엘 열두 지파 동맹 체제로는 이방인들의 침략이 급박하게 발생되었을 때 다양화된 체계로서는 신속히 대처할 수가 없다. 물론 350년간 사사들이 일어나 그때마다 위기를 벗어났지만, 지금은 사사들도 없는 때가 아닌가? 그렇지만 나라의 중앙집권체제로서 왕정 제도가 완전히 성립되면 언제나 외적의 침략을 대비하는 준비가 완료되었기에 그 침략도 미연에 방지할 수 있게 되리라는 것이다(8:19,20절). 얼른 생각할 때는 이스라엘 장로들의 왕정 요구는 지극히 합리적이며 애국심의 발로로까지 보여지기도 한다. 더욱이 하나님께서는 이미 오래전에 이스라엘의 왕정 제도에 대해 말씀은 하신 바 있으시다(창49:10; 신17:14,15). 그러므로 이스라엘 장로들의 왕정 제도의 요구는 표면적으로 보아서는 아무 문제도 없으며 오히려 자연스러운 것이라고도 할 수 있다.

그러나 이는 인간 생각에서 요구되는 피상적인 것일 뿐 하나님의 신본주의 신정 제도적으로 생각하면 인간의 왕정 제도는 문제가 한두 가지가 아니라 다각적인 문제로 대두되어진다. 사무엘을 통하여 저들의 왕정에 대한 요구를 다 들으신 하나님께서는 심히 불쾌히 여기시면서 못마땅하게 생각하셨다.

이는 먼저 가장 큰 것이 하나님만 모시고 섬기던 그 중심에서 떠나 인간주의 중심으로 나아가는 것이 되기 때문이다. 신본주의 신앙이 아니라 인간을 중심으로 하는 인간 자율주의가 되어 버린다(8:6~8절). 그리고 또한 못마땅한 것은 이러하니 (1) 하나님이 이스라엘에게 세워주시려고 하는 왕정 제도는 신정 주의적 왕정으로 하나님이 중심이시지만 백성들이 요구하는 왕정 제도는 이방의 왕제도와 같이 오직 인간만이 그 중심이 되어지기 때문이다. 그래서 인간이 원하면 자기 나라 신도 바꿀 수가 있다. (2) 신정 제도는 하나님의 공의와 진리와의 양심과 도덕, 윤리에서 벗어나지 않지만, 인간 왕정 제도는 그 왕이 중심이기 때문에 왕의 생각과 판단에 따라 진리와 윤리 도덕의 가치가 달라지고 결정되어진다. (3) 왕을 요구한 그 시기가 적절하지 못하였기 때문이다. 이스라엘의 제사장 제도는 오직 레위 지파에서 아론의 자손들만 자격이 있듯이, 이스라엘의 왕은 오직 유다 지파에서만 나와야 한다(창49:8~10). 그렇지만 아직은 시기가 되지 못하였다. (4) 전쟁은 하나님께 속한 것으로 이스라엘의 왕이 전쟁에서 이기게 하는 것이 아니라 백성들에게서 하나님의 의가 진리대로 갈 때 하나님은 절대자들을 물리쳐 주신다.

본 장의 내용은 ① 백성들이 왕을 요구함(8:1~9) ② 왕정 제도의 폐해(8:10~18) ③ 왕정 제도의 결정(10:19~22)으로 분류된다.

첫째: 백성들이 왕을 구함(8:1~9)

이스라엘 장로들이 사무엘에게 나아가 왕정 제도를 요구한 이유는 ① 사무엘의 나이가 많아 노쇠하다는 것과(8:1절) ② 사사로 세움을 받은 사무엘의 아들이 실정을 거듭하고 있다는 것과(8:2,3절) ③ 왕정이 있는 나라들과 같이 되기 위해서이다(8:4,5절). 그러나 이는 표면적인 이유일 뿐 진정한 이유는 다른 데 있었다.

그 당시 중동지역에는 어느 국가 민족을 막론하고 다 사람이 통치하는 인신주의 통치였다. 그래서 신탁(神託 oracle)에 의하지 않고도 왕을 중심으로 하여 나라를 이끌어 가고 있었다. 이는 인간의 자율주의(自律主意 self~regulation)를 가리킨다. 그런데도 자기들은 전능하신 여호와 하나님이 다스리고 통치하는 신정국가인데도 이방 나라들의 왕정 국가들과 전쟁하여 지고 있으니 우리도 강력한 왕정 체제로서 중앙집권제도가 되어 일사불란(一絲不亂 prefect order)하게 단결해야 한다고 생각한 것이다. 아마도 그들은 하나님의 신정 체제에서 언약궤를 앞에 두고 블레셋과 전쟁하였으나 대패(大敗)하게 된 것을 큰 수치로 알고 그때 우리에게도 왕이 있어야 한다고 크게 생각했던 것으로 보인다.

그러나 이는 그들의 미련하고도 어리석은 생각들이다. 우상 숭배와 성의 문란과 도덕적 타락으로 제사장의 성막으로부터 백성들의 생활 기본 전체가 다 썩어 문드러져 버렸는데 어찌 공의로우신 진리의 하나님께서 그런 자들과 함께 계셔서 이방인들과의 전쟁에서 승리하게 해주시겠는가 하는 것이다.

그렇기 때문에 하나님께서는 사무엘로부터 백성들이 자기들의 왕을 구한다는 소식을 들으시고는 "이는 그들이 너를 버림이 아니요. 나를 버려 자기들의 왕이 되지 못하게 함이니라" (8:7절)라고 하셨다. 이는 이미 출애굽 때부터 계속되어 온 하나님의 반항운동, 적그리스도의 우상 숭배 사상이기도 했다(8:8절).

둘째: 왕정 제도의 폐단(8:10~18)

사무엘로부터 이스라엘 백성들이 왕을 요구한다는 소식을 들으신 하나님께서는 먼저 이 요구는 하나님과 사무엘에 대한 반역이라고 하셨고(8:6~8절), 다음에는 만약 백성들의 그 요구에 따라 왕정 제도가 시작되었을 때에는 그 왕으로 말미암아 전 이스라엘이 당하게 될 심각한 폐단에 대하여 일일이 다 열거하며 주신다(8:10~18). 이 본문에 있는 말씀을 해석하여 풀이한다면 한 마디로 그 왕에게 속하여 있는 그 나라의 모든 것들은 다 왕의 것이기 때문에 왕을 위하여만 존재적 가치가 부여된다는 것이다. 그래서 왕의 말씀과 그 명령 하나하나에 절대적 복종이 따라야 한다는 것이다. "예" 만 있고, "아니요" 는 절대 용납지 아니한다. ①" 그가 너희 아들을 데려다가" (8:11,12절) 또한 "너희 딸들을 데려다가" (8:13절), 어떤 곳에, 어떻게, 언제까지 부려먹어도(공짜로) 이유가 없어야 한다. ② 네게 있는 모든 소유물을 왕이 누구에게 다 준다고 할지라도 왜?가 없어야 한다. ③ 네게 있는 "노비" 와 "아름다운 소년" 과 모든 가족들을 다 끌어다 왕을 위하여 일을 시킬지라도 품삯을 달라고 해서는 안 된다는 것이다(8:16,17절). "왕" 한 사람을 위하여 전 국민이 희생할 수 있는 각오가 있어야 하고, 왕에게는 자기 소유를 다 내어줄 수 있어야 하고, 왕이 한 번 명령을 발하면 어떤 것, 어떤 때라도 "아니요" 가 없다는 듯이 무조건 "예" 만 있으므로 즉각 그 명령대로 이행할 수 있어야 한다는 것이다. 왕 된 한 사람을 위하여 전 국민이 8:10~18절까지 되어질 때에 비로소 이스라엘은 왕정 제도를 시행할 수가 있다는 것이다. 그렇기 때문에 사무엘상8:10~17까지는 오직 하나님에게만 인간이 해 드릴 수 있는 신정정치 제도가 왕정 정치 제도로 전환이 될 때는 자기들의 왕에게도 하나님에게 해드리는 것만큼 그대로 행하여야 한다는 것이다. 이것이 바로 왕정 정치 제도하에 있는 전제주의이다.

셋째: 왕정 제도의 결정(10:19~22)

이렇게 먼저 신명기에서(17:14~20절) 왕 된 자의 자기 마음 대로와 본 장(8)에서 백성들이 자기 왕에게 해 드려야 할 과중한 의무감이 있기 때문에 하나님께서 얼른 허락하시지 아니하자(8:18절), 백성들이 모두 들고일어나 사무엘과 하나님을 성토하면서 "우리도 우리 왕이 있어야 하리니" (8:19절), "우리도 다른 나라들 같이 되어 우리의 왕이 다스리며 우리 앞에 나가서 우리의 싸움을 싸워야 할 것이니다" (8:20절)라고 아우성친다. 이에 하나님께는 사무엘에게 "그들의 말을 들어 왕을 세우라" 고 하신다(8:22절).

그러므로 모세가 이스라엘 최초로 자기 백성을 애굽에서 출애굽시켜 가나안 땅에 언약의 문을 열어 구속사를 성취시키도록 했다면, 사무엘은 이스라엘 최초로 자기 백성들에게 신정정치 제도하에서 왕정 정치 제도의 문을 열어 다윗 왕조를 일으켜 세우므로 드디어 그 언약된 유다 지파에서(창49:8~12) 메시야 언약 계시의 구속사가 이루어진다.

◈ 허락하시는 왕 ◈

이스라엘의 장로들이 라마에 있는 사무엘에게 나아가 이스라엘도 "모든 나라와 같이 우리에게 왕을 세워 우리를 다스리게 하소서" (8:5절)라고 왕정의 정치 제도를 요구한 것은 사무엘은 이미 늙어서 노쇠하므로 정치를 할 수 없다는 것과(8:1,5절) 사무엘 대신으로 세우신 두 아들은 부친 사무엘처럼 청렴결백하지 못하여 "이익을 따라 뇌물을 받고 판결을 굽게" (8:3,5절) 하기 때문이라고 하면서 또 한 가지 이유는 우리 이스라엘에도 "다른 나라들과 같이 되어 우리의 왕이 우리를 다스리며 우리 앞에 나가서 우리의 싸움을 싸워야 할 것이니다" (8:20절)라고 세 가지 이유를 내세우면서 왕의 제도를 요구한 것이다. 이 마지막 요구는 언약궤에 대한 실망이 컸던 것으로 생각할 수 있다. 자기들이 지은 범죄는 생각지 아니하고, 하나님의 임재하시는 언약궤만 모시고 나가면 그 언약궤의 능력으로 블레셋을 쳐서 깨뜨려 버림으로 에벤에셀의 전쟁에서 이길 줄 알았더니 오히려 블레셋에게 대패하여 무려 삼만 명이나 전사하고(4:10절) 언약궤마저 빼앗기고야 말았다(4:17,22절). 여기에 큰 실망을 한 모든 장로들은 언약궤마저 못 믿게 되었으니 이제 남은 길을 우리들도 왕의 제도를 만들어 그 왕으로 하여금 우리를 대신해서 우리를 위해서 전쟁하도록 하자라고 결정하여 사무엘을 찾아간 것이다(8:5,19,20절). 사무엘의 말씀을 들으신 하나님께서는 왕제도의 부당함을 가르쳐 주셨지만 사무엘의 말을 들은 모든 장로들과 백성들은 끝까지 우기면서 왕을 허락해 달라고 요청할 때 하나님께서는 마지 못하여 이스라엘에게 왕정 제도를 허락하여 주신다(8:21,22절).

하나님께서 우리 인간의 요구(기도, 간구)가 합당하면 하나님께서는 언제, 어느 곳에서든지 우리의 기도와 소원을 들어주시지만(마7:7~11; 약1:5~8), 그러나 합당하지 못한 요구라면 하나님의 영광과 우리 자신의 유익을 위해서라도 들어주시지 않으신다(약4:1~3). 그런데도 자꾸 자기들의 요구를 들어달라고 간청하면 하나님께서 그 요구를 들어주시지만 그들의 일에는 일절 관여하지 않으신다. 바로 장로들의 요구 사항과 같은 경우이다. 그러면 장로들의 부당한 요구를 하나님께서는 왜 응답하여 주셨는가?

1. 어차피 들어주셔야 하는 약속이셨기 때문이다.

하나님께서 인류를 구원하시기 위하여 아브라함과 이삭과 야곱의 자손들 중에서 메시야를 이 세상에 보내실 것인데 ① 메시야는 가나안 땅에 탄생하시겠고(창12:7; 13:14~17; 15:7,13~16; 26:2~5; 28:13~15등) ② 메시야는 열두 지파 중에서 유다 지파의 혈통에서 오시겠고(창49:8~10) ③ 메시야는 이스라엘의 왕의 자손으로 성탄하실 것이라(창49:10)라고 하시면서 베들레헴 사람 이새의 아들 다윗 왕의 후손이라고 언약하신 것이다(사11:1~5,10). 그렇기 때문에 언젠가는 하나님께서 이스라엘에게도 이방 국가, 민족들처럼 왕정제도를 설립시켜 주실 것이라고 약속하신다.

그러므로 신17:14~20에는 이스라엘에 왕정 제도가 생겨 왕이 되어지는 자는 마땅히 신명기 말씀에 따라 하나님의 계명과 율법대로 정치해야 할 것을 미리 정하여 두신다. 사무엘의 모친 한나는 아들이 태어나자 사무엘의 장래에 대하여 하나님이 주신 바대로 예언하였는데 자기 아들이 이스라엘의 최초로 왕정에 대한 문을 열리라고 하였다(삼상2:10).

이렇게 하나님께서는 언제인가 이스라엘도 메시야 계시 언약의 구속사가 이루어지려면 유다 지파의 이새의 아들 다윗 왕조가 이스라엘에 반드시 세워져야 할 것을 언약해 놓으신 것이다. 그러나 아직은 하나님이 준비하여 정해 놓으신 정왕(正王)이 오지 않았기 때문에 그 때까지는 참고 기다리도록 하신 것이다. 그러나 언제인가 그때가 되면 이스라엘도 왕정 제도를 시행하리라고 생각은 하신 것이다. 그러나 아직은 그때가 되지 아니했지만, 백성의 열두 지파 장로들이 극성을 떨며 자꾸 요구하니까 하나님의 소원은 아니라도 그냥 왕정 제도를 허락하신다.

2. 경험을 통해서 깨닫게 하기 위함이다.

이스라엘이 하나님께 요구하는 왕정 제도와 하나님께서 사무엘을 통하여 제시하시는 왕의 정치는 전혀 다른 바가 있다. 모든 장로들이 요구하는 왕정 제도는 하나님의 지도 안에서 하나님의 진리와 공의를 펼치므로 신(神), 민(民)이 다 같이 화목과 평화를 누리는 화평 공존의 상생 정치가 아니라 이방의 왕정 제도와 같이 한 이념의 국가주의에서 굳게 뭉쳐, 외적의 침략을 대비하는 전략적인 준비로서의 왕제도이다. 그들은 몇 번이나 "우리도 다른 나라들 같이 우리의 왕이 우리를 다스리며 우리 앞에 나가서 우리의 싸움을 싸워야 할 것이니이다" (8:5,19,20절)라고 말했다. 그러므로 그들의 요구는 ① 하나님을 버려 자기들의 왕이 되지 못하게 한 것이며(8:7절) ② 출애굽에서 사십 년 동안이나 하나님을 대적하고 우상 섬기던 패역무도한 습관에서 나온 것이며(8:8절) ③ 신본주의에서 인본주의적 자율주의로 추락하는 신앙의 변질이다(8:19절).

이 같은 망령된 행실인데도 하나님이 그들의 요구대로 왕을 허락하신 것은 그들을 시험 가운데 버려두사 8:10~17절 이 얼마나 힘들고, 지치고, 육체와 정신, 그 영혼까지 고통스러운 것을 절실히 체험하여 느끼도록 하기 위해서이시다. 틀림없이 자기들의 세운 그 왕으로 말미암아 고통과 시험과 환난을 당할 때가 있어 하나님께 울며 부르짖으나(잠1:28; 사1:15; 미3:4) 그때는 하나님께서는 돌아보시지 아니하시리라는 것이다(8:18절).

3. 정왕(正王)을 맞이하기 위함이시다.

하나님께서는 메시야 계시 언약의 구속사에서 메시야는 반드시 아브라함과(창12:1~3; 롬4:13), 이삭과(창17:19; 롬9:7~8) 야곱을 통하여 오신 자라야 하고(창25:23; 28:3; 롬9:10~14) 이스라엘의 모든 지파 가운데서 오직 넷째 유다 지파 중 다윗 왕의 자손으로 오신 자가 되어야 인류 구원의 메시야시다 라고 지정하여 주셨다(창

49:8~12).

하나님께서 언젠가는 반드시 언약 계시된 메시야의 조상으로 다윗 왕을 보내실 것인데 그러나 아직은 그때가 다 차지 아니하였으므로 그 정왕(正王), 진왕(眞王)이 오실 때까지는 조금만 이스라엘은 기다리면서 참고 있으라는 것이다.

그러나 이스라엘은 언약궤를 블레셋에게 빼앗기고 나서는 언약궤마저 믿지 못하여 사무엘에게 이스라엘의 모든 장로들이 라마까지 가서 "우리도 다른 나라들 같이 우리의 왕을 보내어달라" (8:20절)고 재촉하기 시작한다(8:4~6절).

그러나 하나님은 이스라엘에 아직은 왕을 세울 때가 되지 아니하였으므로 합당치 않게 여기셨지만 그 열화, 성화(成火 urgently)같은 요구에(8:7~9) 못마땅하게 여기시면서도 그들의 간청에 따라 진왕(眞王) 대신 가왕(假王) 사울을 왕으로 세우신다. 사울은 이스라엘에 왕이 되어서는 안 될 무자격자이다. 이스라엘의 왕은 ① 유다 지파의 베들레헴 사람이어야 한다(창49:8~10; 미5:2) 그러나 사울은 베냐민 지파의 셀사 사람이다(9:4; 10:2절) ② 이새의 줄기와(사11:1) 뿌리에서 난 자라야 한다(사11:10) 그러나 사울은 기스의 아들이다(16:13) ③ 하나님께서 합당하게 생각하시므로 기뻐하는 자라야 한다(16:13). 이는 하나님이 직접 왕으로 뽑아 세우신 자이시기 때문이다. 그러나 사울은 이스라엘 장로들의 소원대로 다른 나라들과 전쟁하기 위해 세운 왕이다. 그러므로 사울은 이스라엘의 왕이 될 자격이 없는 자요, 더구나 이스라엘의 최대 내용이며 목적이 되어야 하는 구속사와는 전혀 관계가 없는 자이다.

그런데도 하나님께서 사울을 이스라엘의 초대 왕으로 세우신 것은 백성들의 간절한 요청 때문이요, 정왕(正王) 다윗이 성장하여 이스라엘의 왕으로 등극할 때까지는 임시로 그 직을 맡아 있는 것이다. 대리 섭정이라고 할 수 있다.

제 9강 이스라엘의 왕이 된 사울

본문 : 사무엘상 9장

만약 구약 성경 전체가 메시야 언약 계시의 구속사 진행이 아니라면 이스라엘이 출애굽하여 하필 가나안 땅까지 유대 백성들을 데리고 들어갈 필요가 없다. 애굽에서 모압 땅 평지까지는 비고 비어 있는 광야가 여기저기 널브러져 있었기 때문에 아무 광야에서든지 자리를 잡고 이스라엘이라는 나라를 세우면 된다. 그러나 하나님의 계시 언약의 구속사가 반드시 가나안 땅에서만 이루어진다고 하셨기에 모세와 여호수아는 하나님의 구속사 진행의 그 경륜적 그 섭리를 받들어 가나안 땅에 들어가 칠 년간에 걸쳐서 이스라엘의 메시야 왕국을 세운 것이다. 또한, 이와 같이 하나님의 메시야 계시 언약의 구속사는 가나안 땅에서 반드시 유다 지파의 다윗 왕조를 통해서만 성취되어진다는 언약적 예언이 계셨기에(창49:8~10, 사11:1~5,10) 사무엘은 그때가 되기까지 이스라엘의 다른 지파에서 왕이 될 자를 찾지 아니하였고, 하나님께서도 정왕(正王), 진왕(眞王)이 유다 지파에서 나올 때까지는 참고 기다리도록 하신 것이다. 하나님의 한 번 언약하신 것은 영원무궁토록 변개하심이 없으시기 때문이다(민23:19; 삼상15:29; 겔24:13; 마5:17~19) 그러나 하나님의 이 같으신 메시야 계시 언약의 구속사를 어기고 다른 나라들처럼 인본적인 준례에 따라 이스라엘의 왕을 원하는 모든 장로들이었으므로(8:4,5절), 하나님께서도 어찌할 수 없이 구속사를 이루는 왕이 아니라 전혀 세상에 속한 자율주의적인 왕을 세워주신다. 만약 이스라엘이 메시야 구속사의 나라가 아니고 세상 왕정 제도와 같은 일반적인 왕이라면 베냐민 지파의 기스의 아들 사울도 이스라엘 왕이 되기에 부족함이 없다. 그러나 이 세상에 오직 단 한 국가인 이스라엘만 메시야 언약의 구속사가 이루어져야 할 민족이기 때문에 메시야 왕국의 법 문구가 되는 창49:8~10; 사11:1~5, 10의 헌법 조문에 따라 반드시 아브라함의 자손으로서 유다 지파에서 탄생될 사람만 왕이 될 수 있다. 그가 바로 다윗이었으나, 이때 다윗은 15년의 어린 소년이었다. 그래서 하나님께서는 이스라엘에 왕 세우시기를 거절하시고, 기다리라고 하신 것이다. 그런데도 메시야 계시의 언약의 구속사에 무지한 이스라엘의 모든 장로들은 이방인들처럼 육체의 왕을 원하고 있었기에(8:19,20절), 하나님께서는 그들의 억지 주장에 따라 이스라엘의 초대 왕으로 세워서는 안 될 베냐민 지파인 기스의 아들 사울을 선정하여 왕으로 세우신다. 이는 선민 이스라엘의 민족적 실패요, 사울 가문으로서도 불행이라고 할 수 있으니 사울을 왕으로 세움으로 인하여 이스라엘은 거의 멸망지화(滅亡之禍 extermination of a whole nation)에 이르게 되었고, 그의 가문도 멸족에 이르게 되었기 때문이다.

본 장의 내용은 ① 사무엘을 찾는 사울(9:1~10) ② 사울이 사무엘을 만남(9:11~210 ③ 사무엘이 사울을 환대함(9:22~27)으로 분류된다.

첫째: 사무엘을 찾는 사울(9:1~10)

본문에서 말씀하는 사울은 외모와 가문으로는 원만하지만(9:1~2절), 영적인 면에서는 내세울 정도는 아니다. ① 그는 "베냐민 지파" 사람이다. 베냐민은 야곱의 열두 번째 막내다. 베냐민 지파는 기브아 전쟁에서 동족 이스라엘과 전쟁하여 거의 멸족 정도가 되어 600명만 남았다(삿20~21장). 그러나 삼백 이십여 년이 지난 후에는 다시 왕성해져서 이스라엘의 처음 임금을 배출하게 된다. ② "사울(솨울 שָׁאוּל 간구한 바 된)" 이란 뜻은 "하나님께 구하다" 의 뜻이다. 이스라엘 백성의 구함과 같다. 그의 용모는 "준수한 소년(빠후르 와토브 בָּחוּר וָטוֹב 바후르 בָּחוּר '선택된' /토브 טוֹב 선한, 상냥한, 기분 좋은)" 으로 "좋다(goodly, handsome)" 는 뜻으로 이때 그는 35세쯤 되었다. 이때 선택되어 5년 후에 제왕의 자리에 올랐을 때는 사십 세가 되었다(삼상13:1).

본 절(9:2)에서 소개하는 사울은 육체적으로는 사나이다웠으나 다윗 같은 영적으로도 사용되는 구속사 도구, 중심적 인물은 아니었다. 마치 다윗의 친형제와 같은 육적인 미모이다(16:6~11절, 다윗은 16:12,13절의 구속사 중심 인물이다.). 그가 이스라엘의 처음 왕이 되는 것은 경로는 부친 기스의 암나귀를 찾으려고 산지사방으로 헤매고 돌아다녔을 때 '숩(춮 צוּף Zuph 꿀송이) '땅에 이르러 자기 집 '사환(레나아로 לְנַעֲרוֹ to his servant 사환에게 〈 나아르 נַעַר 소년, 종)" 이 숩 땅, 이 성읍에는 "하나님의 사람이 있는데 존경을 받는 사람이라. 그가 말한 것은 반드시 다 응하나니 그리로 가사이다 그가 혹 우리가 갈 길을 가르쳐 줄까 하나이다" (9:6절)을 하면서 사무엘 선지자를 소개하여 주었기 때문이다.

잃어버린 아버지(기스) 암나귀들을 찾아 '에브라임' 산지에서부터 시작하여 '살리사' 땅으로 두루 돌아다녀 찾아보았고 다시 '사알림' 땅까지 찾아갔고, 마지막에는 '숩' 까지 사흘 동안 찾아다녔다면 사울은 근면, 성실한 사람인 것이 드러난다(9:3~5절). 그가 왕이 되어 다윗을 죽이려고 쫓아 찾아다닐 때도 이러하였다(삼상21장~27장). 그가 돌아다니는 것은 사냥질하려고 들로 산으로 헤매고 돌아다니는 사냥꾼 에서의 혼을 닮은 것 같다(창25:27~29; 27:1~5). 사울은 이렇게 사흘 동안 헤매고 돌아다녔으니 숩 성읍까지 32km(80리)까지 온 것이다. 그는 '하나님의 사람' 사무엘을 만나려고 자기 '사환'(종)이 건네주는 '은 한 세겔의 사 분의 일'을 받아서 '라마'(7:17; 8:4절)에 있는 사무엘을 찾아간다. 어쨌든 사울은 끈기, 인내가 있는 사람이다.

둘째: 사울이 사무엘을 만남(9:11~21)

사울로 하여금 사무엘을 찾아가도록 섭리하신 하나님께서는 (9:1~10절) 이제는 물 길으러 나오는 소녀들을 준비하셔서 "라마" 의 자기 집으로 돌아오신 "선견자" (호로에 הָרֹאֶה a seer "로에" רֹאֶה 선견자, 선지자 〈 라아 רָאָה 보다, 주시하다의 분사형) 사무엘을 만나도록 하신다(9:11,14절). 여기서 "선견자(先見者)" 는 "보는자(Lxx 호 블레폰 ὁ βλέπων The Seer, 보는 자 〈 "블레포" βλέπω 보다, 알아보다,

인지하다, 은유 마음의 눈으로 보다)" 는 뜻으로 "앞으로 되어질 것을 미리 보게 하는 자" 를 가리키고 "선지자(先知者 προφήτης 미리 말하는 자, 성령의 영감으로 말하는 자)" 는 "미리 말하는 자" 를 가리키는 말로서 "앞으로 되어질 것을 미리 알려 주는 자" 이다. 그 당시 사무엘은 한 곳에만 머물러 있으면서 자신의 사사 직과 선견자, 선지자 직과 제사장직을 수행한 것은 아니다(7:15~17절). 이스라엘의 여러 곳을 다니면서 다 살피었고, 가르쳤고, 기도하였다. 그렇기 때문에 자기 고향 집 라마에 없을 때도 많았다. 그런데도 이번에는 마침 자기 집 라마에 돌아와 머무르게 되었는데 그때 사울이 "소녀들(네아로트 הַנְּעָרוֹת 소녀들을 young maidens 나아라 נַעֲרָה 소녀, 작은 소녀의 복수형)" 의 안내를 받아 사무엘 선지자를 모시게 된 것이다. 사무엘 역시 이스라엘의 제왕 될 자를 찾고 있었는데 마침 자기 집에 들어오는 사울이 이스라엘의 왕이 될 자니라 하시는 하나님의 계시를 받고 그에게 기름을 부어 이스라엘 왕으로 삼는다(9:16; 10:1절).

셋째: 사무엘이 사울을 환대함(9:22~27)

사울이 성문 안에 들어왔지만, 그가 찾아 만나려고 하는 '선견자'가 누구인지를 모르기 때문에 사무엘에게 물었는데 마침 대답하는 자가 선견자 사무엘인 것을 알고 기쁨으로 조우(遭遇 an encounter)한다. 그때 사무엘이 사울에게 이스라엘이 기대하는 왕이 바로 "그대 자신이다" 라고 말하자(9:20절), 사울은 한껏 겸손하게 자기와 자기 가문을 낮추면서 겸양지덕(謙讓之德 the virtue of modesty)을 보인다(9:21절). 그러나 이는 사실이기도 하다.

그때 사무엘이 미리 초청한 삼십 명 가량의 유력한 인사들 가운데 사울을 상좌 중앙에 모시고 잔치를 시작한다. 그리고는 산당에서 내려와 함께 성읍에 들어가서 담화하므로 사무엘은 제사장으로, 사울은 이스라엘 제왕으로 각각 성직을 담당한다(9:25~27절).

◎ 작은 일에 충성하는 큰일 ◎

똑같은 세월에 같은 신앙을 하였어도 아주 충성된 신앙을 가진 성도가 있는가 하면 교회에 다닌 시간의 연륜만 있지 오랜 세월이 지나갔어도 형편없는 교인도 많이 있다. 충성된 신앙으로 성장한 성도는 작은 일에도 충성을 다하였기 때문이요, 불성실한 교인은 작은 일에도 게으름과 나태함으로 시간만 보내었기 때문이다.

그래서 신약성경 몇 곳에는 예수님께서 "작은 일에 충성된 자는 큰일에도 충성하고 작은 것에 충성하지 않는 자는 큰일에도 충성하지 않는다" (마25:21,23; 눅16:10; 19:17)라고 하셨다. 이스라엘의 처음 왕이 된 사울은 자기 고백대로 열두 지파 중에서도 아주 조그만 베냐민 지파요, 그 지파 가운데서도 이름도 없는 미약한 아비아의 가문이다(9:1,21절). 그런데도 기스의 아들 사울은 모든 이름있는 지파들과 유명세가 있는 가문들을 제치고 이스라엘의 초대 왕이 되었다. 그 원인과 배경은 무엇이었는가?

1. 작은 일에도 최선을 다하였기 때문이다.

사울의 부친 기스가 암나귀들을 잃고 아들 사울에게 찾아오라고 명하셨다(9:4절). 그때 사울은 명령에 거역하지 않고, 그날부터 잃은 암나귀들을 찾아다녔는데 밤낮 사흘 동안 에브라임 산지와 살리사 땅, 사알림 땅, 베냐민 사람의 땅(9:4절), 숩의 땅(9:5절), 그래서 선지자 사무엘의 거주지 라마까지 여기저기로 두루 돌아 32km에 이르게 된 것이다. 만약 사울이 부친의 명에 최선을 다하지 않고 그냥 불순종하든지, 다녔어도 최선이 아니고 마지못하여 그럭저럭 불성실하게 다녔다고 하면 사무엘의 땅 라마까지는 오지 않았을 것이고, 그랬다고 하면 사무엘도 만나지 못하여 결코 이스라엘의 왕으로 선정되지는 못했을 것이다. 그러나 사울은 작은 일에도 한 번 부름을 받아 택정함을 입었으니 그 일이 완결될 때까지는 자기 일에 최선을 다한 것이다. 심지어 부친께서 잃어버린 나귀들은 고사하고 찾아오라고 보낸 아들 사울이 사흘 동안 집에 돌아오지 아니할 때 아들마저 잃어버리지 아니했는가 걱정할 정도로 사울은 열심을 다 한 것이다(9:5절).

어찌 사울뿐인가? 이렇게 하나님이 부르시는 사명자들은 누구든지 작은 일에도 자기 사력(死力)을 다하여 그 일에 충성을 다하는 자들이었다. 사울을 뒤이어 이스라엘의 2대 왕이 된 다윗도 그런 자였다. 베들레헴 산골짜기 깊은 곳에서 부친 이새의 가축을 칠 때 맹수들이 두려워 칠 형제가 아무도 가지 않았을 때 맨 마지막 막내아들이 다윗이 부명(父命)을 좇아 그곳에 갔다(16:1~13절) 한 번 사지(死

地)로 들어간 다윗은 생명을 내놓고 맹수와 싸워 끝까지 부친의 양을 지키고 건져내었다(17:31~37절). 목숨을 다하였다(마16:25). 하나님이 맡겨 주신 일에는 그 어떤 것도 소홀한 것은 없다. 작은 일은 작은 일대로 큰일은 큰일대로 다 하나님의 일이요, 주 예수 그리스도의 구속사와 관계되어 있다(Calvin. Luther). 작은 일에 충성하면 반드시 큰일을 맡겨도 충성하게 된다.

2. 작은 자의 소리도 귀담아들었기 때문이다.

사울이 밤낮 사흘을 32km나 되는 머나먼 길을 여기저기로 돌아다녔지만, 암나귀들을 찾을 수가 없게 될 때 오히려 부모님들이 걱정할까 봐 그냥 집으로 돌아가자고 말했을 때 사환이 '하나님의 사람'을 만나 도움을 얻어 보자고 제안을 했다(9:5,6절). 그때 다른 사람 같으면 듣지 아니하고 그냥 집으로 돌아가자고 했을 것이다. 그러나 ① 사울은 자기 자존심도 내세우지 않고 작은 자의 소리도 귀가 열리었고 ② 하나님의 사람을 경외하는 공경심도 있어 사환의 말을 따라 '라마' 성읍에 들어가 사무엘을 만났기 때문에 그는 왕의 자리에 오를 수 있었다. 사실상 별 실력도 갖추지 못한 어설픈 신학자들은 자기 지식만 최고인 줄 알고 남의 말을 들으려고 하지 않지만 참으로 실력 있고, 바르게 된 신학자들은 비록 작은 자의 소리라도 귀를 열고 들으려고 한다. 사울이 성읍을 향한 비탈길로 올라갈 때 "물 길으러 나오는 소녀들을 만나 그들에게 선견자가 여기 있느냐? 라고 물어보는 것(9:11절)도 그는 작은 자, 하찮은 자들의 말이라도 들을 수 있는 귀가 열리었기 때문이다. 그래서 순전히 사무엘을 만날 수 있었다.

3. 가장 작은 자가 큰 자가 되었다.

사무엘 선지자, 제사장이 사울을 향하여 사울의 부친께서 이미 사흘 전에 잃은 암나귀를 다 찾았다고 하면서 그에게 의미심장한 말을 한다. “온 이스라엘이 사모하는 자가 누구냐 너와 네 아버지의 온 집이 아니냐” 한다(9:20절).

이 말씀의 뜻을 알아차린 사울은 ①” 나는 이스라엘 지파의 가장 작은 지파 베냐민 사람이 아니니이까” ② “나의 가족은 베냐민 지파 모든 가족 중에 가장 미약하지 아니하니이까” (9:21)라고 답변한다. 그가 지파 중에서도 가장 작은 지파이고, 가문 중에서도 가장 미약한 자의 가문이었기 때문에 하나님은 가장 작은 자를 들어 큰 지파를 부끄럽게 하시고, 가장 미약한 자를 사용하여 가장 강하고 큰 자의 자리에까지 오르게 하신 것이다. 이는 예수님의 말씀대로 되어진 것이다. “너희 중에 누구든지 크고자 하는 자는 너희를 섬기는 자가 되고, 너희 중에 누구든지 으뜸이 되고자 하는 자는 너희의 종이 되어야 하리라” (마20:26~28; 23:11,12).

구속사 설교

◈ 왕이 되기 전의 사울의 성품 ◈

예수님께서는 가룟 유다의 비참한 운명에 대하여 "그 사람은 차라리 태어나지 아니하였더라면 제게 좋을 뻔하였느니라" (마26:24)라고 하셨다. 이처럼 사울 역시 그는 차라리 이스라엘의 처음 왕이 되지 아니하였더라면 ① 이스라엘 민족적으로도. ② 사울 자신의 운명적으로도, ③ 아비아 가문적으로도 좋을 뻔하였느니라의 사람이었다. 그가 이스라엘의 왕이 되기 전에는 다윗 임금처럼 하나님 앞에서 합당하지는 아니하고, 하나님의 영광의 서광이 비쳐지지도 아니하고, 성령님의 계시 영감이 임하시지는 아니하였을지라도(16:12,13절) 그 사람 나름대로는 "이스라엘 자손 중에 그보다 더 준수한 자가 없을 정도로" (9:2절) 부친에게는 효행스럽고, 자기 자신에는 최선을 다하는 성실한 사람이었고, 하나님의 사람을 공대하는 자이기도 했으며(9:6~10절), 본문에서도 왕이 되기 전의 그의 복되고 아름다운 성품이 기록되어 있다. 왕이 되기 전에 그는

1. 순종하는 성품이었다.

본문의 사울은 부친께서 잃어버린 나귀를 찾아오라는 분부를 받고 그 말씀에 순종하기 위하여 동분서주, 사흘 동안 사방 32km에 달하는 모든 곳을 다 돌아다니며 찾으러 다닌 것을 알 수 있다(9:3~5절). 자기 집 사환의 권면을 듣고 '하나님의 사람' 을 만날 때

에도, 사무엘을 만나 그가 이르는 그대로 순종할 때에도 얼마나 잘 따르고 순종하는지 누구든지 감격 감탄하지 아니할 수가 없다(9:22~27절). 이렇게 자기 부모에게 순종하고, 제사장, 선지자에게 순종하고 또 그가 비록 작은 자라고 할지라도 하나님의 일에 합당하므로 그 작은 자(자기 집 하인)에게 라도 순종하는 사람이라면 궁극적으로는 하나님에게도 순종을 잘할 수 있는 사람이다. 하나님께 순종하는 자는 제사 드리는 것보다 더 낫다고 하였다(15:22).

2. 예의 바른 성품이었다.

사울의 숩의 성읍(9:5절) 곧 라마에 이르렀을 때 사환이 여기에 '하나님의 사람' 이 거주하신다고 할 때 사울은 그분을 만나보고는 싶지만, 손에 가진 것이 없으므로 어떻게 찾아 뵐 수가 있겠느냐고 하면서 안타깝게 여긴다(9:6~10절). 물론 가진 것이 없으므로 그냥 들어가 만나도 되지만 자기에게는 너무나 존귀하신 어른이기에 차마 빈손으로는 만날 수 없다는 말이다. 바울 사도가 성도의 절대적인 아가페(ἀγάπη)적 '하나님의 사랑' 을 열거하면서(고전13장) "사랑은 무례히 행하지 아니하며 자기의 유익을 구하지 아니하며" (고전13:5)라고 하였다. 우리 목사들이 목회 말년에 교회에 추한 모습을 보여주므로 수많은 사람들을 실망시키는 것은 젊었을 때는 그리스도와 교회에 충성을 다하므로 소위 성공적인 목회자가 되었다가 은퇴할 즈음에는 마음이 풀어지고, 긴장이 해이해지면서 하나님 앞에서는 조심성이 없어지고, 한 교회에서만 수십 년 동안 목회를 해 왔기 때문에 성도들께는 무례한 행동이 나올 수 있다. 이는 고전13:5의 말씀을 거스르는 것이다 '사랑은 언제, 어느 때든지 무례히 행하지 아니하는 것' 과 자기가 이만큼 이루어 내었다고 자만하면서 '자기의 사사로운 유익을 구하지 아니하는 것 '이다.

사울이 집을 나올 때 아무것도 가지고 나온 것이 없기 때문에 '하나님의 사람' 에게 드릴 예물이 없다. 그럴 때는 빈손으로 뵙는 것이 무례한 일은 아니다. 그러나 사울은 경애하는 웃어른을 찾아 뵐 때 맨몸으로 들어가는 것은 큰 실례요, 심히 무례한 일인 것으로 알고 어찌할 줄을 모른다. 이것은 그가 35세의 젊은이로서 예의 바름이 온몸에 배어 있다는 증거이다. 고전13:5은 실로 우리 목회자들의 좌우명이다.

3. 겸양지덕(謙讓之德)의 사람이었다.

사울이 사무엘을 만났을 때 "사흘 전에 잃은 네 마리의 암나귀들을 찾았으니 염려하지 말라" (9:20절)고 안심시키면서 "그러나 지금 이스라엘은 너와 네 아버지 집을 사모하여 찾고 있다" 라고 왕위에 오르기를 권면한다.

그때 사울은 이 사무엘의 권고를 전연 뜻밖으로 알아듣고 자기 자신도, 자기 가족도, 자기 지파에 속한 가문까지도 너무 작고, 가장 미약하므로 전혀 감당할 수 없다고 겸손히 사양한다(9:21절). 사무엘과 삼십여 명의 이스라엘의 지도자들 앞에서 환대식의 잔치를 베풀면서 상좌에 사울을 모셨을 때도 모든 것을 사무엘 제사장에게 다 맡기고 그의 지시에 따라 절대복종한다(9:22~27절).

이 정도의 육체적인 인격자, 지성인의 신앙인이라면 한 나라를 맡기는 제왕의 자리에 올려놓아도 부족함은 없었다. 이것이 왕이 되기 전의 사울의 성품이다.

제 10강 기름 부음 받은 사울

본문 : 사무엘상 10장

우리는 전장(9장)에서 사울이 하나님의 섭리에 따라 사무엘을 만나고, 사무엘은 하나님의 계시에 의존하여 사울에게 이스라엘의 초대 왕이 되어야 할 것을 주지시킨다. 그래서 본 장(10)에서는 드디어 기스의 아들 사울이 사무엘에게 기름 부음을 받음으로 왕이 되어지는 장면이다. 본 장의 내용은 ① 사울이 기름 부음을 받음(10:1~8) ② 사울 왕의 예언(10:9~16) ③ 사울이 왕이 된 것을 공포함(10:17~27).

첫째: 사울이 기름 부음을 받음(10:1~8)

사울은 이미 하나님의 계시에 의하여 사무엘로부터 이스라엘의 왕이 되어야 할 것을 통지받았다(9:12~21절). 그러나 이는 사무엘이 사울에게 내려 주시는 계시의 언약이었지 정식적인 왕은 아니었다. 그러다가 10장에 와서는 사무엘이 기름병을 가져다가 사울의 머리에 부음으로 "여호와께서 네게 기름을 부으사 그의 기업의 지도자로 삼으셨느니라" 라고 정식적으로 공표한다. 이 때 "기름병(파크 하쉐멘 פַּךְ הַשֶּׁמֶן a vial of oil/flask of oil 기름병 〈 파크 פַּךְ 작은 병, 병/쉐멘 שֶׁמֶן 기름, 감람유)" 은 목이 좁은 그릇이고, 양 뿔을 사용하기도 했다(16:1,13절). '기름' 은 감람유와 향품으로 만든 관유인데

(출30:23~33) 미리 준비해둔 것이다. 여기에서 '기업의 지도자(나할라토 레나기드 נַחֲלָתוֹ לְנָגִיד leader over his inheritance 〈 나하라 נַחֲלָה 소유, 재산, 상속물, 유산, 몫, 분배/나기드 נָגִיד 지도자, 통치자, 장관, 방백, 최고 감독)는 ① 협의적으로는 선민 이스라엘을 가리키고(출19:5,6; 시89:27~29) ② 광의적으로는 계시 언약의 구속사를 믿음으로 누구든지 구원받는 자를 가리킨다(롬9:8; 10:12,13; 11:11~12) 이스라엘은 장자의 왕으로서(출4:22; 19:6) 마땅히 그와 같은 일을 해야 할 막중한 사명이 있다는 말씀이다.

사무엘은 사울에게 왕으로 세우신 분이 하나님이신 사실을 증명하는 세 가지 증표가 있다고 하였다. 그러므로 이 세 가지 증표가 내 말대로 맞거든 사울이 왕이 된 것은 하나님께로부터 오신 것으로 알고 더 겸손해야 한다는 것과 자기 자신을 위해서 일하지 아니하고 하나님의 영광을 위해서만 일해야 한다는 것이다. 첫째 증표 – 사울이 집으로 돌아가는 도중에 두 사람을 만날 것인데, 부친으로부터 잃은 나귀를 찾았다는 소식을 전해주는 것과(10:2절), 둘째 증표 – 더 나아가다 벧엘로 올라가는 세 사람을 만날 것인데 그들이 사울에게 떡 두 덩이를 주리라는 것(3절), 셋째 증표 – 사울이 고향에 다 돌아왔을 때 일단의 예언자들을 만날 것인데 사울이 그 예언자들을 만나자마자 사울도 성령님에게 크신 감동을 입어 함께 예언하게 되리라는 것이다(10:5,6절). 이러한 증표들을 사울에게 주시는 이유는 사울의 왕권은 인간이 세운 것이 아니라 오직 하나님께서 주신 것이므로 하나님의 공의를 이루어 드리는 왕도(王道)를 행하라는 것이다

(10:7절). 과연 사무엘과 헤어져 고향으로 내려올 때 이 세 가지가 다 이루어지므로 사울이 왕이 된 것은 하나님의 예정된 경륜과 섭리로써만 되어진 것이라는 증표가 되었다.

둘째: 사울 왕의 예언(10:9~16)

과연 사무엘이 사울에게 예언한 세 가지 증표가 다 실현되었으니 본문에서는 그 세 가지 증표 중 마지막이다. 과연 사울이 고향에 다 내려왔을 때 선지자들의 무리가 산에서 내려오면서 모든 악기를 동원하고(10:5절), 사울을 영접한다. 그때 사울도 선지자들과 한 무리가 되어 함께 예언하면서 산상으로 올라가는 것이다(10:5,6,10~13절). 그때 동네 사람들은 사울도 선지자들 속에 함께 있어 예언자가 되었다고 하였고(10:11,12절), '사울의 숙부' (아브넬의 아버지 넬 (삼상14:50,51절; 대상8:33))는 사울의 사환에게 사울이 잃어버린 암나귀를 찾으려고 어디까지 갔으며, 또 누구를 만나 어떤 이야기를 나누었느냐고 물었다. 그때 이 사환은 라마의 사무엘을 만났고, 그분으로부터 잃은 나귀를 대신 찾았다는 소식을 들었다고만 했다(10:14~16절). 사환의 입에서는 사울이 왕이 되었다고는 말하지 아니했다.

셋째: 사울이 왕이 된 것을 공포함(17~27)

사울이 이스라엘 제왕의 자리에 이르게 된 것은 이번이 세 번째 마지막으로 이제는 전 이스라엘에게 사울이 이스라엘의 초대 임금의 자리에 오르게 된 것을 공포하는 것이다. 처음으로 사울이 왕이 되리라는 것은 잃은 나귀를 찾으려고 사무엘이 거주하는 곳까지 사울이 갔을 때 사무엘이 사울에게 예시하였고(9:20절), 다음에는 사무엘이 기름병을 가져다가 사울의 머리에 부음으로 왕이 된 것을 승인하였고(10:1절), 마지막으로는 전 백성들을 '미스바' 로 모이게 하고, 두 번째 총회(1차 총회는 7:6절)를 가지게 된다. 제1차, 2차는 사무엘과 사울, 두 사람만 두고 승인하는 암묵적인 왕위였다면 제3차 왕위는 이스라엘 전체가 미스바에 모여 아예 열두 지파가 제비뽑기를 함으로 왕위를 선정하는 투표방식이었다. 투표하는(제비뽑기) 17~27절에서 17~19절까지는 인간의 왕을 세우는 왕정 제도의 그 부당성을 사무엘이 지적하였고, 다음 20~21절까지로는 각 지파에서 일천명씩 대표자들에게 제비 뽑도록 하여 결국에는 베냐민 지파의 사울이 당선되었으나 그가 숨어 버렸고, 마지막 22~27절까지로는 숨은 사울을 찾아 왕이 된 것을 전 이스라엘에게 공표한 것이다. 그때 소수이지만 사울이 왕이 된 것을 부당하게 여긴 '불량배(베리야알 בְּלִיַּעַל Belial 이익 없음, 쓸모 없음, 사악함, 불경건함 베리 בְּלִי 없이, 없는, 아닌, 무+야알 יַעַל 에서 얻다, 이익을 얻다, 득을 보다, 유용하다, 가치가 있다/10:27절)' 들도 있었다(2:12절 해석 참조).

그러므로 여호수아로 말미암아 요단강을 건너 가나안 땅에 입성한 지 645년간의 하나님의 신정정치 제도 아래에 백성들이 있었으나 이제는 신정정치 제도에서 인간이 다스리고, 통치하는 왕정 정치 제도로 바뀌진 것이다. 문제는 이방의 나라들처럼 되었다는 것이다(8:5,6,19~22).

◈ 사울의 왕의 증표 ◈

기스의 아들, 사울이 이스라엘의 초대 왕이 된다는 것은 하나님의 예언 계시를 받은 사무엘 외에는 아무도 모르고 있었다. 부모도 몰랐고, 일가 친족도 몰랐고(10:14~16절), 사울 자신도 단 한 번 생각해 본 일도 없었다(9:20,21절). 왜냐하면, 이스라엘은 오직 여호와 하나님만 왕으로 계셔서 다스리고 통치하시는 신정 왕국 정치 제도였기 때문이며 출애굽하여 여호수아가 언약의 땅 가나안에 입성한 지 무려 645년이 되었어도 단 한 번도 인간이 통치하는 왕정 정치를 해본 적이 없었기 때문이다.

사무엘이 사울의 머리에 기름을 부어 왕으로 임직은 했지만, 왕이 되었다는 실감도 느끼지 못하는 사울이었기에, 그가 왕이 되었다는 인식의 증표를 주어야 하겠기에, 사무엘은 사울 자신이 자기가 이스라엘의 왕이라는 확실한 믿음을 가지게 하려고 다음 세 가지 증표를 준다.

1. 암나귀를 찾았다는 소식의 증표이다.

사울은 사무엘로부터 기름 부음을 받아 엉겁결에 왕이 되었지만 자기가 이스라엘의 왕이 되었다는 인식의 실감은 도무지 가질 수가 없었다. 그때 사무엘은 사울이 이스라엘의 초대 임금이라는 실감을 갖게 하려고 첫 번째 그 증표로 베냐민 경계에서 두 사람을 만날 것인데 그들로부터 잃어버린 암나귀들을 찾았다는 소식을 접하게 되리라고 하였다(10:2절). 사흘 간을 헤매고, 돌아다녔지만 잃은 나귀들을 찾지 못하여 어디를 가나 좌불안석(坐不安席 being unable to sit comfortably)이었는데 드디어 사무엘을 만나서 비로소 고심거리가 해결이 되어진다.

성경은 전 인류가 원시인의 원죄를 받아 다 사망에 이르게 되므로 자신의 생명 문제 하나 해결하지 못한다는 죽음의 큰 고통에 시달리게 되었는데, 그리스도께서 날 대신하여 골고다 십자가에 못 박히시므로 내 사망에 문제를 완전히 해결하게 되었다는 그 소식에 우리는 안심하게 된 것이다. 우리가 하나님의 자녀라는 증표, 구원되었다는 영생의 표징은 무엇인가? 우리 주님의 골고다 십자가의 못 박히심이다.

2. 떡을 받은 것이 증표이다.

사울이 사무엘로부터 기름 부음을 받아 이스라엘의 초대 왕이 되었다는 두 번째 증표는 사울 자신이 다볼 상수리나무에 이르렀을 때 벧엘로 올라가는 세 사람을 만나 그들로부터 떡 두 덩이를 받은 것이다(3,4절). 사무엘이 사울에게 예언한 대로 벧엘의 세 사람이 사울을 만나 떡 두 덩이를 드림으로 이 세 사람은 자기들로부터 떡을 받으신 사울을 자기들의 임금이신 것의 증표로 삼은 것이다.

성경은 예수 그리스도께서 우리들의 주님이시며, 구원자이심을 증언하신다. 주님 자신이 골고다 십자가에서 몸 찢고, 피 흘리사 그 살을 우리에게 먹이시고, 그 피를 마시게 하셨기 때문이다(마

26:26~28).

또한, 우리 자신은 예수 그리스도께서 나의 주님이시며, 나의 구주이신 것을 증표로 모신다. 그의 살을 먹고, 그의 피를 마시므로 사망에서 옮겨 생명으로 영원히 살게 되었기 때문이다(요6:33~35; 고전11:23~26).

3. 예언이 증표이다.

사울이 사무엘로부터 기름 부음을 받아 이스라엘의 초대 임금이 되었다는 세 번째 증표는 사울이 하나님의 산에 도착하였을 때 선지자의 무리를 만나서 그 선지자들과 함께 성령 충만하심으로 예언하게 되었다는 증표이다(10:5~7절). 사울에게는 이 같은 성령 체험은 35년간 단 한 번도 없었던 성령님의 크신 은총이시다.

개인적인 사람이라면 구약 시대 당시 특별한 사람들에게 임하시는 그 성령님의 은사가 사울 자신에게도 임재하셨겠는가? 그러나 일단의 선지자들에게만 임재하시던 그 성령님의 감화 감동이 사울에게도 오셨다는 것은 사울 자신도 이제는 개인적인 사사로운 보통 사람이 아니라 하나님이 그를 특별하게 사용하시는 사람의 증표라는 것이다. 이는 사무엘의 증거대로 이스라엘의 초대 왕이 되었다는 명확한 표식이다.

사울이 하나님의 산에서 내려오는 선지자의 일단을 만났을 때 사울도 그들과 함께 '하나님의 영' 이 머리에 임하셨고(10:10절) 같이 예언하면서(10:11 절) 찬양하게 되었고(10:5절), 그 순간 사울은 육적인 베냐민 지파의 기스의 아들이 아니라 '하나님의 새 마음을 받은' (10:9절), 신령한 사람이 된 것이다. 그러므로 사울은 이제부터 변화된 하나님의 새 마음을 그대로 간직해야 하고, 성령의 감화와 감동이 떠나가시지 않도록 항상 내주하심을 사모해야 한다(엡4:30; 살전5:19). 사울은 이스라엘의 왕이 된 후에 사무엘과 헤어질 때에 7일 후에 길갈에서 번제와 화목제를 드리기로 약속하고 헤어진다(10:8절).

제 11강 사울의 왕위 즉위식

본문 : 사무엘상 11장

우리는 전장(10장)에서 하나님으로부터 왕으로 소명 받은 사울이(9:20; 10:1절) 드디어 열두 지파 전체에서 제비뽑기함으로 이스라엘의 왕으로 선출되는 것을 살펴보았다(10:17~24절). 그렇지만 사울로서는 이스라엘 전 백성들을 위한 아무런 공로가 없었으므로 명칭만 왕이었지 실질적으로는 그의 왕권을 확립시키지는 못하고 있었다(10:25~27절). 그런 때에 이제 본 장(11)에서는 사울이 백성들로 하여금 왕권 확립을 위한 한 계기가 마련되어 가고 있음이 드러난다.

내용적으로는 ① 암몬 족의 길르앗 야베스 침략(11:1~5), ② 사울의 암몬 족의 섬멸(11:6~11). ③ 사울의 왕권 강화(11:12~15) 등으로 나누어진다.

첫째: 암몬 족속의 길르앗 야베스 침공(11:1~5)

사울 자신이 이제는 명실공히 이스라엘의 왕은 되었지만 왕권은 확립되지 못하였기에 그냥 고향에 내려가 아버지 집에서 농사짓는 농부 일을 하고 있었다. 그때 암몬 사람, 나하스가 올라와서 길르앗 야베스를 침략하려고 진을 치고 있었다. 그래서 야베스에서는 암몬 왕 나하스에게 조공을 바쳐가며 섬기기로 하고, 평화 공존을 도모하려고 하였다. 그러나 암몬 족속에서는 일언지하(一言之下)에 거부하고(11:1,2절) 침공을 하겠다고 엄포를 놓는 것이다. 사실상, 이 족속은 아브라함의 조카 롯의 자손들이기에 혈육적인 관계가 있다(창12:4; 19:36~38). 그러나 패역한 족속은 시시때때로 이스라엘을 침공하여 괴롭히고 있었다(신23:3,4; 삿3:13; 11:3,4). 그렇기에 하나님께서는 모세에게 명하여 암몬과 모압 족속은 십대뿐만 아니라 영원히 여호와의 총회에 들어오지 못하게 하라고 막으셨다(신23:3~6; 느13:1,2).

암몬이 길르앗 야베스 사람들의 화친을 거절하고, 기어코 그 땅을 삼키려고 하는 것은 28년 전에도 이스라엘을 침략했다가 사사 입다의 군대에게 참패하였는데(삿11:32,33), 그것을 보복하려고 하는 것이다.

전쟁 유예 기간을 칠 일간 얻은 이스라엘의 모든 전령들은(11:3절), 각 곳마다 이 소식을 전하였는데 기브아에 있는 사울 왕에게도 이 소식이 들려졌고, 그때 왕은 밭에서 소를 몰고 오다가 이 비보를 접하게 된 것이다(11:5절).

둘째: 사울 왕의 암몬 족속의 섬멸(11:6~11)

암몬 족속이 길르앗 야베스를 침공하는 때는 사울의 자기 고향에서 농사짓고 있을 때였다. 그러던 그가 길르앗 야베스에서 기브아에 와서 암몬과 전쟁이 일어났다는 전령의 소식을 듣고는 성령님의 크신 감동으로 분노가 생겨 '한 겨리 소를 잡아 각을 뜨고' 그것을 열두 지파로 보내었다(11:7절).

그러면서 누구든지 사울과 사무엘의 이름으로 전쟁하는 이 전투에 참여하지 아니하는 자는 그들의 소도 이 소처럼 열두 갈래로 만들어 버리겠다는 결연한 각오이다(11:7절).

그러면서 ① 열두 지파에서 모든 군병들을 다 소집하도록 하는 것은 모든 지파들의 한결같은 일심동체(一心同體 being one in flesh and spirit)적 분노를 가리킨다. ② 소집령을 내릴 때 사울과 사무엘의 명칭으로 한 것은 선민의 단결된 정치와(사울) 여호와 하나님의 능력(사무엘)이 합세되어 반드시 승리하리라는 확고부동(確固不動 indefatigable)한 믿음을 가리킨다.

열두 지파의 군병들을 다 소집하고(11:8절), 그들의 전령들을 다 모아 드디어 사울이 왕명을 전하면서 내일 오정까지는 이 전쟁의 낭보가 있으리라 하면서 그 다음날 새벽에 전 군사를 삼대로 나누어 암몬을 들이쳤는데 적군이 모두 섬멸을 당하였고, 살아 돌아간 자는 불과 몇 명에 지나지 않았다(11:9~11절).

셋째: 사울의 왕권 강화(11:12~15)

이스라엘은 단 하루 만에 그것도 단 한 번 전쟁으로 암몬을 섬멸시켜 버렸을 때 온 이스라엘은 자기들의 왕 사울을 공경하고 복종하게 된다.

그리고 사무엘에게 전날에 사울의 왕권에 대하여 거부한 자가 누구인가? 우리가 그를 찾아 죽이겠다고 한다. 이는 그만큼 사울에 대한 경외심이 깊어진 것과 절대적인 신심을 가리킨다(11:12절). 그러나 사울이 '사람을 그날에는 죽이지 못하게' (11:13절) 하였는데 " '여호와께서 오늘 이스라엘 중에 구원을 베푸셨기' 때문이다 "라고 하였다. 이만큼 사울이 왕정 초기에는 하나님을 깊이 경외하면서 자기 백성들에게는 관대한 어버이와 같았다. 그가 후년에 통치한 것과는 정 반대이다. 이는 사악한 심령 따라 악신이 그 심령을 주장하게 되었고(18:10~12절), 장기 집권으로 권세욕에 이끌리어 심령이 어두워지면서 인간성이 잔인해지고, 포악하게 되었기 때문이다(약1:15).

사울이 제비뽑기로 왕위에 오를 때에는 "모든 백성이 왕의 만세만 외쳐" 불렀으나(10:24절), 암몬과의 전쟁에서 승리하고 난 그날에는 제사장, 선지자, 구속사의 진행자이신 사무엘의 지도에 따라 길갈로 가서 대대적인 사울 왕의 대관식을 거행한다(11:14,15절).

◎ 세상과 타협은 없다 ◎

성경적으로 하면 암몬과 모압은 이스라엘과의 친족들이다. 그 나라들의 조상은 아브라함의 조카 롯과 소돔 고모라가 유황불 속에 멸망할 때 소암이라는 굴속으로 도피한 롯이 두 딸과 상간 관계 속에 생겨난 족속이다(창19:30~38).

그럼에도 이스라엘이 애굽에서 나올 때 이 두 나라와 에서의 자손 에돔은 항상 형제 국가인 이스라엘을 괴롭히고 있었다. 그러므로 하나님께서는 모든 이방의 나라들이 하나님께 돌아오면 3~4대가 지난 후에는 이스라엘 신민으로 받아들이지만 암몬과 모압은 10대가 지난 후에도 영원히 여호와의 총회에 들어오지 못하도록 하라고 엄명하셨다(신23:3~6; 느13:1,2).

사사 시대에도 암몬은 전혀 이치에도 맞지 않는 핑계를 대고 이스라엘을 침공했지만, 그 침략군을 물리친 자가 사사 입다였다(삿11장).

그런데 사울이 왕이 되는 그때 암몬은 28년 만에 다시 야베스를 침공한다. 아마 28년 전에 있었던 입다와의 전쟁의 복수를 하려고 느닷없이 다시 침범한 것이리라. 갑자기 암몬의 선전포고를 받은 이스라엘은 너무 놀라 전쟁 대신에 평화 조약을 맺으려고 해마다 조공을 암몬에게 보내겠다고 타협한다. 그러나 암몬은 이스라엘에게 큰 수치와 모멸감을 주려고(11:2절), 단번에 평화 공존의 조약을 파기한다. 이때 기브아 고향에서 농사를 짓던 사울이 전령이 보내주는 전쟁의 소식을 듣고는 분연히 일어나 앞장서서 사무엘과 함께 전쟁을 지휘한다. 암몬과의 타협은 없다. 왜 타협해서는 안 되는가?

1. 타협은 신앙의 포기이다.

난데없이 암몬이 던져주는 선전포고에 놀란 길르앗 야베스에서는 전쟁 대신에 항복하는 그 조건으로 해마다 조공을 암몬에게 바치겠다고 타협을 제시한다(11:1절). 암몬의 거절로 타협은 되지 않았지만, 만약 타협되었다면 어찌 되는가? 수십 가지의 조공의 물품은 말할 것도 없고 보다 큰 신앙마저 다 내주어야 한다.

당시 암몬의 주신은 몰록, 몰렉이었다. 성경에 나타난 이 신은 하반신은 인간의 하반신 모양이고, 상반신은 곰의 형상이었다. 곰의 상반신에 가슴을 비도록 하여 거기에 기름불을 붙이면 온몸이 불덩이가 된다. 그때 제물들로 드리는 어린아이를 벌린 두 팔에 올려놓으면 단번에 어린 시신이 다 타버려 연기로 공중에 올라간다. 그래서 '인신제사(人身祭祀)가 된다. 하나님께서는 모세를 통하여 이 '인신제사'를 철저히 금지하셨다(레18:21~23; 대하28:1~4). 만약 그때 암몬에게 조약문서를 주었다고 하면 결국은 유일신 하나님을 버리고 몰렉신까지도 섬겨야 했을 것이다.

고대 전쟁에서 패한 나라는 승리한 나라의 신까지도 모셔야 한다. 자기 신을 버리게 된다. 이스라엘이 블레셋에게 패전할 때 하나님의 임재의 상징이신 언약궤를 빼앗기고 그 언약궤는 블레셋의 신인 다곤의 발아래 방치되어 있었다(5:1~2절).

삼손이 요부(妖婦 vampire) 들릴라의 손아귀에 들어가서 패할 때 그는 두 눈이 뽑힌 채 맷돌을 돌려야 했고, 그를 블레셋의 다곤 신전에 두어 전승기념물로 삼았다. 이렇게 불신자와의 타협이란 육체와 함께 그 신앙마저 사멸(死滅)되어 버리는 모든 것이 포기되는 것으로 알아야 한다.

2. 타협은 더 큰 것도 다 내주는 것이다.

이스라엘이 암몬에게 조공을 바치겠다는 것은 이스라엘 스스로는 블레셋, 암몬의 신하이며 그 나라는 이스라엘의 종주국가가 되시리라는 언약이다. 그럴 때 암몬에서는 "내가 너희 오른눈을 다 빼어야 너희와 언약하리라" (11:2절)라고 엄포했다. 이 협박과 위협은 "왼쪽 눈마저 우리들의 것이다" 라는 더 가져감의 공갈이다. 조공이란? 더 가져가고 다 가져가는 "다고의 거머리" 와 같다(잠30:15).

한 번 원수에게 사로잡혀 타협하게 되면 마치 들릴라의 손아귀 속에 있는 삼손 같다. 삼손의 한 번 간부(姦婦) 들릴라의 손안에서 타협이 될 때 먼저는 나실인의 상징인 머리카락도 들릴라의 것이 되었고, 두 눈도 요부의 것이 되었고, 그 몸뚱이는 블레셋의 신전에서 맷돌을 돌리는 돌릴라의 방아깨비가 되었고, 다곤 신전의 선전물이 되고야 말았다. 누구든지 암몬이라는 세상 것과 타협이 된 자는 육체도, 정신도 그 영혼 마저도 다 암몬의 것이 되어야 한다(고후6:14~7:1; 히6:1~8).

3. 타협은 구속사의 중단이다.

암몬은 28년 전에도(B.C. 1078년) 길르앗을 침공하여 이스라엘이 출애굽 때에 차지했던 '아르논에서부터 얍복과 요단까지' 의 암몬의 땅을 다 내어놓으라고 협박과 위협을 하며 전쟁을 하려고 했다(삿11:13). 그때 길르앗 전쟁에서 총사령관으로 전쟁을 지휘하는 입다가 그 땅들이 이스라엘의 소유가 된 경위를 상세히 설명하면서 오직 메시야 계시 언약의 구속사를 주관하시는 하나님께서 그 구속사를 이루시기 위하여 이스라엘에게 주신 것이라고 하였다(삿11:15~27).

사람이 임의대로 점령한 땅이라면 반드시 도로 내어주어야 하지만 하나님께서 자기 아들의 구속사를 이루시기 위하여 이스라엘에게 주신 성토(聖土)이시기 때문에 암몬에게 내 줄 수가 없다고 하면서 전쟁도 불사하여 마침내 승리하였다(삿11:29~33). 이와 같이 이번에도 암몬이 길르앗 야베스를 침공했을 때 야베스에서는 암몬이 두려워 조공을 바치므로 타협하려고 하였지만 사울과 사무엘은 "소를 잡아 각을 뜨고 전령들의 손으로 그것을 이스라엘의 모든 지역에 두루 보내어 이르되 누구든지 나와서 사울과 사무엘을 따르지 아니하면 그의 소들도 이와 같이 하리라" (11:7절)하면서 그 타협을 무효시켜 버린 것이다.

여기서 '사울과 사무엘을 따르지 아니하면' 이란? 두 사람이 28년 전에 가지고 있던 입다의 구속사 신앙을 가리킨다. 입다도 암몬과의 전쟁에서 구속사로 승리했다면 이번에 사울과 사무엘이 하는 암몬과의 전쟁도 반드시 메시야의 구속사로 승리하리라는 확신이다(11:9~11절).

그때 만약 암몬이 두려워 길르앗 야베스 사람들이 그들과 타협했다면 이는 구속사 성취의 중단으로 결국 이스라엘은 암몬의 종주국가가 되고 말았을 것이다. 이 시대를 살고 있는 우리도 골고다 십자가와 부활 생명의 구속사로 승리하신 예수 그리스도(계6:1,2; 17:14~)를 믿는 그 믿음으로 승리하기 때문에 절대 암몬의 세상과는 타협해서는 안 된다. "큰 붉은 용, 옛 뱀" (계12:3)과 싸울 때에 잠깐만 참고 견디면서 구속사의 재림의 주만 바라보면 반드시 우리 성도들은 승리한다.

구속사 설교

◈ 사울과 사무엘의 전쟁 승리의 비결 ◈

암몬의 나하스가 길르앗 야베스에 맞서 진을 치고 이스라엘에게 선전포고를 할 때 전 이스라엘은 두려워 떨면서 조공을 바치므로 평화 조약을 맺으려고 했다(11:1절). 그러나 나하스 왕은 "내가 너희 오른눈을 다 빼야 너희와 언약하리라" (11:2절)고 하고서 이스라엘을 치욕과 모멸로 업신여기면서 그 화친 조약을 단번에 거절하고야 말았다. 이때 야베스 장로들은 전령을 뽑아 사울이 사는 기브아에 보내고 사울은 이 전쟁의 소식을 듣고는 "하나님의 영에게 크게 감동" (11:6절)하므로 분기가 탱천하여 사무엘을 앞세우고 전쟁하므로 승리했다.

전쟁 준비로 보든지, 군대 숫자로 보든지, 전쟁의 형편으로 볼지라도 이스라엘이 이기는 것은 전혀 가망이 없었다. 그런데도 이스라엘은 암몬을 이겼다. 그럼 이스라엘의 승리 비결은 무엇이었던가?

1. 성령님의 크신 감동이셨다.

28년 전에 입다가 암몬과의 전쟁에 출전할 때에도 "여호와의 영이 입다에게 임하시므로" (삿11:29), 암몬의 전쟁에서 승리했다. 이 성령님의 감동하심은 기드온이 미디안과의 전쟁할 때에도 임하셨으므로 대승하였다(삿6:34).

사울 왕에게 임하신 성령님의 감동 감화는 ① 사울과 사무엘이 암몬과 하는 전쟁이라기보다는 하나님이 맡으신 암몬의 신 몰렉, 몰록과의 전쟁이므로 반드시 승리하시리라는 확신이다(레18:21~30; 20:1~5; 대하28:1~7). ② 사울과 사무엘은 오직 성령님의 지시대로만 따르고 행하라는 계시이다(11:8). ③ 백성들은 성령님의 충만하심을 입은 사울과 사무엘만 믿고 따르라는 지시이시다(11:9,10절).

성령님이 떠난 엘리 제사장의 군대는 언약궤를 앞세우고 전쟁하였어도 대패했지만(4장), 전쟁에 대한 준비가 전혀 없었던 사울, 사무엘의 전쟁은 성령님께서 대신하여 싸우셨으므로 대승하였다(11:11절). 그러므로 고후10:4에는 "우리의 싸우는 병기는 육신에 속한 것이 아니요 오직 견고한 진도 무너뜨리는 하나님의 능력이라" 라고 하였다.

이 시대에도 성령 충만한 성도는 고난을 다하나 패하지는 아니한다. 승리의 성령님께서 그를 대신해서 마귀와 싸워 주시고, 환경과 악조건을 물리쳐 주시고, 불의한 것에서도 이기도록 힘과 능력을 주시기 때문이다.

2. 혼연일체의 단결이었다.

기브아에서 아버지를 도와 농사일에 전념하는 사울 왕은 암몬이 이스라엘 장로들이 내미는 평화 공존도 물리치고, 큰 수치와 모욕으로 전쟁하겠다는 선전포고만 주장했다는 소식을 듣고는 크게 격분하여 "한 겨리의 소를 잡아 각을 뜨고 전령들의 손으로 그것을 이스라엘의 모든 지역에 두루 보내어" 아브라함의 한 자손 한 민족으로 몰록, 몰렉의 자식들과 싸워 이기기를 전 백성들에게 독려하자

(11:7), 단 하루 만에 삼십 삼만 명이 소집하게 된 것이다(11:8절).

신앙의 민족, 하나님의 백성들의 전쟁은 군대의 수효도, 무기의 많음도, 전쟁의 전술과 전략에만 있는 것도 아니다. 먼저는 하나님의 신전(神戰 holy war)답게 진리와 공의의 전쟁이어야 하고, 다음에는 메시야 언약 계시의 구속사를 위한 사탄과의 투쟁이어야 하고, 마지막으로는 전국민들이 남녀노소, 빈부귀천을 막론하고 혼연일체가 된 단결의 결집이 되어야 한다.

실로 암몬 전쟁에서 이스라엘은 사울 왕과 사무엘 제사장, 선지자를 중심으로 하여 전 국민이 혼연일체(渾然一體 be jointed together)가 되어 전쟁에 임하였으므로 이기게 된 것이다. 혼자서는 안 되지만 '삼인이면' 된다. "한 사람이면 패하겠거니와 두 사람이면 맞설 수 있나니 세 겹줄은 쉽게 끊어지지 아니하느니라" (전4:12) 하셨다.

3. 자기 할 바를 다했다.

암몬은 입다와의 전쟁에 패하고 나서 다시 28년간을 준비하였다가 느닷없이 이스라엘에게 선전포고를 하였다. 이는 정의에 대한 전쟁 규칙위반이다. 그래서 전혀 전쟁에 대한 준비가 없는 이스라엘은 우선적으로는 조공을 바치는 것으로 하여 화평 조약을 맺으려고 했고, 그것이 거절당하게 되자, 항복하는 시간을 이레 동안만 유예하여 달라고 하였다(11:3절). 암몬에게 일주일 기한을 얻은 이스라엘은 이레 동안에 사울과 사무엘을 모시고 전쟁 준비를 다 한 후에 야베스 사람들이 암몬 왕 나하스를 찾아가 "우리가 내일 항복할 것이니 당신 마음대로 하소서" 라고 일러주어 그들을 안심하게 하고(11:10절), 바로 그 다음날 이른 새벽에 삼십만 군대(11:8절)를 세 부대로 나누어 암몬의 적진을 기습하니, 단 한 번에 멸절시켜 버렸다(11:11절). 이는 무엇을 말씀하는가? 이것은 전 국민이 자기 할 바를 다했다는 의무감의 완수이다. ① 성령님의 능력만 믿고 의지하므로 자기들의 의무는 게을리한 것이 아니다. ② 왕인 사울과 제사장 사무엘에게만 모든 것을 맡기고 자기들은 방관한 것이 아니다. ③ 이레 간의 휴전 기간에 전쟁 준비를 다 완비하였다. 불과 25년 전 엘리 제사장 때에는 제사장과 사사는 물론 전 백성들까지도 다 범죄하여 자기 할 바를 모르고 타락, 방탕한 가운데서 언약궤의 능력만 믿고 의지하므로 그를 앞세워 전쟁했지만, 이번 전쟁에는 사울과 사무엘을 중심으로 하여 남은 이레 동안에 온 백성들이 각기 자기 할 바를 찾아 솔선(率先垂範 set an example to others)하므로 암몬을 섬멸시킨 것이다.

교회의 부흥도 여기에 있다. 자기 담임 목사를 중심으로 하여 먼저는 성경 지식으로 신앙 정신이 바로 세워져야 하고, 교회에서 자기들에게 맡겨 자기 사명, 임무를 각자가 알아서 충성심으로 감당해 나갈 때 성령님께서 함께 하여 주시므로 그 교회는 부흥하게 된다.

제 12강 사무엘의 왕정에 대한 논지

본문 : 사무엘상 12장

성경에는 하나님의 구속사 일꾼들의 고별사가 있다. 그래서 다수의 주경학자들은 이 본문도(삼상12장) 사무엘 제사장의 마지막 고별사, 이임사가 아닌가 한다. 그러나 이 본문(12:1~5절)은 고별사는 아니다(Weiser. Stoebe등). 모세나 여호수아의 고별사는 마지막 임종 시에 했기 때문에 다음에는 그들의 행적이 나오지 않는다(신31:2~34; 수24장). 바울 사도도 회고록 후에는 그의 행적이 기록된 바가 없다(딤후4:6~8).

그러나 사무엘에게서는 이 말씀 외에도 그의 운명하기까지 그에 대한 행적이 여기저기서 나온다(삼상12~25장까지). 그러므로 이 본문의 기록은 ① 사무엘의 사사직 회고(12:1~5), ② 이스라엘의 구속사에 대한 역행(12:6~18), ③ 하나님 안에서 왕과 백성들의 결속(12:19~25) 등으로 분류된다.

첫째: 사무엘의 사사직 회고(12:1~5)

사무엘이 전 이스라엘 백성들을 길갈에 모이게 하여 거기서 여호와 앞에서 기스의 아들 사울의 왕위 즉위식을 거행함으로써(11:14,15절) 이제 이스라엘의 사사 시대는 마침표를 찍게 되었고, 이후로는 새로운 시대의 왕권, 왕도 정치가 열리므로 이스라엘의 통치권은 사울에게 넘겨지게 되었다. 실로 왕정 정치 제도가 사울에게 넘겨졌으므로 이제 사무엘은 국정 책임의 무거운 짐에서 벗어났으나 그동안 사무엘은 격동의 시대만을 숨 가쁘게 겪으며 지내왔었다.

모친 한나의 서원 기도로 탄생되어 있었기에 젖을 떼자마자 하나님의 실로의 성막에 들어가서 노령의 제사장, 엘리의 가르침과 지도를 배워야 했다. 그러나 엘리의 가문은 이미 제사장의 성직을 봉직하기에는 도가 지나칠 정도로 무능한 아비 제사장과 감당할 수 없을 정도로 부패하고 타락해 버린 두 망나니 자식들뿐이었다. 그런데도 어린 사무엘은 그 같은 추악한 자들의 놀이에 물들지 아니하고, 서원한 자식답게 고고청청(孤高淸淸 lift of proud loneliness), 명경지수(明鏡止水 the mind is as bright and clean as a stainless mirror)로서 성장하여 갔다. 그리하여 그 당시 '여호와의 말씀이 희귀하여 이상이 흔히 보이지 않았던' 그 막막한 때라도 그는 여호와 하나님의 예언 계시를 들을 수가 있었다(삼상3:1~4). 이 같은 영적 암흑시대의 암울한 청소년 시대를 무사히 보낸 그는 성년이 되자마자 실로에 계시된 하나님의 부르심에 따라 엘리의 뒤를 이어 25세에 이스라엘의 제사장과 선지자로 세움을 받아 사십 년간 모든 국정을 다 맡아왔었다(7:15~17절). 그러나 이제는 노령에 깊이 되어 더 이상은 모든 국정을 다 담당할 수 없게 되었을 때 마침 사십 세에 이스라엘의 국왕 자리에 오른(13:1절) 사울에게 이양하려고 하는 것이다.

그러면서 사무엘이 사십 년간 어떤 사명감으로 국정을 맡아 왔었는가를 회고한다(12:1~2절). ①하나님과 사람 앞에서 신앙 양심에 거리낌이 없었다고 한다(12:3절 上) ② 남의 재산상에 있어서 손해를 끼치지 않았다고 한다(12:3 中) ③ 권력을 남용하지 않았다고 한다(12:3 中) ④ 눈을 흐리게 하는 뇌물도 받지 않았다고 한다(12:3 下) ⑤ 그렇지만 나 자신도 모르게 잘못된 일도 할 수 있는 것이므로 만약 그런 것이 있다면 내게 고하라고 한다(12:3 下). "그러면 내가 그것을 너희에게 갚으리라" (12:3 下)라고 하였다. 일생 동안 청렴결백(淸廉潔白 integrity)하게 살아온 자만이 할 수 있는 당당한 어조이다.

이 같은 사무엘의 지고지순(至高至純 very noble and pure)한 고백을 듣고 있던 온 이스라엘 백성들은 "당신이 우리를 속이지 아니하였고, 압제하지 아니하였고, 누구의 손에서든지 아무것도 빼앗은 것이 없나이다" (12:4절)라고 그의 무죄를 증언한다. 이 증언에는 삼대 증언자들이 있다. ① 온 백성들의 증언(12:5절), ② 여호와 하나님의 증언(12:7절), ③ 사울 왕의 증언(12:5절) 이렇게 삼인의 증언자들로부터 무흠, 무죄의 소리를 듣는 사무엘은 실로 복된 사람이다.

둘째: 이스라엘의 구속사에 대한 역행(12:6~18)

지금까지(12:1~5절) 사무엘 자신의 사사 직분과 제사장직, 그리고 선지자 직분에서도 하나님의 존전에서와 사람들 앞에서도 전혀 흠도 없고, 점도 없는 무결점으로 보냈다고 자신의 결백을 주장하는 사무엘과 그것에 대하여 그렇다고 온 백성들이 증언해 준 후에 이번에는 하나님께서 이스라엘의 출애굽 때부터 이제까지 메시야 언약 계시의 구속사를 이루는 그 진행을 위하여 하나님께서 어떻게 지키시며 보호해 주셨는가를 사무엘이 구속사적으로 증언한다.

하나님께서 야곱 때에 이스라엘을 애굽에 보내신 것은 하나님이 이스라엘의 조상들에게 언약하신 메시야 계시의 구속사를 성취시키기 위함이셨다. 애굽에 들어간 이스라엘은 사백 년 동안 애굽의 노예가 되어 온갖 노역과 박해의 고통으로 하나님께 울부짖으매 하나님께서 마침내 언약의 땅 가나안에 이스라엘이 들어가서 메시야께서 성탄하시는 구속사를 계속 진행해야 할 때가 온 것을 인지하시고, 모세와 여호수아로 하여금 이스라엘을 가나안으로 들어가게 하신 것이다(12:6~8절). 그러나 언약의 땅 가나안에 들어간 선민들은 구속사를 위하여 가나안에 입성시켜 주신 하나님을 쉽게 잊어버리고 금방 이방인들의 우상 문화와 음란한 생활 풍속에 물들어 자기들의 여호와 하나님을 배신하고, 범죄하기 시작하였다. 공의로우신 하나님께서는 범죄한 이스라엘을 가나안 땅의 이방인들을 들어 징계하셨으니 그들로 하여금 이스라엘을 침략, 침공하도록 하신 것이다. 침범을 당한 이스라엘이 고통과 압박에 견디다 못하여 하나님께 울부짖으면 하나님께서는 그때마다 사사들을 들어 구원하여 주셨는데(12:10~11절), 배은망덕(背恩忘德 ingratitude)한 이스라엘은 그 은혜를 잊어버리고, 블레셋과 전쟁하여 언약궤를 빼앗겨 버리고, 암몬 왕 나하스가 침공하였을 때에는 사무엘에게 찾아가 우리들도 이방인들처럼 왕을 세워 그 왕으로 하여금 우리를 위하여 전쟁하자고 극성스럽게 졸라대므로 어쩔 수 없이 하나님께서 이스라엘에도 왕정 제도의 정치를 허락하신 것이다(12:9~13절).

이스라엘이 자기들도 왕을 세워 그 왕으로 하여금 하나님과 선민과의 중개자가 되기 위한 것은 아니다. 하나님을 대신하는 중보자가 아니라 일절 하나님의 다스림과 전혀 관계없는 인간 자율주의의 마음대로이다. 이 왕의 제도가 바로 "우리 이스라엘에도 다른 나라들처럼 왕을 세워 우리를 위하여 전쟁하도록 하자" 는 것이다(8:19~20절).

이스라엘이 하나님의 영광을 위하여 하나님의 뜻에 따르는 왕을 세우는 것이 아니라 이제는 하나님의 말씀과 그 간섭에서 벗어나 우리 마음대로 해보는 그 자유에서 살아 보자는 것이다. 이는 하나님 관계에서 완전한 이탈이다. 사실상 배신행위다. 그러므로 이는 하나님께서 아브라함과 이삭과 야곱에게 맺었던 하나님의 자기 신과 이스라엘의 자기 백성에 대한 관계적 이탈이요, 메시야 언약 계시의 구속사의 탈피이다. 그래서 이제 이스라엘에는 하나님이 없는 무신론이 되는 것이다. 그래서 하나님께서는 ① 이스라엘의 이 같은 하나님과의 신인(神人) 관계의 파괴와 ② 메시야 언약 계시의 구속사 진행을 역행하는 배신행위를 징벌하시며 심판하시겠다는 경고로써 밀을 베는 때에 우렛소리와 함께 비를 내리신다(12:15~18절).

셋째: 하나님 안에서 왕과 백성들의 결속(12:19~25)

가나안(팔레스틴)의 "밀 베는 때" 는 5월 중순부터 6월 중순까지인데 이때에는 비가 오지 않으며 천둥 치는 일도 없다. 그런데도 천둥

치며, 비가 쏟아진다는 것은 하나님께서 이스라엘에 대한 징벌이 확실해졌음을 암시한다.

그래서 온 백성들은 자기들이 하나님께 배신, 배역하는 죄를 깨닫고 사무엘에게 가서 "당신의 하나님께 기도하여 우리가 죽지 않게 하소서 우리가 우리의 모든 죄에 왕을 구하는 악을 더하였나이다" (12:19)라고 참회하는 마음은 보였다. 이 간청을 사무엘은 진정으로 받아들이고, 백성들의 참회를 그대로 인정하여 "두려워하지 말라" 하면서(12:20절) ① 이제라도 마음을 다하여 여호와를 섬겨라(12:20절) ② "헛된 것을 따르지 말라 그들이 헛되니라" (12:21절), ③ "여호와께서는 그 크신 이름을 위해서라도 자기 백성을 버리지 아니하실 것" 이다(12:22절)고 위로하고 격려한다. 그러면서 사무엘은 백성들과 약속하기를 "나는 너희를 위하여 기도하기를 쉬는 죄를 여호와 앞에 결단코 범죄하지 아니하고 선하고 의로운 길을 너희에게 가르칠 것이다" (12:23절)라고 약속한다.

이것이 비록 이방 세계처럼 잘못된 생각으로 이스라엘이 하나님의 신정정치에서 인간만을 중시하는 왕정 정치 제도로 바뀌었다고 해도 이제라도 하나님께 진심으로 회개하고 돌아와 왕과 백성들이 한마음, 한뜻 되어 하나님만 섬기면서 복종한다면, 하나님께서는 결코 "너희를 그의 크신 이름을 위해서라도 자기 백성을 버리지 아니하시리라" (12:22절)는 격려이시다.

구속사 설교

◈ 사무엘의 감동적 교훈 ◈

사무엘이 엘리 제사장, 사사의 후계자로 이스라엘의 선지자, 제사장, 사사로 25년 동안 시무하는 기간에(B.C. 1075~1050) 이스라엘은 모든 것이 완전히 달라져 있었다. 그가 국가 민족의 영도자와 구속사 진행의 일꾼으로 있으면서 ① 신앙 양심과 ② 윤리 도덕의 무흠, 무결점과 ③ 삶의 청렴결백으로 온 백성들에게 솔선수범하는 모범이 되어 있었기 때문이다(12:1~5절). 그런데도 백성들은 위대한 민족의 스승이시요, 구속사 진행의 선구자이신 사무엘의 신앙과 도덕적 수준과 생활의 정결성을 배우지 못하고, 도리어 하나님을 떠나려는 배신, 배교자가 되려는 위험한 지경에까지 이르렀기에 사무엘은 이스라엘 전 민족에 안타까운 교훈을 남긴다. 그 교훈은?

1. 하나님의 은혜를 기억하라는 교훈이다.

이 세상의 모든 나라들은 신의 언약 계시 없이 다만 인간의 생각과 그 방법적 수단으로만 나라가 되었지만 이 세상의 단 하나인 이스라엘만큼은 하나님의 특별하신 언약 계시에 의하여 메시야 오시는 구속사의 국가와 민족이 이루어지게 되었다는 것이다. 하나님께서는 이스라엘의 조상 아브라함에게 특별 계시로서 언약을 세우시고, 그 언약 계시를 이루시기 위하여 모세와 아론을 세우셔서 그들로 하여금 언약의 땅인 가나안으로 인도하셨다는 것이다(12:6~8절).

이 세상 어느 나라와 국민들이 자기들의 신이 있어 나라와 민족을 이루어 주시고 그들이 살 수 있는 땅과 집까지 마련해 주신 신이 있었느냐 또 있겠느냐 하는 사무엘 선지자의 담론이다.

그렇기 때문에 우리 하나님의 백성 이스라엘은 항상 여호와 하나님의 은혜를 잊어서는 안 되기 때문에 항상 기억하고 있어야 한다는 것이다. 이 같은 사무엘의 감동적인 교훈이 어찌 이스라엘뿐이랴! 그리스도 예수님 안에서 구원된 성도라면 다른 은혜를 다 기억하는 것이 없을지라도 골고다 십자가의 피의 속죄와 부활의 영생으로 구원된 그 구속사만으로도 일평생 대 은혜를 알고 기억하고 있어야 할 것이다.

2. 죄로 인한 고난을 기억하라는 교훈이다.

이 세상 모든 나라 백성들은 우상 숭배와 성적 타락으로 육체와 그 영혼이 썩어 문드러져도 깨우침을 주거나 죄에 대한 징계가 전혀 없기 때문에 그냥 자기 죄에 묻혀 일평생 살다가 육과 영이 다 사망 가운데 떨어져 음부로 들어가고야 만다. 이는 부모 없는 고아와 같은 인생 삶이다.

그러나 선민 이스라엘은 하나님의 은혜와 메시야 구속주로 오시는 어린양의 보살핌과 사랑도 무한대로 받지만 세상 사람들과 같은 범죄의 생활을 할 때는 ① 회개하지 않거나 ② 죄를 버리지 않을 때는 새사람이 될 때까지 하나님의 징계의 고난이나 체벌의 환난, 시험을 당하게 된다는 것이다. 부모가 계시는 자녀들은 체벌을 당하는 것이

마땅한 사랑의 징계와 같다(12:9; 히12:5~11).

이 세상 나라와 민족들 가운데 환난, 시험, 고난, 역경을 가장 많이 당하고 받은 백성들은 이스라엘이다. 하나님의 뜻을 거역했기 때문이다. 그러나 하나님의 은혜와 그리스도의 사랑을 가장 많이 받은 나라 역시 이스라엘이다. 고난이 없는 백성은 방자하지만, 고난당할 때 깨닫는 백성은 그리스도의 사랑에 절대적이다.

3. 메시야 오심을 기억하라는 교훈이다.

사무엘의 감동적인 큰 교훈으로 ① 조상들에게 언약하신 메시야 오시는 계시를 말씀하면서(12:8절) 이방의 모든 신들을 버리고(12:9절) ② 오시는 메시야를 소망하면서, 기다리라고 권면했을 때 그들은 민족의 영도자, 구속사 진행의 큰 스승님이신 사무엘의 설교를 듣고 크게 감동하여 모든 우상을 다 버리고 "이제 우리를 원수들의 손에서 건져내소서 그리하시면 우리가 주를 섬기겠나이다" (12:10절)하고 구속사 신앙으로 돌아온다. 지금까지 그들이 바라고 원하는 자기들의 왕은 하나님을 떠나서 자기들의 뜻에 맞는 세속적인 왕의 바람이었지만 사무엘 선지자의 구속사 진리의 복음을 듣고는 자기들은 그 왕과 함께 오시는 메시야를 믿고 섬기겠다고 약속한다(12:10, 19절). 이렇게 사무엘 선지자의 진리 복음은 오직 메시야 오시는 구속사에만 있었다. 그 구속사 진리 복음을 듣고 큰 감동과 감화를 받은 이스라엘은 자기들 스스로 깨닫고, 오시는 메시야를 기다리면 자기들 소원대로 세운 왕과 함께 지금부터는 구속사 진리 복음의 백성들이 될 것을 약속한다(12:19~22절). 우리 한국교회가 다시 사는 길도 오직 진리 복음의 구속사에만 있다. 구속사가 아닌 성경해석과 설교는 100% 성경적 인본주의이기 때문에 성령님의 감동, 감화가 없다. 이는 성령님이 이 세상에 오신 그 이유와 목적이 오직 우리 주 예수 그리스도님의 구속사 진리에만 있기 때문이다(요14:26; 15:26; 16:12~14).

제 13강 사울 왕의 첫 번째 실패(1)

본문 : 사무엘상 13장

천신만고(千辛萬苦 all sorts of hardships and privations) 끝에 이스라엘의 초대 왕이 된 사울에 대하여는 삼상8장~12장까지 기록되어 있다. 그리고 그가 왕이 되어 하나님으로부터 왕권이 거두어지는 13장~16:14절 까지는 그가 임금의 자리에서 폐위당할 수밖에 없는 그 이유와 원인이 상세히 기록되어 있다. 여러 가지 이유 중에서 가장 중요한 핵심은 그는 하나님이 택정하여 주신 왕도, 메시야 계시 언약 가운데서 예정된 왕도 아니었다는 것이다. 처음 세울 때부터 그는 왕의 재목이 아니었다. 그러면서 개인적인 생활상에 있어서도 왕도의 길을 이탈하여 나갔었다.

사울 왕의 전에도 하나님께서는 언제, 어느 때인가는 이스라엘의 왕정 제도가 세워져야 할 것을 미리 아시고(창14:18~20; 17:16; 35:11), 그 왕들에 대한 규례와 수칙도 만들어 놓으시면서(신17:14~20; 삼상8:10~18), 이스라엘의 왕은 반드시 조상 아브라함의 자손으로서 이스라엘 사람이어야 하는데 열두 지파 중 유다 지파에서(창49:8~10), 반드시 다윗 왕조에 속한 계보가 되어야 한다고(사11:1~5,10) 언약하셨다. 하나님이 한 언약 계시로나, 맹세로 하시거나, 예언하시는 것은 영원불변하신 계약이시기 때문에(민23:19; 삼상15:29; 겔24:14; 마5:17~18), 하나님은 반드시 그대로 이행하신다.

그렇기 때문에 우리 사람들도 하나님이 한 번 하신 언약, 예언 계시를 그대로 순종하면서 받들어 드려야 한다. 그것이 하나님의 자녀들의 의무이면서 복된 길이다.

그러나 이스라엘은 블레셋과의 전쟁에 패하면서 언약궤마저 빼앗기고, 엘리 제사장의 폭정과 사무엘의 두 아들 요엘과 아비야의 부정과 비리와 뇌물 공세에 큰 실망을 하게 되므로 이스라엘의 모든 장로가 들고일어나 라마에 있는 사무엘에게 찾아가 이스라엘도 "다른 나라들 같이 되어 우리의 왕이 우리를 다스리며 우리 앞에 나가서 우리의 싸움을 싸워야 할 것이니이다" 라고 재촉하기 시작한 것이다(8:5,19,20절). 백성들의 이 같은 강한 요구에 하나님께서도 사무엘도 아직은 기뻐하시지 아니하신 것은(8:6,7~8절), 언젠가는 세워주어야 하겠지만 아직은 '정왕(正王)' 곧 '의로운 왕' (사32:1,2; 렘23:5~8)이 나타나지 못했기 때문이다. 이는 유다 지파에서 태어날 다윗을 가리킨다(창49:10). 베냐민 지파의 사울이 사무엘을 처음 만났을 때는 서른 다섯이었고, 왕이 될 때는 마흔 살이었다면(13:1절) '정왕, 의로운 왕' 유다 지파의 다윗은 불과 열 살과 열다섯 살 밖에 안된 미성년이었다. 그래서 하나님께서도 사무엘 선지자도 백성들이 조금만 기다려 줄 것을 바라셨다. 그런데도 백성의 모든 장로는 왕이 없이는 당장에 큰 전쟁이라도 터질 것 같은 조바심에서 열화(烈火, 熱火 furious flames)와 같은 재촉이 너무 심하고, 강력하였기 때문에(8:4~6,10,19~20절), 어쩔 수 없는 것으로 아신 하나님의 허락이 사무엘 선지자에게 내리신다. 메시야 언약 계시의 구속사로 사울을 본다면 그는 ① 참된 왕 다윗이 올 때까지만 왕의 자리에 있어야 하고, ② 그러므로 '정왕' 다윗이 오실 때까지를 기다리며 준비해야 하고, ③ 사무엘 선지자에게 복종을 다 해야 하고, ④ 임시적 왕으로서 겸손히 다윗 왕의 대리자가 되어야 한다.

본 장의 내용 분해는 ① 블레셋과의 전쟁 원인(13:1~4), ② 책망듣는 사울의 신성모독(13:5~15上) ③ 양 진영 간에 대치상황(15下~23)으로 나눈다.

첫째: 블레셋과의 전쟁 원인(13:1~4)

여기 1절에 "사울이 왕이 될 때 사십 세라(뻰 솨나 사울 뻬말레코 בֶּן־שָׁנָה שָׁאוּל בְּמָלְכ 〈 솨나 שָׁנָה 년, 해/마라크 מָלַךְ 왕이나 왕비가 되다, 통치하다)" 는 원문에는 '사십 세' 란 말은 없고 그저 '한 해된 아들' 이라고만 되어 있다. 여러 가지 해석이 있으나 KJV에서는 "Saul reigned one year" (사울이 일 년 동안 다스렸다)" 이라고 하였다(Luther. Gratius. M. Henry).

사울의 이번 전쟁은 암몬과의 전쟁에 이어(11장) 두 번째 전쟁으로 사울 왕이 블레셋의 수비대를 습격하므로 전쟁이 발생한 것을 말씀한다. 사울이 왕이 되기 전 암몬과의 첫 번째 전쟁에서는 사울에 대하여 "여호와의 영에게 크게 감동되어 있었다" 라고 했고(11:6절), 백성들에 대해서는 "하나님을 두려워하는 마음에서 한 사람 같이 행동하였다" 라고 하였는데(11:6 下), 사울이 왕이 되어 블레셋과 두 번째 전쟁에서는 성령님의 감동과 감화도 없고, 백성들은 블레셋의 군대 수가 해변의 모래와 같이 많고 많음을 보고, 기가 완전히 죽어 싸울 마음이 없어져 몸을 숨길 곳만 찾아 흩어져 두려워 떨고 있었다(13:6,7절).

이렇게 된 것은 사울이 왕이 된 후에는 하나님을 의지하지 않고, 사무엘과도 같이 하지 아니하는 자행자지(自行自止 self~indulgence)를 가리킨다. 왕위에 오른 지 불과 이년밖에 되지 않았는데 벌써 초심(初心)을 잃어버리고, 건방지게 된 것이다. 하나님이 원하지 아니하시므로 기쁨이 없는 자, 그래서 진리 복음의 구속사 일꾼이 되지 못할 자는 사울처럼 개인적인 자기 마음에만 따를 뿐이다.

둘째: 꾸중 듣는 사울의 신성모독 죄(13:5~15 上)

사무엘이 사울을 왕으로 세운 후(10:1절), 자기보다 먼저 길갈로 보내면서 이레 후에 다시 만날 때는 하나님 앞에 번제와 화목제를 드리겠으니 기다리라고 한다(10:8절). 그래서 사울은 사무엘보다 먼저 길갈로 내려갔다.

그때 블레셋은 '병거가 삼만이요, 마병이 육천이나 되는', '해변의 모래와 같이 수많은 백성들' 도 거느리고 있었다(13:5절). 그러나 이스라엘은 사울과 그의 장자 요나단이 갑자기 전쟁을 도발시켰으니(13:1~4), 총 숫자가 삼천밖에 준비되지 못했다(13:1절). 절대적인 군대의 열세였기 때문에 막상 전쟁을 시작할 때는 백성들이나 군대나 모두 전의(戰意)를 상실하고, '굴과 수풀과 바위틈과 은밀한 곳과 웅

덩이에 숨으며' (13:6절) 사울 왕과 함께 한 '모든 백성들은 두려워 떨고' 있었다(13:7절).

이 같은 절체절명(絕對絕命)의 긴박한 순간에서 마치 29년 전에 엘리 제사장 때에 블레셋과 제1차 전쟁에서 이스라엘이 이겨 보려고 실로의 성막에서 언약궤를 모시고 와 전쟁에 앞세운 것처럼(4:3,4절) 이번에는 하나님께 드리는 제사로 승리해 보려고 번제와 화목제를 드리게 된 것이다(13:9절). 이는 사울에게 있던 자행자지의 건방진 행동이 그대로 표출되어 나온 것이다. 이는 사울의 용서받지 못할 첫 번째 범죄로 제3계명을 범하는 신성 모독죄이다.

사울이 번제와 화목제를 드리기를 마치자마자 제사장 사무엘이 길갈에 왔고, 사울에게 신성모독 죄를 추궁하자 그는 모든 잘못된 것을 백성들에게 핑계를 대고 자기 변명에만 몰두했다. 제사장 사무엘의 크고 깊은 꾸중은 "지금은 왕의 나라가 길지 못할 것이라" (13:14절)라는 사울 왕 가문의 단명(短命)이다. 물론 그는 메시야 언약에 계시된 구속사의 계보가 아니라 언약, 약속을 받지 못한 임시방편의 족보이기 때문에 어차피 오래 지속될 수는 없다. 그러나 사울은 이 범죄로 인하여 단 한 세대도 지나지 못하고 당대에 그치고야 만다. 그럼 사울의 죄, 실무는 무엇인가? ① 평화의 날에 전쟁을 일으켰다는 것이다. 이스라엘과 블레셋이 전쟁을 시작한 것을 블레셋의 침공이 아니라 먼저 사울이 블레셋을 침략했다는 것이다(13:1~4절). 이는 사울이 제1 왕에 오른 지 불과 이년 만이다. 그때 이스라엘 형편으로는 내치(內治 home administration)에 힘써도 시간이 모자랄 것인데 어느 세월이 이웃 나라를 침공할 여유가 있었다는 것인가? 더구나 전쟁을 한다는 선전포고도 없이 평화 공존도 지키지 않은 율법의 불법이다(신20:10~12). ② 백성들과의 계약위반이다(8:6,20절). 이스라엘이 가나안에 입성하기까지는 40년 광야에서부터 가나안 땅 점령하기 7년 동안에 작고 큰, 적고 많은 전쟁을 수없이 겪어 왔다. 전쟁이 신물이 나서 지쳐버린 이스라엘이 사무엘 선지자에게 “이스라엘에도 왕을 주십시오.” 라고 간청한 것도 이 지긋지긋한 전쟁을 겪지 아니하려는 평화의 대처 방법이었다(8:5,6,19~20절). 그것을 방비하기 위하여 세운 왕이 바로 사울이었는데 그가 백성들의 이 한결같은 염원을 깨뜨리고, 먼저 블레셋을 침공하므로 전쟁을 걸었다. 하는 것은 하나님의 뜻도, 백성들에 대한 약속도 거스르고 어기는 계약위반과 다를 바 없다. ③ 사탄의 어두운 심령이다. 사무엘이 ‘길갈’ 이라는 곳에서 사울에게 기름 부어 왕으로 삼고(11:14~15절), 서로 헤어지면서 일주일 후에 다시 이 자리에서 만나 번제와 화목제로 제사 드리자고 약속했을 때에 하나님께서 사울에게 ‘새 마음을 주셨고’ (10:9절), 성령 충만하게 하시므로(10:10절) 선지자들과 같이 예언도 하는 깊은 영감 속에 잠기게 하신다(10:10~13절). 그렇다면 사무엘과 다시 만날 그날을 기다리며 칠 일간 성령님의 임재를 거룩하고, 경건하게 간수했어야 될 일이다. 길갈은 어떤 곳인가? 사무엘의 정치와 종교의 중심지였고(7:16절), 사울이 왕으로 기름 부음 받은 곳이었으며(11:14~15절), 선지자 학교(신학원)가 있는 팔레스틴의 가장 영광스럽고 신령한 곳이다(10:10~11절).

그런데도 사울은 사무엘과 다시 칠 일 후에 영광, 신령한 성지 길갈에서 다시 만나야 할 사울은 이렇게 블레셋과 대전쟁을 벌이려는 사탄의 어두운 심령이 되었는가? 과연 자기가 먼저 전쟁의 불덩이를 블레셋 속에 던져 놓고 길갈로 가서 사무엘과 다시 만나 하나님께 예배드린다면 과연 하나님께서 사탄의 어두운 심령으로 드리는 그 예배를 온전히 받아 흠향하여 주시겠는가? (요4:21~24; 엡2:18). ④ 사무엘과의 약속위반이다. 여기 13:8절에서 '사무엘이 길갈로 오지 아니하매' 는 사울의 조급한 심정을 그대로 나타낸 것이지 그날에 사무엘은 분명히 왔고(13:10절) 도착한 시간에도 분명히 제사도 드릴 수 있는 시각이었다. 그리고 제사 드리거나, 안 드리거나 못 드리는 것도 온전한 제사장 사무엘의 책임이었지 사울이나 백성들의 임무는 아니었다. 사무엘이 칠일간만 사울과 약속하고 제사 드리는 그 시간에 대하여는 서로 간에 의견이 없었다면 사무엘의 약속은 아무 결점 없이 성실히 행한 것이다. 그 기간에 사울이 사탄에게 미혹되어 블레셋과 전쟁을 감행했다는 그 자체가 실로 하나님의 제사에 성실함이 없는 사람이다. ⑤ 망령되고 신성모독 죄이다. 마땅히 왕의 자리에서 폐위되어야 한다. 여기서 신성모독 죄는 3가지이다. 먼저는 사울과 약속을 할 때 번제와 화목 제사는 제사장이신 사무엘이 드리기로 한 것이다(10:8절). 다음에는 "칠일 동안 기다리라" (10:8 下)라고 했다. 그런데도 사울은 온전한 칠일 동안을 기다린 것이 아니라 자기 마음에 맞는 시간만 기다렸으니 이는 사무엘을 무시하여 사무엘이 오는 시간은 기다려 주지 않은 것이다. 그것은 신성한 제사제도법을 거스르고 어긴 불신앙의 교만이다. 그래서 사무엘은 사울을 향하여 "왕이 망령되이 행하였도다" (13:13절). 마지막으로 제사는 반드시 제사장만이 드려야 한다. 그것도 레위 지파에서 아론과 그의 후손만이 대제사장, 제사장의 자격이 있다(출28장~29장). 그런데도 베냐민 지파의 기스의 아들 사울이 사무엘 자리에 올라서서 스스로 제사장 노릇으로 제사 드렸다는 것은 하나님 앞에 망령된 자와 십계명 중에 제3계명의 신성모독 죄가 되는 것이다. 죽음의 죄이다. ⑥ 회개함이 없었다. 자기 범죄를 백성들에게 돌리었고(13:11절), 변명하여 핑계하기에만 바빴고(13:12절), 전혀 회개는 하지 않았다. 문제는 여기 ⑥ 번이다. 철저한 죄의 회개는 심령, 영혼을 하나님께 사죄해 주시는 성령님께 드리는 것으로 두 번 다시 그 죄를 짓지 아니한다. 그러나 사울의 일생 동안 범죄를 살펴보면 사무엘 선지자에게 꾸중을 들을 때에도 다윗의 권면을 들을 때에도 항상 먼저는 변명하고, 다음에는 핑계 대며, 마지막으로는 자기 죄를 백성들에게 전가시키면서 자기 왕위의 보호하는 것만 생각했지 진정한 회개가 없었다. 그래서 그 후로는 그 실수, 그 범죄, 그 사악한 행위를 되풀이하며 계속하다가 마침내는 스스로 멸망의 자리에 휩쓸려 들어가고 만 것이다(히 10:26,27).

셋째: 전쟁의 대치 상태(13:15下 ~23)

이스라엘과 블레셋의 전투적인 대치는 사울 왕의 군대는 처음 이천 명에서(13:2절), 육백 명으로 감소되었고(13:15절), 블레셋은 처음 그대로(13:5절) 세 부대로 나누어져 있었다(13:17~18절). 사울의 처음 군사들의 이천 명이 무려 1400명이나 줄어든 것은 다 전사했기 때문으로 하나님께서 사울과 함께 계시지 아니하셨기 때문이다(11:6,7절과 비교하면 개탄스러운 일이다).

전쟁하는 무기에 있어서도 이스라엘에는 칼과 창은 고사하고 심지어 낫과 쇠스랑마저 없었고, 다만 사울과 요나단에게만 겨우 칼과 창이 있었을 뿐이다(13:22 절). 그러나 블레셋에게는 병거와 마병으로 무장된 군대가 '해변에 모래와 같이 많이' (13:5절) 널브러져 있었다. 물론 성전(聖戰 holy war)에 있어서 모세, 여호수아, 기드온, 입다에게도 무기란 없었다. '여호와의 군대 대장' (수5:13~15)께서 어느 전쟁에서도 함께 계시므로 항상 이기게만 하여 주셨기 때문이다. 사울도 처음에는 그렇게 이긴 때도 있었다(11:11절). 그러나 이제는 신성모독죄를 범하므로 하나님께서 함께 계시지 아니하므로 전투 상태는 완전한 패배이다.

구속사 설교

◈ 사울 왕의 첫 번째 실패 ◈

사울이 길갈에서 왕이 될 때는 겸손, 겸허했었고(9:20,21절), 온전히 제사장 사무엘에게 순종하였다(9:25~27). 그러기에 그는 성령 충만했고(10:6,9절), 선지자 학도들 따라 찬양하며 예언도 함께 하는 신령한 하나님의 사람이 된 것이다(10:10~13절). 그가 왕이 되어 첫 전쟁을 암몬의 나하스 왕 군대와 벌였는데 전쟁 무기가 없었어도 단 하루아침에 적군을 섬멸시키고야 만 것이다(11:11절).

그러고 나서 일주일이 되었다. 사무엘과 길갈에서 서로 만나 번제와 화목 제사를 드리기로 약속했다(10:8절). 그 기간에 사울이 블레셋과 전쟁에서 대패하여 모든 군사를 잃어버리고 그와 동시에 사울은 육체적으로, 영적으로도 첫 번째 큰 실패를 가져온 것이다. 그럼 사울의 첫 번째 실패의 원인은 무엇인가?

1. 배려하는 마음의 부족이었다.

사무엘 선지자의 제안대로 사울 왕을 길갈에서 칠 일간을 기다리기는 했다(13:10절). 그러나 이는 자기 임의대로의 기다림이었지(13:8절), 사무엘이 길갈에 오시기까지의 기다림은 아니었다(13:10절). 사무엘 선지자의 기다림이란? 함께 번제와 화목제를 하나님께 드리는 것의 기다림, 즉 하나님의 영광의 기다림이다. 두 사람이 만나는 인간적인 기다림이 아니라 하나님께 제사드리기 위한 서로 간의 신앙적인 만남이다. 그렇다면 자기 마음에서 오는 기다림, 그 인내심이 아니라 사무엘 제사장이 길갈에 도착하여 함께 예배드리는 그 기다림의 인내가 되었어야 했다.

이 같은 인내심이 있으려면 자기중심이 아니라 상대방을 배려하는 그 기다림이 되었어야 했다. 바울 사도가 말씀하는 아가페(ἀγάπη agape)의 하나님의 사랑의 정의는 '사랑은 오래 참고~~~~ 무례히 행하지 아니하며, 자기의 유익을 구하지 아니하며' 이다(고전13:4,5). 이는 상대방에 대한 먼저 드리는 배려심을 가리킨다. 그러나 사울 왕은 자기중심의 기다림이었지 상대방의 것은 아니었다.

2. 믿음 없는 조급성이었다.

사울이 얼마 전에 암몬 사람 나하스 왕과 대적할 때에는(11:1절) 그들의 오만 무례한 말을 듣고 '하나님의 영에게 크게 감동되어 그의 노가 크게 일어나' (11:6절) 충만한 믿음 가운데 전쟁하니 아무 무기가 없어도 단 하루아침에 전멸시키고야 말았다(11:11절).

그런데 이번 전쟁은 사무엘과 함께 하나님을 모시고 '예배 드리자' 라고 하는 성스러운 약속을 하고 나서 도저히 그 맹세를 지킬 수 없는 전쟁을 칠 일 기간에 사울 스스로가 만들어 놓은 것이다. 이는 하나님을 경홀히 여기는 망령된 일로써 제사장 사무엘도 업신여기는 무시하는 마음이다. 블레셋과 7일 기간에 전투하려면 제사는 취소해야 할 것이다. 사람을 무참히 죽이는 그 살인 전쟁에서 어떻게 하나님께 신령과 진정으로 드리는 예배(요4:23,24)가 나올 수 있겠는가?

또 얼마 전에 암몬과의 전쟁에서 사울이었다면 군대나 무기가 없어도, 오직 믿음으로만 당당히 맞서(11:6~9절), 단번에 무찔러 버리고 말았을 것인데 이번에는 그 같은 믿음이 전혀 없었기에 백성들과 함께 벌벌 떨면서(13:5~7절), 사무엘을 기다리는 그 약속을 팽개치고, 엘리가 전에 언약궤를 믿고 전쟁에 모시고 나갔던 것처럼(4:3~4절), 이번에는 번제와 화목 제사로써 전쟁에 이겨 보려고 주술적인 행위를 한 것이다. 이는 사울의 믿음 없는 조급한 마음, 하나님께 무례히 행하는 망령된 짓이다.

3. 죄를 전가하는 비겁한 것이다.

사무엘이 길갈에 이르러 사울을 만나 "왕이 행하신 것이 무엇이냐" (13:11절)라고 따질 때 세 가지 변명을 한다. ① "백성은 내게서 흩어지고" 이는 백성에 대한 핑계이다. ② "당신은 정한 날에 오지 아니하고" 이는 거짓말이면서 자기 책임과 죄를 사무엘에게 전가시키는 무책임한 태도이다. 분명히 사무엘은 그날 안에 도착했기 때문이다. ③ "블레셋 사람은 믹마스에 모였음을 내가 보았으므로" 이는 믿음도, 용기도, 책임도 가지지 아니하려는 비겁한 변명이다. 이후로 사울에게서는 죽을 때까지 단 한 번도 하나님 앞에나 사람들 앞에서도 회개함이 없었고, 모든 책임과 죄를 핑계 대거나 남에게 전가시키는 데에만 바빴다.

그가 다윗처럼 모든 것이 자기 책임, 자기가 죄인 것을 깨닫고 철저히 회개했다면 메시야 언약에서 계시의 구속사는 이루지 못했다 할지라도 자기 당대에 왕이 끊어지면서 자기와 자녀들마저 비참한 가문의 종말은 보지 않았을 것이다. 자기 책임을 핑계 대거나 죄를 전가시키는 것이야말로 사탄의 가장 큰 유혹이면서 원죄의 근원이다(창3:11~19).

4. 신성 모독죄이다.

대제사장이나 제사장이라도 하나님의 제사를 경홀히 여기는 자는 저주받아 죽었고(레10:1~2), 제사장이 아닌 자가 임의대로 제사 지내다가는 하나님의 엄중한 징벌이 임하였다(대하27:16~23). 모세 율법에서 제사 제도가 마련된 후에는 레위 지파에서 아론의 자손들만 대제사장과 제사장의 성직이 계대로 이루어졌고, 성도, 지성소를 섬기면서 성물들도 지키며 보호하고, 유동시킬 수가 있었다(출27장~29장).

사울은 이스라엘의 왕위에 오를 자가 아니었고, 더구나 제사를 드릴 자는 더욱 아니었다. 사울의 왕위는 유다 지파에서 다윗의 계보에서만 되어야 하고, 제사는 반드시 사무엘만 드려야 했다. 그렇기 때문에 사무엘은 약속되어진 제칠일에 길갈에 돌아왔고, 번제와 화목제사도 드릴 충분한 시간적 여유가 있었다. 그런데도 사울이 믿음이 없는 조급함으로 제사에 참석했다는 것은 하나님의 신성모독으로 망령된 제3계명을 어긴 범죄이다. 그럼에도 끝까지 자기 죄를 핑계 대면서 타인에게 전가시키므로 회개하지 못했다는 것은 이미 왕위 자리에서 폐위된 것을 암묵적으로 가리킨다.

제 14강 사울 왕의 두 번째 실패(2)

본문 : 사무엘상 14장

이스라엘 모든 지파의 열화와 같은 장로들의 강력한 요청에 따라 사무엘 선지자에 의하여 이스라엘의 초대 왕이 된 사울은 왕정 초기에는 그래도 어느 정도 균형 잡힌 제왕으로 성경에서 묘사되어 있다(9:2,21; 11:13절). 그러나 제왕에 오른 지 불과 2년 만에 점차 균형 잡힌 것 같은 신앙인격이 허물어지면서 쓸데없는 만용으로 블레셋과 전쟁을 도모하여 스스로 이스라엘 전체를 대 위란에 처해지게 한다.

우리는 전 장 마지막 단락에서(13:19~23절) 사울이 그 당시 초강국으로 손꼽히던 블레셋 군대에 의하여 더 이상은 버티어 낼 수 없는 마지막 단계에 이르게 되었음을 직감할 수 있었다(13:15~23절). 그래서 만약 사울 왕정 초기에 이르러 이스라엘이 블레셋에 의하여 멸절되어 버렸다면 어찌 될 것인가? 하나님께서 인류 최초로 언약의 조상 아브라함에게 주셨던 메시야 언약 계시의 구속사 진행은 드디어 1,040년 만에 사울 왕 때에 단절하게 된 것이고, 모세에 의하여 시작되었던 출애굽기의 구속사 진행도 400년에 마감하게 되었을 것이다. 이는 창3:15의 언약에서 "옛 뱀. 큰 붉은 용(계12:3,9)" 이 "여자의 후손의 발꿈치" 를 물고 있는 것으로 승리하게 된다.

과연 영원무궁토록 변하지 아니한 하나님의 언약 계시에서(마5:17,18) 이런 일이 초래할 수 있겠는가? (삼상15:29).

그래서 하나님께서는 바짝 마른 나뭇가지에서 살구꽃이 피는 것 같은 대 이적과 기사로(민17:8) 전혀 그때 죽은 자 같은 유명무실(有名無實 The state of being popular with no real benefit)한 지극히 작은 자 사울의 장자 "요나단" 을 들어 꺼져가는 구속사의 심지를 돋워 낸다. 그가 바로 작은 구속사 지킴의 큰 그릇이 되었다.

본 장의 내용 분해는 ① 요나단의 맹활약(14:1~15). ② 요나단의 승리(14:16~23). ③ 사울 왕의 두 번째 실패(14:24~46). ④ 사울 왕의 가문(14:47~52). 등으로 나누어진다. 여기서 요나단은 구속사 진행의 단절을 막은 사사 입다와 같다.

첫째: 요나단의 맹활약(14:1~15)

우리는 전장의 마지막에서(13:19~23절) 블레셋 군대는 매우 강력한 데 비하여 이스라엘 군대는 무기도 없는 것을 살펴보았다. 그럼에도 본 장(14)에서는 요나단이 믿음과 신앙의 용기로써 모든 상태의 불리한 조건에도 불구하고 적진 속에 뛰어 들어가 전투에서 승리하는 장면을 보게 된다.

이는 부친 사울 왕과는 전혀 대조되는 믿음의 실천적 행동이다. 사울은 전황이 불리해지자 인본주의의 서술적 행동으로 신성모독죄를 범했지만(13:8,9절), 요나단은 오직 전쟁의 승패는 군사의 숫자나 무기의 다량에 있는 것이 아니라 오직 이기게 하시는 전능하신 하나님에게만 있는 것으로 알고 과감히 전진 속에 파고 들어간 것이다(14:6). 블레셋과의 전투에서 승리한 요나단의 전승의 비결은 ① 사람을 의지하지 않고 오직 하나님만 믿고 신뢰했다는 것과(14:1,12절), ② 거친 지역과 사나운 지형에도 뚫고 나아갔으며(14:4,5절), ③ 메시야 언약 계시의 구속사는 반드시 이기리라는 전승에 대한 확신이 있었으며(14:6,10,12절), ④ 아주 적은 수효라도 믿음이 있는 자, 하나님만 신뢰하는 자(14:3,7,13절)와 함께 하였고, ⑤ 블레셋을 반드시 이겨야 하는 것은 하나님의 구속사 진행을 계속하여야 하기 때문이라는 목적의식이 뚜렷했기 때문이다("여호와께서 우리를 위하여 일하실까 하노라" 14:6절).

이는 마치 사사 시대에 암몬과의 전쟁에서 사사 입다의 구속사를 보는 것과 방불하다(삿11:21~24 참조). 이렇게 요나단이 자기 앞에서 무기를 든 소년과 함께 블레셋 대군을 물리친 것은 마치 기드온이 삼백 명 군사로써 '골짜기의 메뚜기 떼와 같고, 해변의 모래 알갱이의 수만큼(삿7:12)' 이 되는 미디안 대군을 쳐서 승리한 것과 같다. '여호와의 사자' 이시며, ' 하나님의 군대 대장 '(수5:13~15)이신 그리스도께서 기드온, 입다, 요나단을 사용하시어 지극히 적은 수로도 지극히 많은 대군이라도 쳐서 물리치도록 하신 것은 언약의 메시야 구속사가 가나안 땅에서 단절되지 아니하고 계속 진행되어 마침내 마2:1,2. 요19:30 등을 성취시켜야 될 것이기 때문이다. 성경 66권의 전체 내용은 오직 이것으로만 되어 있다(눅24:27,44; 요5:39,30~31; 롬1:2~4등).

둘째: 요나단의 승리(14:16~23)

이스라엘과 대적하는 블레셋 군대는 병거가 삼만, 마병이 육천, 모인 백성의 수는 "해변의 모래 수만큼이나 많더라" (13:5절)이었다. 사울의 군대는 고작 삼천 명이었기 때문에 중과부적(衆寡不敵 There is no contending against odds)으로 도저히 이길 수 없었으므로 2,400명이 전사하고 이제 남은 군사는 육백 명뿐이었다(13:15절). 이스라엘의 멸망이 풍전등화(風前燈火 candle flickering in the wind) 같은 절체절명의 대위기에 빠져 있을 때 이스라엘을 전쟁의 위란에서 건져내므로 메시야 구속사를 계속 진행시켜 나가도록 한 구속사의 큰 일꾼은 요나단이었다.

구속사의 큰 그릇 요나단이 자기의 무기를 든 소년과 함께 블레셋의 적진 속에 뛰어 들어가자 마치 썩은 볏 집단을 낫으로 베어 들어가는 것처럼 적의 대군들은 "무너져 이리저리 흩어지게" (14:16절) 되었고, 블레셋 군사 간에 자중지란(自中之亂 fight among themselves)이 일어나 서로가 "칼로 자기들의 동무를 치므로 큰 혼란" 이 생겨나기 시작한 것이다(14:20절). 그러면 차라리 패전한 왕답게 사울은 아들이 하는 것만 보고 그냥 방관하면 될 것인데도 그래도 왕이랍시고 이 전쟁에 끼어 들어가려고 한다. 이것이 사울 왕으로서는 오히려 패작(敗作)이 되고 만다. 사울은 명령하여 ① 하나님의 언약궤를 가져와라 하는데(14:18절) 이는 엘리 제사장 때처럼 언약궤를 미신적 주술로 사용하기 위해서이다(4:3,4절). ② 언약궤가 진중에 들어오지 않더라도 적진에서 자중지란이 계속 일어나는 것을 보고는 "네 손을 거두라" 하고 언약궤를 물리친 것은 언약궤를 인간적인 이용가치로만 생각한 망령된 언사이다(14:19절) ③ 블레셋을 물리친 요나단을 만났을 때도 사울은 자기의 어리석은 일에 대하여 일언반구(一言半句 one word) 사과는 하지 않고 오히려 아들을 죽이려고 한 것은(14:21~23절) 오히려 요나단을 시기하고 있거나 자기의 어리석은 것을 감추려고만 하는 철면피한 행동이다(14:43,44절).

셋째: 사울 왕의 두 번째 실패(14:24~46)

범죄한 다윗 임금처럼 자기의 지은 죄를 철저히 회개하면(시6:6; 51:3~7) 예수 그리스도의 골고다 십자가의 보혈로 죄 사함을 받고 성령님께서 인쳐주심으로 그 죄에서 떠날 수 있지만, 사울처럼 지은 죄에 대하여 변명하거나 핑계 대거나 남에게 전가시키면 같은 죄를 두 번, 세 번 되풀이하게 된다(히10:26,27). 블레셋과 전쟁을 일으켜 완전한 몰락 지경에 이르렀다면 아들 요나단이 그 전쟁에서 이기고 있으므로 패전한 임금답게 이제부터는 전혀 간섭하지 않았으면 좋으련만 그래도 왕이라고 요나단의 승리의 전쟁에 간여한 것이 사울 왕의 두 번째 패착(敗着)이다. 이 어리석은 실패는 전쟁하는 병사들에게 억지로 금식시키면서 어기는 자는 맹세하는 저주를 내린다(14:24절). 이는 단식하므로 하나님을 감동하게 하여 전쟁에 이기려고 하는 주술적 행동이다.

그날 온종일 아무것도 먹지 못하고 전쟁만 하였으니 얼마나 배고프고 피곤했겠는가? 냇가의 수풀에 꿀이 흐르는 것을 보고도 왕의 저주가 두려워 아무것도 먹지 못하였다(14:25,26절). 그러나 요나단은 왕의 금지가 내리지 않았을 때 전쟁에 참여했으므로 모르고 먹었고(14:1,27절), 금지 명령의 부당함을 고하고 나서도 먹었다(14:28~30절). 사울 왕의 무모하고 어리석은 금식 명령으로 ① 요나단은 순식간에 하나님께 드리는 서원을 어기는 자가 되어 버렸고(14:28,43,44절), ② 하루 종일 단식하면서 전쟁에 승리한 백성들은 너무나 시장하여 블레셋에서 탈취해 온 소, 양, 송아지를 잡아먹을 때 그만 피까지 먹으므로 부정한 죄를 짓게 된 것이다(창9:4; 레17:10,11; 신12:16,23등).

사울 왕이 끝까지 블레셋과 전쟁하여 그들 나라를 전멸시킨 것인가에 대한 기도를 하나님께 드리자 응답이 없을 때 그 응답 없는 죄가 요나단에게 있는 것으로 밝혀질 때(14:36~42절), 사울은 "여호와 하나님의 이름" 으로 맹세까지 하면서(14:43,44절) 요나단을 척살(刺殺 stabbing to death)하려고 했다. 이것도 너무 경솔한 행동이다. 모든 잘못은 자기에게 있는데 자기 잘못과 허물은 요나단에게 덮어씌워 심지어 하나님의 존함으로까지 맹세하면서 죽이려고 했다. 이는 전혀 가치 없는 맹세로 하나님의 존호(尊號)를 망령되게 한 것이다(마6:33~37).

사울에게 하나님의 영광이 사라지고, 성령님도 떠나가신 후에는 기도의 응답도 없을 뿐 아니라(14:37; 28:5~6절), 그가 하는 일마다 이렇게 실패하게 된다. 아마 그때 백성들의 간곡한 말림이 없었더라면 "지팡이 끝으로 꿀을 조금 맛본 것으로" (14:27, 29, 43절) 하여 사울의 쓸데없는 저주의 맹세로(14:24 절) 하마터면 요나단이 척살 당할 뻔하였다(14:43~45절).

사울 왕 같은 무지하고, 용렬한 지도자, 더구나 족장 이스라엘의 언약 계시로서(창12:1~3; 22:16~18) 오시는 구속사를 계속 진행시켜야 할 막중한 사명의 책임이 있는 왕이 이렇게 무지몽매(無知蒙昧 unenlightened) 하여 영안이 흑암으로 덮여 있다면 그는 마땅히 메시야 언약의 계시의 구속사에서 퇴위(退位)되어야 한다.

넷째: 사울 왕의 가계(14:47~52)

여기 14:47~49절까지는 사울의 혁혁한 전쟁 승리를 논거한다. 이는 틀림없이 사울의 장자인 요나단으로 인하여 그런 전과가 생겼을 것이다. 위급한 전투에서 하나님의 기도 응답도 내리지 아니하는 사울에게서는(14:37절) 그런 전승(戰勝)이란 기대할 수 없기 때문이다(14:38절). 그러나 구속사의 일꾼 요나단이라면 전쟁 승리는 가능한 일이다(14:10,12절).

본문에 기록된 사울의 가계는 내용이 좀 특별하다. 대상8:33에는 사울의 아들이 네 명으로 되어 있다. 그러나 본문 14:49에는 세 명으로 되어 있다. 왜 그러한가? 여기 기록되어 있는 세 아들은 부친 사울과 함께 길보아 전투에서 죽었기 때문이다(31:2,6절). 본문에 기록되지 않은 ' 이스보셋 '(삼하2:8)은 사울 왕의 뒤를 이어 이스라엘의 왕이 되기도 했다(삼하2:8~10). 사울의 딸이 두 딸, 메랍과 미갈만 본문에 나오는 것은 후에 유대 임금이 되는 다윗과 구속사적으로 관계되어 있기 때문이다(18:19,20,27절 참조).

◈ 요나단의 전쟁 승리 ◈

고대 세계에서 이스라엘의 평생 대적자들은 암몬과 블레셋이었다. 이들 나라 때문에 하마터면 가나안에 언약 계시된 구속사가 단절될 뻔하였으니 이 둘은 창3:15에서의 "여인의 후손의 발꿈치를 물고 있는 옛 뱀, 큰 붉은 용" 이다. 그러나 하나님은 그 위급한 전쟁의 누란(累卵 perilous)에서도 전혀 이름 없고, 가치도 없는 자들을 구속사의 도구로 삼으셔서 언약의 땅, 가나안을 지켜 주셨으니 미디안에서는 기드온이요(삿6:12; 7:24~25), 암몬 전쟁에서는 천한 기생의 아들 입다요(삿11:4~11), 여기 블레셋과 사울 왕의 전투에서는 생각지도 아니한 사울의 큰아들 요나단 왕자이었다(14:16~23절). 이 세 개의 전쟁에서 가장 어렵고 힘든 전투는 요나단의 싸움이었다. 기드온과 입다는 전쟁 시작부터 자기들이 도맡아서 전개하는 전쟁이었지만 요나단은 전혀 시작부터 관계치 못한 전쟁이었고, 그가 관계하게 되었을 때는 이미 완전히 패배가 확정된 전쟁이나 다름이 없게 되어 버렸기 때문이다(13:5~7,19~23). 전쟁하는 무기란? 요나단의 앞에서 왕자의 무기를 들고 있는 것뿐이었고(14:6절). 병사도 그 한 소년뿐이었다(7절). 인류 전쟁사에서 도대체 이 같은 전투는 실로 요나단이 전무후무한 것이다.

그런데도 요나단과 따르는 소년이 병거가 삼만이요, 마병이 육천이나 되고 후원하는 블레셋 백성들이 ' 해변의 모래 같이 많은 '자들을 단 한 순간에 깨뜨리고 대승리한 것이다(13:5; 14:13,15절). 그럼 요나단의 전쟁 승리의 비결은 무엇이었는가?

1. 메시야 오시는 가나안의 지킴이가 되었다.

요나단이 처음부터 전쟁하는 사울 왕의 편에 가담한 것은 아니다. 사울의 이천 명 군사들은 기브아 전투에서 천사 백 명이 전사했고, 남은 군병들은 겨우 육백 정도가 되었는데(13:15; 14:2절), 그 병정들은 블레셋의 ' 해변의 모래 같은 '엄청난 군대들을 보고 주눅이 들어(13:5절), ' 굴과 수풀과 바위틈과 은밀한 곳과 웅덩이 '속에 들어가 몸을 숨기고 떨고만 있었다(13:6~7절). 이는 전의(傳意)가 완전히 상실되어 왕의 입에서 항복한다는 말만 나오기를 기다리는 것과 같다.

바로 이같이 절체절명의 풍전등화(風前燈火 a precarious situation)와 같은 때에 요나단은 자기 무기를 든 소년과 함께 일어선 것이다. 요나단이 일어선 것은(14:6절) 부친 사울 왕도, 이스라엘의 병사들도, 그리고 백성들 마저도 아무도 모르고 있었다(14:1절). 다만 요나단은 이스라엘이 무너지면 하나님께서 아브라함과 이삭과 야곱에게 메시야 언약 계시로 주신 구속사가 1043년만에 단절되고, 모세의 출애굽이 400년 만에 완전히 끊어진다는 것을 절감하게 된 것이다.

이 절체절명의 긴급한 사항이 요나단의 심금을 울릴 때 그는 그 자리에서 마냥 멸망하는 조국의 운명을 그대로 두고 볼 수만은 없어 자기 종자와 함께 분연히 일어선 것이다. 그리고는 "우리가 이 할례 받지 않은 자들에게로 건너가자 여호와께서 우리를 위하여 일하실까 하노라" 라고 외친 것이다.

요나단의 이 외침은 "우리 시대에 와서 메시야 구속사 진행을 폐할 수는 없다. 하나님께서는 우리를 위하여 일하려고 하신다." (14:6절). 그러므로 요나단 자기 혼자서라도 메시야가 오시는 이 가나안의 지킴이가 되어야 한다는 것이다.

내가 가나안 땅의 구속사 지킴이가 되려고 한다면 "여호와의 구원은 사람의 많고 적음에 달라지지 아니하리라" 라는 것이다.

이 구속사 지킴이가 된다고 할 때 무기를 든 소년도 요나단과 함께 하겠다고 한 것이다. 이는 실로 메시야가 오시는 가나안 땅의 지킴이가 되기 위하여 129년 전에 일어났던 기드온, 삼십 년 전에 분기했던 입다와 같은 구속사 일꾼들이다.

2. 전쟁을 두려워하지 않았다.

전쟁을 일으킨 사울 왕은 물론 자기 왕과 함께 전투해야 하는 병사들과 그 군사들을 전적으로 맡아 후원해야 하는 백성들마저 블레셋 군대가 두려워 숨기에 몰두했을 때 유독 요나단 만은 "자기의 무기를 든 소년에게 우리가 건너편 블레셋 사람들의 부대로 건너가자" 하면서(14:1절), "여호와의 구원은 사람이 많고 적음에 달려 있지 아니하니라" (14:6절)하고서 전쟁 마당에 뛰어든 자가 요나단이었다.

전쟁하는 군대와 후원하는 백성들이 적군들의 수효가 많고, 무기의 다량을 보고서 두려워한 것은 하나님보다는 할례 받지 못한 인간들을 더 우선적으로 마음에 두었기 때문이다. 그러나 요나단은 자기 부하에게 "우리가 이 할례 받지 않은 자들에게로 건너가자" (14:6절) 라고 한 것은 전쟁은 오직 하나님의 손에 있는 것이기 때문에 하나님만 믿고 의지하면 아무리 강대한 블레셋이라도 이스라엘이 넉넉히 이길 것으로 믿었기 때문이다. 아무리 강한 원수라도 하나님만 믿고 모시고 나가면 "나를 따라 올라오라 여호와께서 그들을 이스라엘의 손에 넘기셨느니라" (14:12절) 하는 승리의 외침이 나오게 된다. 모세 때에 가나안에 들어가기를 두렵고 무서워하면서 벌벌 떨고 있는 백성들이었지만 그러나 여호수아와 갈렙은 그들 앞에서 "여호와께서 우리를 기뻐하시면 우리를 그 땅으로 인도하여 들이시고, 그 땅을 우리에게 주시리라~~~ 다만 여호와를 거역하지는 말라 또 그 땅 백성들을 두려워하지 말라 그들은 우리의 밥이다." 고 안심시켰다. 성도들에게서 그 어떤 대상이라도 놀라거나 두려운 것은 아무것도 없다. 다만 하나님을 믿고 신뢰하는 그 적은 믿음이 나로 하여금 세상을 두려워하게 만드는 것이다.

3. 사울 왕의 믿음 없음을 따르지 아니하였다.

부모의 자녀들은 부모의 하는 일을 배우기 때문에 그대로 따라 행하기 쉽다. 그러나 하나님의 사람들은 그리스도 예수님을 더 배우고, 따르고, 행하기 때문에 부모님의 신앙적 행위는 배우고, 따르지만 신앙적 믿음과 행위가 아닌 것은 믿음도 행동도 따르지 아니한다. 이 믿음과 행위가 요나단의 삶이었다. ① 요나단은 아버지 사울 왕이 사무엘 선지자의 신령하고 거룩한 제사의 언약을 어기고 망령되게 신성 모독한 것을 배우거나 따르지 아니하였다. ② 요나단은 전쟁을 일으킨 자는 사울 왕이었는데 블레셋이 두려워 왕도 군사도 백성들도 다 전쟁을 피하여 숨기에 바빴을 때 요나단만큼 부왕(父王) 사울을 따르지 아니하고 "무기를 든 소년에게 우리가 건너편 블레셋 사람들의 부대로 건너가자" 하고서 홀로 적진 속에 뛰어 들어갔다(14:1,6,12). ③ 맹렬히 전투해야 하는 병사들에게 승리하기까지 금식하라 명한 부왕(父王)의 명을 따르지 아니하고 "지팡이 끝을 내밀러 벌집의 꿀을 찍고" 먹으면서(14:27절), 부왕(父王)의 그릇된 명령이 잘못되었다고 말하기도 한다(14:28~30). ④ 전능하신 하나님을 모시고 있으면서도 우리가 블레셋에게 패하는 것은 우리에게 하나님을 믿고 신뢰하는 그 믿음이 부족하기 때문이라고 했다(14:6, 8~12절). ⑤ 저주의 맹세 자리에서도 죽음을 두려워하지 않고 잘못되어가는 부왕(父王) 사울과 맞서 끝까지 사울 왕으로 하여금 의로운 길을 깨우쳐 드린 자는 아들 요나단이다(14:43~45절). 의로운 요나단은 언제, 어느 때든지 부왕(父王)께서 그릇되게 행할 때는 아무리 요나단 자기를 위해서 한 것이라고 해도 절대 용납하지 않고 그 부당함을 깨우쳐 드렸다(19:4~7; 20:30~34절).

4. 구속사의 후원자이었다.

인간적 이치로만 따진다면 요나단에게 있어서 다윗은 정적(政敵)이다. 다윗만 없으면 이스라엘의 왕권 후계자, 후대는 요나단 자신의 것이기 때문이다. 그러나 요나단은 메시야 언약 사상의 구속사 일꾼이었기 때문에 부왕(父王)의 후계자는 반드시 유다 지파의 사람 다윗이 이스라엘의 왕위에 올라 메시야 언약 계시의 구속사를 끝까지 진행시켜야 된다고 생각하여 부왕(父王)의 다윗에 대한 큰 미움 속에서도 그는 적극적인 다윗의 후원자가 되었었다. 그래서 그는 언약의 땅 가나안의 지킴이, 구속사의 계보자 다윗의 후원자가 되었다(20:13~17,42; 23:15~18절). 만약 메시야 언약 계시가 다윗에게 없었다면(창49:8~10) 사울 왕의 뒤를 이어 요나단이 이스라엘의 두 번째 왕이 된다고 해도 신앙인격으로나, 메시야 구속사로나 나라를 사랑하는 애국, 애민으로도 그는 조금도 부족한 사람이 아니었다.

제 15강 사울 왕의 세 번째 실패(3)

본문 : 사무엘상 15장

하나님은 인간이 죄에 빠졌을 때도 당장에 멸망시키지 아니하시고, 회개할 기회를 주신다. 노아 홍수 때에도 일백 이십 년간의 회개할 기간을 넉넉히 주셨고(창6:3), 소돔과 고모라의 멸망 때에도 두 천사를 그곳에 보내어 마지막 회개의 기회를 주셨으며(창19:1~8), 언약의 땅 가나안도 이스라엘이 침략하여 완전히 몰락시키기까지 무려 676년간의 기회도 주신다(창15:16). 이 같은 회개의 기한을 비단 나라와 민족에서뿐만 아니라 사람마다 다 주신다. 그 사람의 인생 생명의 기한이야말로 하나님께 회개하고 돌아와야 하는 마지막 기회이다. 그러나 사람들은 회개하지 않는다. 깨우치고 돌아오지 아니한다. 사울의 경우를 보면 사무엘이 깨우침을 주었다. 가룟 유다에게는 예수님께서 직접 회개하라고 하셨다. 그러나 사울은 변명했고, 핑계했으며, 자기의 죄를 백성들에게 전가시켰다. 그렇게 되니까 첫 번째 회개, 두 번째 회개 여기 본 장에서는(15장) 마지막 세 번째 회개할 기회마저 잃어버리고, 비참한 운명으로 사라지고 말았다. 가룟 유다도 회개하지 않았다. 오히려 거짓말했고(마26:25), 핑계하고 떠나버리고 말았다(요13:26~30). 사람이 죄를 지어 지옥에 간다기보다는 지은 죄를 회개하지 않으므로 멸망에 스스로 처해진다고 해야 할 것이다.

본 장(15)에 기록된 내용은 사울의 세 번째 실패의 사건으로 그의 두 번째 실패의 사건이 있고 난 뒤에 사무엘이 사울 왕의 곁을 떠났다가(13:15절), 다시 하나님의 명령에 따라(15:1절) 사울을 만난다. 그 사이에는 상당한 세월이 흘러갔을 것이다(23년간 Leon Wood). 그 상당히 긴 세월에서 이스라엘은 군사, 경제, 정치적으로 안정이 되어 있었고(14:47~48,52절), 다시 전쟁을 감행할 수 있는 준비도 되어 있었다(13:2절과 15:4절의 비교). 23년 전 블레셋과 큰 전쟁이 있고 난 뒤 사무엘이 다시 사울을 만난 것은 그에게 전에 있었던 과오, 실패를 만회하고, 회개할 수 있는 기회도 주기 위함이었으나(RP smith), 이미 성령님이 떠나버리신 그였기에 기회의 만회가 아니라 오히려 그의 멸망을 결정적으로 만든 것이 되고야 말았다. 이른 봄에 내리는 단비는 생명 있는 초목들에는 생명수가 되지만, 죽은(썩어가는) 고목에는 오히려 더 썩어짐을 재촉할 뿐이다.

본 장의 내용은 ① 사울의 불순종(15:1~9) ② 사무엘이 사울을 책망(15:10~23) ③ 사무엘과 사울의 영영한 결별(15:24~35) 등으로 분류된다.

첫째: 사울의 불순종(15:1~9)

하나님께서는 사무엘 선지자를 통하여 사울 왕에게 명령하여 아말렉 족속을 진멸하라고 하셨는데 이는 이스라엘이 출애굽하여 가나안을 향하여 갈 때 이방인 중에서도 가장 잔인하고 사악하게 선민들을 공격했는데(출17:8~16), 심지어는 뒤따라오는 연약한 자와 아기를 안고 있는 부녀자들까지 쳐서 죽이었기 때문이다(신25:17~19).

여기 아말렉(עֲמָלֵק)은 에서의 손자 '에돔' 의 자손들로서(창36:12,16) 유다 남부 광야 지역을 지점으로 유목 생활을 하면서 다른 민족들을 상대로 약탈을 일삼는 호전적(好戰的) 족속이다(오바댜서 참조).

아말렉은 메시야 언약 계시의 구속사에서뿐만 아니라 그 당시 세계의 평화 공존의 질서에서도 화평을 깨는 사악한 집단이었기 때문에 반드시 쳐서 없애야 할 사탄의 짐승들이다(계12:3,13:1~4). 하나님께서 사울에게 "아말렉을 쳐서 그들의 모든 소유를 남기지 말고 진멸하되 남녀와 소아와 젖 먹는 아이와 우양과 낙타와 나귀를 죽이라" 라고 하신 것은 어떤 전쟁보다도 아주 심하고 철저한 무서운 전투인 것을 가리킨다(15:3절). 또한, 사울 왕에게 내리신 하나님의 명령은 그 어떤 때에 누구에게라도 그러하신 일이 없을 정도의 아주 강하시고 지엄하신 명령이시다. 또한, 신중하고도 책임성 있는 단호하신 분부이시다. "(사울) 왕에게 기름을 부어 그의 백성 이스라엘 위에 왕으로 삼으셨은 즉" (15:1절)이시다. 어쩌면 여기 세 번째에서 그동안 첫째와 두 번째 실패를 만회하고도 남은 회개의 기회가 있지만, 이 세 번째마저 실패하고 거스른다면 다른 용서의 기회는 없다는 것을 나타내고 있는지도 모른다.

여기 6절에서 사울이 '겐(학케니 הַקֵּינִי unto the Kernites)' 사람을 아말렉 사람 중에서 떠나라고 한 것은 그들은 모세의 처족으로서(삿1:16; 4:11), 이스라엘이 출애굽 할 때 동행하면서 길을 안내하였고, 또 같이 싸워주기도 한 신의가 있는 백성이었기 때문이었다(민

10:29~32). 사울은 사무엘이 전한 하나님의 명령에 따라 "아각을 사로잡고 칼날로 그의 모든 백성을 진멸하였으되~~~ 아각과 그의 양과 소의 가장 좋은 것 또는 기름진 것과 어린 양과 모든 좋은 것을 남기고 진멸하기를 즐겨 아니하고 가치 없고, 하찮은 것" 만 진멸한 것이다(15:8,9절). 여기에서 적군에게 대한 하나님의 명령은 각양이시었다. ① 남자만 죽이라(신20:13). ② 유부녀는 죽이고 처녀는 살려둘 것(민31:17,18; 삿21:11,12). ③ 사람은 다 죽이고, 가축은 살려둘 것(신2:34~35), ④ 사람과 가축을 다 죽인 것(신32:25) 등이신데 아말렉에 대해서는 ④번에 해당되는 것으로 심지어 젖 먹는 갓난아기와 가축의 새끼와 모든 소유물까지도 남기지 말라고 하신 것이다(15:3절). 그렇다면 사울은 하나님의 말씀에 순응은 하였으나 전적인 순종은 하지 않은 것이다. 이 망령된 행동은 인간에게 원죄를 전가시킨 하와와 같다. 그녀는 하나님의 말씀 전체를 듣고 지킨 것이 아니라 자기가 좋다고 생각한 정도로만 지키고 나머지는 사탄(뱀)에게 건네어 넘겨주었다.

사울도 하나님의 말씀이 순종의 전체가 아니었다. 하나님의 지고지순(至高至純 sublimity)하신 명령이시라도 그 말씀의 순종 여부의 판결을 자기 자신에게 있었다. 순종하는 것은 자기 기준에 맡기 때문이요, 듣지 아니한 것은 자기 마음의 기준에서 벗어났기 때문이다. 하나님이 절대 명령자가 아니라 그 판단은 자기 마음이 절대 기준자가 되었다. 이것이 사울 왕 자신의 절대 기준의 가치이기 때문에 아무리 하나님이시라도 사울 왕 자기 자신의 기준을 무너뜨릴 수는 없다는 자율주의의 자기 의지이다. 이는 첫 번째 죄의 실패와 같다. 칠일 후에 번제와 화목 제사를 하나님께 드리는 제사의 그 시간(10:8; 13:8,9절)은 사무엘에게 있는 것이 아니라 사울 왕 자기 자신에게 있다고 생각했기 때문에 드렸으니 전혀 잘못된 것이 없다고 생각하고 있는 사울이다.

이번에도 하나님께서는 아말렉에게 속한 것은 모두 다 진멸하라고 명하셨지만 그 말씀을 듣고 따라야 할 상대는 사울 왕 자기 자신이었기 때문에 자기 자신의 기준에 따라 자율주의(自律主意 self~regulation) 의지에 따라 행하였으니 전혀 잘못된 것이 없다는 태도이다. "가치 없고 하찮은 것만 진멸" 하여도 하나님의 마음을 풀어 드렸으니 되었고, 아말렉 왕 아각을 살려준 것도 이미 그 나라가 다 멸망당하였고, 또 사로잡아 온 이상 이제는 힘을 쓰지 못할 것인데 구태여 죽일 것 없지 않느냐 하는 사울의 마음이었다.

이는 인간의 자율주위에서 원죄를 전가시킨 아담 부부의 범죄와 같다(창2:17). 아무리 하나님의 지고지순하신 하나님의 명령이라도 그것을 따르고 행해야 하는 것은 인간의 자율주의 의지에 합당해야 한다는 것이다. 부패하고, 타락한 심령이다.

둘째: 사무엘이 사울을 책망함(15:10~23)

온 이스라엘이 사무엘 선지자에게 나아가 자기들에게도 이방인들처럼 백성을 다스릴 왕을 세워달라고 아우성칠 때 사무엘은 "너희가 만일 여호와를 경외하여 그를 섬기며 그의 목소리를 듣고 여호와의 명령을 거역하지 아니하며 또 너희와 너희를 다스릴 왕이 너희의 하나님 여호와를 따르면 좋겠지만 너희가 만일 여호와의 목소리를 듣지 아니하고 여호와의 명령을 거역하면 여호와의 손이 너희의 조상들을 치신 것 같이 너희를 치실 것이라" (12:14,15절)라고 경고한 사무엘의 예고가 드디어 사울의 불순종과 거짓된 보고로 현실화되고 말았다. 사무엘이 범죄한 사울을 만나 책망하려고 하기 전에 먼저 하나님께서 사울을 왕의 자리에서 폐한다는 폐위선언이 사무엘 선지자에게 알려진 것이다(15:10,23절).

"내가 사울을 왕으로 세운 것을 후회하노니" (15:11절) 이 말씀은 하나님께서 먼저 스스로 원하셔서 세우신 것이 아니라 "이스라엘 모든 장로가 모여 라마에 있는 사무엘에게 나아가서~~~ 모든 나라와 같이 우리에게 왕을 세워 우리를 다스리게 하소서" (8:4~5절)라고 간청하였으므로 하나님께서 마지 못하심으로 세웠지만, 어찌 되었든지 이스라엘에게 왕을 허락하신 이는 하나님이셨으므로 하나님께서 지금은 그것을 후회하노니(니하므티 נִחַמְתִּי 후회하노니 It repenteth 나함 נָחַם 뉘우치다, 후회하다) 하신 것이다. 여기서 "내가 후회한다" 는 언어는 하나님의 전지전능하신 하나님의 완전하신 속성에 거스르는 단어이다. 그러므로 "(I am grieved 내가 근심하노니 N.I.V.)" 로 되어야 한다. 이는 인간의 표현으로는 하나님의 전지하신 속성을 다 나타낼 수 없으므로 '의인 화법 Impersonation, anthropomorphism' 으로 사용한 것이다(창6:6,7참조).

마침 사무엘이 사울을 만나려고 가는 그때 사울은 자기가 아말렉을 이겼다는 승리의 기념으로 기념비(야드 יָד)를 세우고 있었다. '자기를 위하여' 는 하나님 영광의 기념비가 아니라 자기 스스로 높아지려는 교만의 우상주의이다. 왕위에 오른 지가 얼마나 되었다고 벌써부터 인본주의로 가고 있으니 참으로 구제 불능의 사람이다. 이렇게 스스로 자만심, 교만의 자고심이 팽배한 자가 과연 하나님께서 사무엘을 통하여 내리시는 책망과 징계를 달게 받을 수 있겠는가? 과연 사무엘이 사울을 만나자마자 ① 자기를 변명하기 시작하였고(15:13~15절) ② 지난 밤에 하나님의 꾸중이 사울에게 내려졌다 할 때도 사울은 백성들에게 자기 죄와 허물을 전가시키기에 바빴고(15:16~22절) ③ 사울은 이제 하나님에 의해 폐위되었다 할 때도 핑계 대었으며(15:24절) ④ 회개하기보다는 왕의 자리에서 쫓겨날까 봐 사무엘의 옷자락을 붙잡고 사정한다(15:25~). 벌써 이십 년 이상이 지나갔지만, 일차 때 실패(13:8~13절), 이차 때 실패(14:24~46절)에도 변명하고, 핑계대고, 자기 범죄를 백성들에게 전가시킨 그 비겁하고 무책임한 범죄가 이십 수년이 지나간 제3차 범죄에도 그대로 계속된다. 오히려 일, 이차 때보다도 한 가지 더 늘어난 것이 있다면 왕위에서 파직당하지 않으려고 사무엘의 옷자락이 찢어지기까지 사정하는 염치와 체면이 더해진 것이다(15:24,25,27,30~31절). 이쯤 되면 한 나라의 왕이라기보다는 존위와 품위가 완전히 땅에 떨어진 굴러다니는 돌멩이보다 더 못한 추한 자이다. 어찌 인간 사울 왕뿐이랴?

누구든지 범죄한 후의 다윗처럼 '눈물로 침상을 띄우며' (시6:6,7절) 죄의 고통으로 '사지가 떨려 뼈마디가 쇠약하여지도록' 회개하는 대신(시31:9,10; 38:1~7) 사울처럼 변명하고, 핑계 대고, 자기 죄를 전가시키게 되면 다 이같이 비겁하게 되어 추한 꼴 인생이 된다. 다른 군상(群像)들은 내가 알 바가 아니나 세상에서 가장 추하고 비참한 사람은 사울 왕처럼 하나님께서 쓰시는 것 같았으나 자기 범죄로 버림당하여 목회 말년에 그 영혼이 갈 곳이 없이 된 자들이다. 그대! 깊이 추고(追考)하라.

셋째: 사무엘과 영원한 결별(15:24~35)

하나님께서 "내가 사울을 왕으로 세운 것을 후회하노니" (15:11절) 하실 때 이 절망의 말씀을 듣는 사무엘은 모든 책임이 자기에게 있는 것을 절감하고 "근심하여 온 밤을 여호와께 부르짖으며" 절규한다. 하나님께 대한 민망하고, 황송하고, 죄스러운 마음을 감당할 수가 없었기 때문이다. 또한, 조국의 운명이 캄캄하기도 했기 때문이다. 사무엘이 사울을 만나려고 아침 일찍이 일어나 만났지만 역시 자기 변명만 늘어놓았지 회개하기는 고사하고 반성하고 뉘우치는 기색도 없었다(15:20~21절). 그래서 사무엘은 "순종이 제사보다 낫고 듣는 것이 숫양의 기름보다 나으니 이는 거역하는 것은 점치는 죄와 같고 완고한 것은 사신 우상에게 절하는 죄와 같음이라" (15:22,23절) 신앙의 명언 계시를 전함과 동시에 "왕이 여호와의 말씀을 버렸으므로 여호와께서도 왕을 버려 왕이 되지 못하게 하셨나이다" (15:23절)

하는 사울의 왕위 폐위가 되었음을 선언한다. 그리고는 사로잡아온 아말렉 왕 아각을 척살하고(15:32~33절), 고향 라마로 떠나간 후 다시는 사울과 만나지 아니한다(15:34~35절).

◎ 버림받은 사울 왕의 죄 ◎

하나님 메시야 언약 계시의 예정론적 구속사(창49:8~10)로 볼 때 사울 왕의 계보는 메시야 언약 계시의 계보가 아니므로 언젠가는 언약 계시된 예정론적 정왕 즉 유다 지파의 "의로운 왕" 이새의 아들, 이새의 뿌리가 싹이 나면(사11:1,10), 그 왕가에 자리를 물려주고 베냐민 지파의 '기스' 가문(삼상9:1)은 스스로 왕의 자리에서 떠나야 한다. 그러나 이왕에 왕의 자리에 올라왔으니 베냐민 지파 기스의 가문에서 그래도 몇 세대 정도는 이어갈 수도 있었다. 사울이 아니고 그 아들 요나단이라면 신앙 양심의 사람, 구속사의 도우미, 한 민족의 영도자가 될 충분한 자격을 갖추었기에 요나단 시대, 또는 사울 왕의 손자 므비보셋은(삼하9:10) 왕이 되어 적어도 삼대까지는 왕위에 오를 수도 있었다.

그런데도 기스의 가문에서 사울 한 사람만 왕위에 올라 베냐민 지파의 왕좌가 당대에 그치고 만만 것 사울 왕의 범죄가 하나님 앞에서 너무 컸기 때문에 하나님께서 기스의 가문과 베냐민 지파의 왕조를 폐지시켜 버리고 만 것이다(15:11,23,28,35절). 사울과 그 가문이 버림당한 원인은?

1. 자율주의적 자기 의지였다.

이스라엘 백성들이 왕의 제도를 하나님께 요구했을 때 하나님께서 가장 크게 염려하신 것은 여기에 있었다. 하나님만 왕이시면 무조건 하나님의 명령만 따르겠지만 인간 왕이 생겼을 때는 그 왕의 생각에 따라 하나님의 지시와 명령은 달라진다. 그러면 이스라엘은 신정국가 체제가 아니라 인본주의 왕정국가가 되고 만다(8:7,18~22절). 사울 왕은 사무엘로부터 아말렉을 치는데 생명 있는 모든 것들 즉 갓난아기부터 짐승의 새끼들까지 다 '진멸하라' 라는 여호와의 명령을 듣는다(15:3절). 왕이 없는 선지자 시대라면 그대로 되었을 것이다. 그러나 사울 시대는 그대로 안 된다.

사울이 사무엘이 전하는 하나님의 명령과 지시를 받았을 때 이제는 자기가 이 나라를 다스리고, 치리, 치도 하는 군주이기 때문에 하나님의 명령과 자기 자유의지를 견주어 생각해 본다. ① 왜? 다 죽여야 하는가? 가축들에게 무슨 죄가 있는가? 사울이라는 이성적 자율주의의 자기 의지적 견해에서 생각할 때는 다 죽이는 것보다는 국가적인 재산 가치로나 하나님께 드리는 제사용품으로도 좋고, 건강하고, 가치 있는 것은 남겨두고 약하고, 상품 가치가 없는 것만 죽여도 되겠다는 생각이 든 것이다. 오히려 자기 생각이 하나님의 명령보다 낫다고까지 생각하게 된 것이다. ② '왜 아말렉 왕 아각을 죽여야 하는가? 나라가 망했는데 그에게 무슨 힘이 있겠는가? 오히려 살려두는 것이 나중에 쓸데도 있을 것이다.' 라는 생각이 들어 살려둔 것이다. 이렇게 되면 이제부터는 인간 왕권이 하나님의 신권을 능가하여 이스라엘의 치리자는 명실공히 사울 왕 자신이고 하나님은 사울 왕을 돕는 모사나 참모 정도에 지나지 않게 된다. 아담과 하와의 원죄가 무엇인가? 그들의 자율주의적 자기 의지가 창2:17을 해석할 때 반드시 그렇게는 되지 않으리라는 것이다. 하나님은 먹으면 반드시 먹는 자와 그 후손도 영원한 사망이 온다고 경고하시고, 뱀은(나의 친구) 먹어도 죽지 아니할 뿐 아니라 오히려 선악과를 먹게 되면 "너희 눈이 밝아져 하나님과 같이 된다." 라고 한다(창3:5). 이 두 가지 견해를 판결할 자는 "자의 자유의지이다." 라는 아담과 하와의 자율주의적 자유의지가 발동하게 된 것이다.

사울은 하나님의 말씀에 순종했다. 하나님의 언약의 계시 안에서 무조건 다 순종한 것이 아니다. 자율주의적 자기 의지의 판단에서만 한 것이다. 이는 하와의 원죄를 그대로 받은 것이다.

2. 자신의 공로주의였다.

사울이 처음 이스라엘 왕으로 택함을 받을 때는 사무엘 선지자에게 자기는 이스라엘의 모든 지파 중에 가장 작은 지파인 베냐민 지파이고, 자기 가문은 그 작은 지파 중에서도 가장 미약한 지파라고 하였다(9:21절). 또 기름 부음을 받고 나서는 자기를 나타내지 않기 위하여 "짐보따리들 사이에 숨어 있었다" (10:22절). 이같이 온유와 낮아지는 자세로 암몬 왕 나하스와 전쟁을 할 때 하나님께서 이기게 하심으로 단 하루아침에 암몬을 치니 전군이 다 멸망하고 말았다(11:10,11절). 그때는 자기로 인한 전쟁의 승리가 ① "여호와께서 모든 이스라엘 중에 구원을 베풀어 주셨다." 하므로 모든 공로를 하나님께 돌리면서(11:13절), ② 모든 백성들과 함께 하는 공동체적 일심동체였었다(11:14,15절).

그러던 그가 이십 수 년이 지난 후에는 초심(初心)을 잃어버리고, 몇 번 전쟁 중에 이번에 겨우 한 번 이겼는데도(13:5~7,19~23절) 마치 항상 이긴 것처럼 기고만장하여 하나님의 영광 대신에 자기 공로를 내세우기 위하여 기념비까지 세운 것이다. 여기 "자기를 위하여 기념비를 세우고(맛치브 로 야드 מַצִּיב לוֹ יָד/나짜브 נָצַב 세우다, 설립하다/로 לוֹ 자기를 위하여/야드 יָד 손, 능력 monument)" 는 하나님이 받으셔야 할 영광을 자기가 차지하면서 세운 기념비인데 '두 손을 높이 치켜든 석상' 이었다. '나의 두 손으로 원수를 물리쳤다' 라는 인간 공로주의이다.

인간 교만 중에 최고의 교만은 하나님의 영광을 가로채서 자기의 것으로 삼는 것인데 이는 하나님의 신성모독의 제3계명이다. 교만 이상의 오만(傲慢)으로 사망에 이르거나(행12:21~23) 패망하여 자기 자리에서 쫓겨난다(15:12,26,35절).

3. 회개가 없었다.

그리스도인들의 교리 중에 "죗값은 사망이다.", "죄를 짓는 자는 지옥 간다." (롬 6:23)라고 한다. 옳은 말이면서도 한 가지 전제가 빠져 있다. "죄짓고서도 회개하지 않으면 사망에 이르고 지옥에 간다." 라고 해야 한다.

인간이 죄지었어도 참되게 회개할 때는 그리스도의 골고다 십자가의 보혈로 죄 사함 되기 때문에 지옥에 가지는 아니한다. 그러나 회개하지 못하는 죄도 있다. ① 성령 훼방 죄(마12:31,32; 막3:28~29) ② 고범죄(시19:13) ③ 짐짓 범한 죄(히10:26)등 세 가지 죄이다. 왜 이 세 가지 죄는 죄 사함이 안되는가? 죄의 회개가 되지 않기 때문이다. 죄를 회개할 수가 없다는 것이다. ① 인간이 죄를 회개하려면 회개의 영이 되시는 성령님이 임하셔서 죄를 회개하도록 이끌어 주셔야 하는데 회개의 영이 되시는 성령님을 거스르고 모욕하는데 어떻게 그 사람에게 회개할 수 있도록 하시겠느냐? 하는 것이다. 그러므로 누구든지 성령님을 모독하면 죄 사함이 없다. ② 고범죄는 일부러 짓는 죄이다. 고의로 죄를 짓고 있는데 어찌 죄의 회개가 나오겠는가? ③ 짐짓 범한 죄는 기쁨으로 죄짓고 싶어서 짓는 죄이다. 그러므로 회개할 수가 없다.

사울이 왕위에 오를 때의 갖는 처음 마음이었다면(9:21; 10:22절) 첫 번째, 두 번째 때도 자기 죄에 대한 변명이나, 핑계나, 죄의 전가가 없었을 것이나 그 죄에 대한 회개가 없었기 때문에 세 번째 실패 때에도 그 죄를 계속 되풀이한다. 그러면서도 첫 번째, 두 번째 실패할 때와 같이 이번에도 죄의 회개는 하지 아니하고 자기 변명과 조건에 대한 핑계와 죄를 백성들에게 전가한다(15:13,21,24절). 이렇게 신용이 없고, 깨닫지 못하고, 회개도 없으니 어찌 하나님이 이런 자를 그대로 두시겠는가? 왕의 자리를 거두시고야 만다.

◈ 사울의 거짓된 회개 ◈

세상에서는 잘못된 것에 대하여 반성하거나, 깨닫거나, 뉘우치거나 또는 후회한다고 하지만 회개한다고는 하지 않는다. 이는 그리스도교만의 독특한 용어로써 인간이 하나님을 대상으로 하는 용어로써 잘못된 것을 고치고 하나님께 돌아오는 용어이기 때문이다. 성경에서 다윗 왕처럼 참된 회개가 있는가 하면 사울 왕처럼 거짓된 회개도 있다. 참된 회개에는 진심을 담은 눈물의 통곡이 있고(시6:6), 두 번 다시 같은 죄를 짓지 아니한다(시51:7~12). 그러나 거짓된 회개에는 진심이 아닌 핑계가 있으며 다시 죄를 또 저지른다. 사무엘상 전체를 보면 하나님 앞에서나 인간(다윗) 앞에서 사울이 죄를 회개한 것 같은데 알고 보면 그것은 거짓이었다는 것이 드러나게 된다. 사울의 회개는?

1. 말뿐인 회개이다.

본 장 삼상15:24절을 보면 사울의 입에서 난생처음으로 사무엘 선지자에게 "내가 범죄하였나이다." 라는 말을 하므로 '회개하고 있구나' 라고 생각할 수도 있다. 첫 번째, 두 번째 실패에서도 자기가 하는 모든 일들을 다 잘한 것으로만 생각하고, 잘못되었다고 할 때도 그 잘못된 것에 대한 변명으로나 핑계로나 다른 사람들에게 그 잘못을 전가하는 것으로 그쳤지 여기 15:24절처럼 "내가 범죄하였나이다." 라고 말한 적이 단 한 번도 없었기 때문이다. 그러나 24절도 앞과 뒤를 자세히 살펴보면 전혀 회개가 아닌 것이 드러난다. 왜 그러한가? 하면 말로는 "내가 범죄하였나이다." (15:24절)라고 하면서도 "내가 여호와의 명령과 당신의 말씀을 어긴 것은 내가 백성을 두려워하여 그들의 말을 청종하였음이니이다." 라고 하기 때문이다. 이 변명은 '내가 백성을 두려워하여 그들의 말을 청종하다' 보니까 하나님의 명령을 거스른 것이 되었으니 '내 범죄는 바로 백성들 때문이요.' 라는 핑계이다. 또 한 가지는 사울의 회개는 억지로 그러한 것이지 진심을 담은 참된 회개가 아닌 것이 드러나는 것은 25절이다. 사무엘 선지자로 하여금 "내 죄를 사하게 하고~~~ 나로 하여금 여호와께 경배하게 하소서" 하므로 타인을 의뢰할 때 자기 회개가 나온다는 것이다. 세상에 이러한 죄의 회개는 없다. 그러므로 그것은 회개가 아니다. 같은 회개라고 해도 다윗은 단 한 번도 그렇게 하지 않았다. "내가 주께 죄를 범하였나이다" (시38:3~5; 51:3~5) 하면서도 ① 죄짓게 된 원인도 ② 그 이유도 ③ 그 까닭이나 조건도 ④ 소위 "~~~ 때문에" 라는 핑계나 전가도 없다. 참된 회개는 입의 말에서 되는 것이 아니라 마음에 담겨 있는 진실한 심령에서 나오는 것이어야 한다. 그것이 바로 마음의 제사이며 경배적인 행동이다.

2. 인간중심의 회개이다.

사람이 사람에게 죄를 짓는 것도 사실은 하나님께 죄를 범하는 것이다. 그래서 나단 선지자가 다윗의 죄를 심히 책망할 때에 "다윗이 행한 그 일이 여호와 보시기에 악하였더라" (삼하11:27) 하였고, ① "네가 여호와의 말씀을 업신여기고" (삼하12:9) ② "네가 나를 업신여기고" (삼하12:10), ③ "나 보기에 죄를 범하였다" (삼하12:9절)라고 한 것이며 다윗 또한 죄를 회개할 때 "내가 여호와께 죄를 범하였나이다" (삼하12:13; 24:10; 시32:5; 51:4)라고 하면서 하나님만 바라보고 참회한 것이다. 그래서 유대인의 5대제사 중 '속죄제' 는 사람이 하나님께 지은 죄를 사함받는 제사이고 '속건제' 는 사람이 사람에게 지은 죄도 하나님으로부터 사함받는 제사이다. 그러므로 로마 가톨릭에서 신부에게 죄를 고하는 고해성사(告解聖事 confession)는 어떤 이유로도 성경에 전혀 합당치 못한 회개이다. 하여튼 회개의 대상은 하나님이시고 회개 자는 인간이다. 그렇게 성경과 교리상으로 보면 사울은 전혀 회개한 것이 아니다. 하나님만 대상으로 참회하지 아니하고, 사무엘을 중심으로 하는 인간 대상이었고(15:25절), 사무엘을 의지하고, 사무엘만 신뢰하는 인간중심의 경배 사상이었다(15:25절). 그렇기 때문에 사무엘 선지자는 자기를 믿고 거짓으로 회개하려는 사울의 망령된 하나님 경배 사상을 여지없이 끊어버린 것이다(15:26절).

3. 탐욕적인 회개이다.

죄 지은 자의 참된 회개의 진부(眞否)는 다만 '하나님으로부터 버림당하지 아니할까' 하는 하나님과의 친교단절과 '그리스도의 교제에서 떨어지지 아니할까' 하는 염려와 걱정 그리고 두려움이지 다른 것에는 거의 관심을 두지 아니한다. 다윗의 범죄 후의 회개가 참된 것이라고 단정 지을 수 있는 것은 자기에게서 '주의 성령을 거두어 가시므로' '하나님으로부터 버림당하지 아니하는가' 하는 그것뿐이었다(시51:11). 왕의 자리에서 쫓겨나고, 백성들로부터 외면당하고, 심지어 죗값으로 병들어 죽는 것까지도 큰 문제는 아녔다. 자기에게서 그리스도께서 계시면 세상의 모든 것이 다 축복이지만 그리스도께서 떠나가시면 세상의 모든 것들이 자기에게는 원수가 된다고 생각한 것이다.

참 회개의 안목에서 사울을 보면 그의 회개는 거짓이요, 외식이기 때문에 오히려 가증스럽게 보인다. 사무엘의 입에서 "왕이 여호와의 말씀을 버렸으므로 여호와께서 왕을 버려 이스라엘의 왕이 되지 못하게 하셨음이니이다" (15:26,28절)라고 최후통첩을 보냈을 때 그는 다윗처럼 하나님 앞에서 버림당하는 것보다는 오히려 "왕의 자리에서 쫓겨나게 되었다." 라는 그 퇴위에만 관심을 두고는 사무엘의 겉옷 자락이 찢어지도록 퇴출당하지 않게 하여 달라고 부탁하고 또 매달린 것이다(15:27,30절).

사울의 탐욕적인 왕권은 이번뿐만 아니라 블레셋과의 전쟁의 실패에서도 드러난다. 길갈에서 제사장 사무엘을 월권하여 번제와 화목제사를 드린 후에 사울의 왕권이 하나님의 버리심으로 말미암아 단명으로 끝난다고 할 때도(13:13,14절), 육백 명 군사를 데리고 만용을 부린다(13:15~18절). 참된 회개는 오직 범죄한 자신의 애통과 통곡의 눈물밖에는 없다. 그리스도에게서 멀어지고, 하나님과의 친교에서 떨어져 나가지 않을 것인가만 생각한다(시51:10~12). 그러나 외식적이고, 가증스러운 거짓 회개는 현재에 있는 명예, 존귀, 자리에만 연연한다. 놓치지 않으려고 발버둥 친다. 가룟 유다는 자기의 체면, 입장, 명예만 생각하여 뉘우치고, 반성함으로 자살해 버렸으나(마27:3~5; 행1:16~18) 베드로는 예수님의 예고의 말씀과 예수님을 뵈옵고 난 후에는 밤이 새도록 통곡하여 심히 회개하는 눈물이었다(눅22:61,62).

제 16강 다윗의 기름 부음 받은

본문 : 사무엘상 16장

인간적인 세대적인 왕권으로만 보면 이스라엘의 초대 왕 사울이 하나님 앞에서 여러 가지 불미스러운 행위를 보이므로 폐위되고 이제는 하나님의 마음에 합당한 자(삼상16:12,13) 다윗에게 전위되는 것같이 보이지만 태고(太古)적부터 시작되는 메시야 언약 계시의 예정론적 구속사로 보면 이는 독생자를 세상에 보내시기 위한 아브라함 계보의 두 번째 거보(巨步)이다(창12:1~3; 49:8~10; 사11:1,10; 마1:1).

하나님께서는 버림받아야 할 사울로 인하여 슬픔과 고통에 몸부림치고 있는 사무엘에게 베들레헴 고을의 이새의 아들 중 하나를 택하여 이스라엘 왕으로 세우시기 위하여 그곳에 보내신다. 이새는 메시야 언약 계시의 구속사 지침으로 예정된 보아스와 룻의 종손이다(룻4:21,22; 사11:1,10).

보냄 받은 사무엘이 이새의 집에서 다윗을 만날 때에 다윗은 십오세 정도의 소년이었다. 다윗 소년이 비록 기백(氣魄)과 무용(武勇)과 구변(口辯)을 갖추었다고는 하나(16:18절) 아직은 나이도 어리고 목동에 불과했던 그가 쟁쟁한 일곱의 형들을 제치고 선민 이스라엘의 두 번째 임금으로 예선된 사실은 태고적부터 예정된 구속사적인 하나님의 계획이 그에게 있었기 때문이시다.

사울이 백성들의 인본주의적인 사고 속에 자리를 잡고 있으므로 세속사적으로 왕이 되었다면 다윗은 하나님의 구속사적인 예정 속에 자리를 잡고 있었으므로 예시야 언약 계시로서 선민의 임금이 된 것이다. 세속사(크로노스 χρόνος)는 구속사(카이로스 καιρός)를 담지 못하므로 오히려 구속사를 준비시키고 자진해서 물러간다. 사울은 왕이 되었지만, 다윗이 이스라엘에 온 후에는 반드시 다윗에게 자리를 물려주고 떠나야 하는데 자기 사명을 완전히 폐퇴시키고 비참한 상태로서 떠났으므로 구속사에 큰 오점을 남기게 되었다. 한편 다윗이 사무엘로부터 기름 부음을 받으면서 '여호와의 영에게 크게 감동' 된 것은(16:13절) 사울에게 임하셨던 성령님이 그를 떠나 다윗에게 옮겨간 것을 가리킨다(10:10; 15:26; 16:14절).

내용 분해는 ① 사무엘이 베들레헴으로 들어감(16:1~5) ② 기름 부음 받는 다윗(16:6~13) ③ 다윗이 사울 왕의 부름을 받음(16:14~23)

첫째: 사무엘이 베들레헴으로 들어감(16:1~5)

사무엘이 사울을 위하여 슬퍼하고 큰 고통하게 된 것은(15:35; 16:1절) ① 그의 비참한 운명을 예견하였음과 ② 조국의 운명을 크게 걱정하였기 때문이다. 그때 하나님께서 사무엘을 불러 "네가 나를 위하여 언제까지 슬퍼하겠느냐?" (16:1절) 하시면서 베들레헴 사람 이새의 집에 가서 그의 아들 중에서 왕이 될 자에게 기름 부어 세우라고 하신다(16:1절 하).

여기서 베들레헴 사람(뻬트 할라흐미 בֵּית־הַלַּחְמִי the Bethlehemite / 베들레헴의 태생, 베들레헴 사람, 베들레헴의 거민 〈 베이트 레헴 בֵּית לֶחֶם 떡의 집, 베들레헴; 다윗이 태어난 유다에 있는 도시)에서 베들레헴은 '떡집' 인데 예루살렘 남쪽 8km 지점이고, 메시야 오시는 곳으로 예정되어 있다(미5:2; 눅2:15). '이새' 는 베들레헴에서 보아스와 룻의 손자이다(룻4:18~22). 사무엘이 여호와께 사울이 알면 죽인다고 할 때 하나님께서는 제사 드리는 것으로 하라고 하신다. 사무엘이 베들레헴에 들어가니 성읍의 장로들이 사무엘 제사장이 오신 것으로 알고 기쁨으로 영접하여 모셨다(16:3~5절).

둘째: 기름 부음 받은 다윗(16:6~13)

이새의 집에서 하나님께 제사 드린 후에 모인 장로들 앞에서 왕이 될 자를 뽑는다. 그때 이새의 장자 엘리압이 맨 앞에 등장한다. 그는 후일에 골리앗을 치러 온 다윗을 꾸중한 일도 있었다(17:28,29절).

엘리압은 외모가 준수했기 때문에 사무엘이 왕으로 세우려고 했을 때 하나님께서 사무엘을 말리시면서 "그의 용모와 키를 보지 말라 ~~~ 사람은 외모를 보거니와 나는 중심을 보느니라" (16:7절) 하신다. 사울의 외모만 보아 첫 왕으로 실패했기 때문이다. 두 번째는 아비나답이었다 엘리압처럼 외모는 준수하고 장중하였으나 역시 중심이 아니었다. 셋째는 삼마이다. 하나님께서 보시고 "그도 택하지 아니하셨느니라" (16:9절) 하신다.

이렇게 함으로 일곱 아들이 다 사무엘 앞을 지나갔다(16:10절).

사무엘이 사람을 시켜 저 베들레헴 깊은 산골짜기 험한 곳에서 아버지 이새의 양을 치고 있는 막내 여덟째 아들 다윗을 빠르게 데리고 왔다(16:11절). 사무엘 선지자가 소년 다윗을 보니 ① "눈이 빼어나고" (16:12절) ② "빛이 붉고" ③ "얼굴이 아름다웠다." 이는 그의 몸에서 영적 총기가 드러나고, 경건하고, 선하고 자비한 용모가 빛이 나는 것을 가리킨다. 어린 갓난이 모세가 그러한 모습이었다(출 34:29~35). 하나님의 영광의 빛이 배여 있음을 가리킨다. 첫째 왕 사울이 왕이 될 때는 육체적 용모가 아름다웠으나 둘째 왕이 되는 다윗에게는 메시야 언약의 계시적 구속사가 침잠(沈潛)되어 있음을 가리킨다.

셋째: 다윗이 사울의 부름을 받음(16:14~23)

"사무엘이 기름 부을 병을 가져다가 다윗의 머리에 부었더니 이날 이후로 다윗은 여호와의 영에게 크게 감동" 되었지만(16:13절), 사울은 말씀 불순종으로 성령님이 떠나신 후 "여호와께서 부리시는 악령이 그를 번뇌하게" (16:14,15,16,23절)하였다. 다윗과 사울이 이렇게 완전히 달라진 것은 전자는 성령님의 임재로 메시야 언약의 구속사를 성취하여 나가는 것을 가리키지만, 후자는 성령님이 떠나가심으로 악령이 들어와 그를 지배하여 완전히 메시야 언약의 구속사를 반역하게 되는 것을 가리킨다. 이후로 사울이 다윗을 시기하여 살아 있는 동안 계속 다윗을 죽이려 하는 것은 세속사로 보면 사울이 자기 왕좌를 지키려는 왕권의 보호 정책으로만 보이지만 메시야 언약 계시의 구속사로 보면 "옛 뱀, 큰 붉은 용" (계12:3,13; 13:1~3)이 사울에게 들어가 다윗의 자손으로 오시는(미5:2) 메시야의 구속사를 끊어버리려고 사울이 다윗을 죽이려고 하는 것이다. 사실상 여기 삼상16장에서 다윗과 사울이 처음으로 만나는 것은 창3:15의 원리복음(原理福音 universal evangelical)이 이스라엘의 왕정사에게 드디어 첫선을 보여주는 것이다. 이제 창3:15의 원리 복음의 전투는 드디어 사울과 다윗으로부터 전개되어 있다. "옛 뱀, 큰 붉은 용" 의 악령이(계13:1~3의 짐승) 사울에게 들어갔으니(삼상16:14), 이제부터 사울은 메시야 언약 계시의 제2의 원조이신(사11:1,10; 마1:1) 다윗을 죽이려고 끊임없이 노력하며 그 기회를 노리고 있는 것이다. 이때 사울은 창3:15에 말씀과 같이 "여자의 발꿈치를 상하게 하려는" 옛 뱀으로 나타난 것이다. 다윗은 "여자의 후손으로서" 사울의 그 수도 없는 음모와 모략과 박해와 살해의 위협을 다 이기면서 사울이라는 뱀의 머리를 여지없이 짓밟아 깨뜨려 버리므로 승리하는 구속사의 조상이 되어질 것이다. 그렇기 때문에 여기 삼상16장부터 마지막 사울이라는 뱀의 머리가 여지없이 깨뜨려 버리는 삼상31장까지는 다윗 왕을 중심으로 하는 구속사의 진행이다. 그때까지는 다윗은 사울 왕으로부터 끊임없이 박해와 고난을 당해야만 한다. 그러나 여기 16:14~23절까지는 다윗이 사울을 처음 만나는 대면 장면으로 악령에 고통받으며 시달리는 사울 왕을 고쳐주려고 "수금" 을 들고 사울 왕궁에 들어가는 말씀이다(16:16~23절). 아직은 창3:15의 관계가 아니다.

◎ 왕 위에 오르지 못한 형제들 ◎

사울을 왕위에서 폐위하신 하나님은 사무엘에게 명하시어 베들레헴 이새의 집의 아들 중에서 이스라엘의 왕이 되도록 하라고 하셨다. 이새에게는 쟁쟁한 아들이 일곱이나 있었는데 그 일곱 아들 가운데서 사무엘은 첫째 엘리압이나 둘째 아비나답을 보고 마음에 들어 그들 가운데서 임금으로 뽑으려고 했지만, 하나님께서는 그 일곱 아들을 "내가 이미 그를 버렸노라." (16:7절), "이도 여호와께서 택하지 아니하셨느니라" (16:8,9,10절)라고 하시므로 마지막 여덟째인 막내아들 다윗을 데리고 오게 하셔서 그로 이스라엘 두 번째 왕으로 삼으신 것이다. 그럼 하나님은 왜 일곱 아들을 왕위에 오르지 못하게 하셨는가?

1. 하나님 마음에 합당하지 않았기 때문이다.

세상에서도 사람을 쓰려면 그 사람이 그 쓰임의 조건에 맞거나 합당해야 한다. 하물며 하나님께서 우리 주께서 사람을 부르셔서 쓰시려면 하나님에게 합당하게 보여야 할 것이다. 사무엘이 사울을 처음 볼 때는 외모로는 "준수한 소년이었고, 키는 모든 백성보다 어깨 위만큼 더 컸지만" (9:2절) 속 중심으로는 하나님 앞에 합당하지 못한 일만 계속했기 때문에 결국은 폐위당하고 말았다(13:13,14; 15:26,28; 15:11,35절).

이새의 장자 엘리압이나 차자 아비나답이 하나님께 무엇이 합당하지 아니하였기에 왕위에 오르지 못했던가를 본문에 기록되지 아니하였으므로 우리가 알 수는 없지만 일곱 자녀들 모두가 외모로는 그럴싸하지만, 중심으로는 그렇지 못하였기 때문에 하나님께서 그들을 왕으로 택하지 아니하신 것이다.

2. 무책임한 자들이었기 때문이다.

엘리압을 비롯하여 일곱 아들은 모두 집에 있었다. 사무엘이 하나씩 부르자, 부르자마자 금방 사무엘 앞에 나왔다. 그런데 이새의 가장 막내아들 다윗은 그 집에 없었다. 아버지의 양을 지키고, 먹이고, 기르기 위하여 베들레헴 산골짜기에 들어가 있었기 때문에 집에는 없었다. 왜 막내아들 다윗이 아버지의 양 떼를 치는가? 그때 그의 나이는 15세의 어린 소년이었다. 다윗부터 세 살 터울로 계산하더라도 큰 형 엘리압은 37세요, 둘째 아비나답 34세, 셋째 삼마는 31세이다. 하여튼 일곱째, 여덟째 빼놓고는 모두 다 이십 살이 넘은 청, 장년들이다. 그런데도 그들을 틀림없이 아버지의 양 떼를 치지 않으려고 거절했기 때문에 다윗이 자진해서 그 험지에 들어간 것이다. 그곳은 맹수가 나오는 무서운 사망의 골짜기이다(17:34~37; 시23:4; 27:1~3). 그러나 아버지의 양 떼를 치지 않으면 가정 식구 생계가 유지되지 못하므로 살아갈 수가 없다. 그렇지만 형들은 맹수가 출몰하는 사나운 곳인 것으로만 알고 있었지, 목축업을 하지 않으면 살아갈 수가 없다는 것은 모르고 있었다. 아니 알았다고 해도 다른 형제들에게 서로 책임을 전가시킬 뿐 가축을 돌보지는 아니하였기에 막내 다윗이 자기 가정의 생계를 홀로 책임진 것이다. 이처럼 이스라엘 나라, 모든 백성의 책임도 다윗이라면 문제없이 잘 감당할 수 있을 것 같기에 하나님은 그에게 맡기신 것이다.

3. 희생정신이 없었기 때문이다.

일곱 형제가 아니 그 중에서도 첫 형부터 넷째까지는 힘을 모아 맹수들과 대적해 가면서 아버지의 양 무리를 지켜 나갈 수도 있는 일이다. 15세의 소년 다윗도 감당해 나가는데(17:34~37절), 어찌 왕성한 힘의 청년 네 사람이 그것도 못 하겠는가? 그러나 그들에게는 자기들의 가정에 무책임할 뿐 아니라 자기를 희생해서라도 부모님을 지켜드리고, 내 가정을 구원시켜야 한다는 섬김과 봉사와 희생정신이 전혀 없었던 것이다. 그렇기에 일곱 명이나 되는 사내자식들이 막내 다윗에게 다 맡기고 집안에서 빈둥빈둥 놀고만 있었던 것이다. 그런 자들에게 한 나라와 국민을 맡긴다면 어찌 되겠는가? 더 이상 말할 필요가 없다.

4. 책임을 전가시켰기 때문이다.

다윗이 기름 부음 받은 지(B.C. 1025년) 오 년 후에(B.C. 1020년) 블레셋과 다시 전쟁이 시작되어 엘리압, 아비나답, 삼마 이 세 아들은 골리앗과 전투를 하려고 군인에 나가게 되었다.

그래서 다윗은 아버지의 명에 따라 세 형들이 있는 곳으로 면회간다. 다윗이 면회가서 큰 형 엘리압을 만났을 때 그는 아무 이유도 없이 다짜고짜 다윗을 심하게 꾸중한다. "들에 있는 양들을 누구에게 맡겼느냐 나는 네 교만과 네 마음의 완악함을 아노니 네가 전쟁을 구경하러 왔도다" 한다(17:28절). 그러나 사실 이 책망은 다윗이 형들에게 해야 할 말이다. 그러면 큰 형은 군대가기 전에 "들에 있는 양들을 지킨 적이 있었는가? 누구에게 맡기고 있었는가?" 모두 막내 다윗에게만 맡기고 있었지 않았는가! 실로 교만한 자는 장형 엘리압이고, 마음의 완악함도 일곱 형제들이었다. 그런데도 자기 자신의 허물과 게으름과 교만과 완악함을 생각지 아니하고, 다른 사람에게 다 전가시키고 있다. 어쩌면 엘리압은 형제 이스라엘의 왕으로 있는 사울과 같은 퇴폐된 인격자와 같다. 그러므로 하나님께서는 이 같은 자들에게 이스라엘을 맡길 수 없으셔서 다윗에게 왕의 자리를 물려주신 것 같으시다.

구속사 설교

◈ 왕 위에 오른 다윗 ◈

육체적인 외모로만 보면 나이도 아직은 어린 소년이었고, 팔 형제들 중 마지막이었고, 사무엘 선지자를 만날 때는 광야에 나가 양 떼를 치는 거친 몸가짐이었기에 예수님처럼 누구에게나 흠모할 만한 것이 아무것도 없었다(사53:1~3). 그래서 제사장 사무엘도 장자 엘리압이나, 차자 아비나답이나 삼자 삼마에게만 관심을 두었지 다윗에게는 그가 있는지 없는지, 관심도 두지 않았었다. 그렇지만 하나님의 명에 의하여 양 지킴이, 그를 불러 기름 부어 왕으로 임직 시켰으니 그가 바로 이스라엘의 왕정사에게 최고의 황제이시며, 메시야 언약 계시의 구속사로 예정된 제2의 원조이시다(창49:8~10; 사11:1,10; 마1:1). 그럼 다윗이 일곱 형들을 다 물리치고 왕이 된 것은 어떤 이유인가?

1. 태초에 예정되었기 때문이다.

하나님께서는 인간을 원죄에서 구원하시기 위하여 메시야 언약 계시의 구속사를 예정하실 때에(창3:15) 첫째 조상으로는 데라의 장자 아브라함을 선택하셨고(창11:31; 12:1~3; 마1:1) 둘째 조상으로는 유다 지파에서 왕이 될 자를 예정 가운데 두셨으니(창49:8~10) 그가 바로 베들레헴 사람 이새의 아들 가운데(사11:1~5,10) 하나로서 여덟째인 다윗이었다(마1:1). 만약 하나님께서 이새의 아들 가운데 장자 엘리압이나 차자 아비나답을 이스라엘의 왕으로 예정 가운데 두셨다면 이스라엘이 왕을 요구했을 때에 사울을 왕으로 세우기 전에 그들 가운데 한 사람을 왕으로 세우셨을 것이다. 그러나 이 두 사람은 왕제(王題)가 아니었기 때문에 다윗이 자라기까지는 우선 사울을 임시적, 일시적으로 왕의 자리에 올려 두신 것이다. 그러나 이제는 다윗이 완전히 다 성장하였으므로 메시야 언약 계시의 예정 가운데 구속사의 두 번째 조상으로 왕의 자리에 세워 놓으신다.

2. 사명이 투철하였기 때문이다.

부친 이새의 생활 방편은 목축업이었다. 아버지 이새는 베들레헴 깊은 산골짜기에서 양 떼를 풀어놓고 낙농업을 하고 있었다. 그런데 그곳은 너무나 험한 산골짜기였기 때문에 맹수들이 침입하였다(17:34~37절). 무섭고, 사납고, 두려운 사망의 골짜기였기 때문에(시23:4; 27:1~3), 다윗의 일곱 형제는 감히 두렵고 무서워 누구도 아버지의 양 떼를 치려고 하지 않았다. 그렇다면 이새의 가정은 다 굶주릴 수밖에는 없다. 그때 15세 정도밖에 안 되는 다윗이 형제들을 대신하여 부친의 양들을 먹이고, 기르면서, 돌보아 주었기 때문에 부친의 양 떼를 치는 것은 다윗의 책임은 아니었다. 그런데도 그는 자기가 다 맡았다. 또 한 번 맡은 이상 투철한 책임, 그 절대적인 사명으로 사자와 곰의 발톱에서 자기 양을 지키고 건져내었다(17:34,35절).

블레셋의 골리앗과의 전쟁에서도 다윗은 전혀 책임이 없는 자이다. 미성년이었기 때문에 군대에도 입대하지 않았다. 그런데도 다윗은 국가의 위기가 다 자기에게 있는 것으로 알고 골리앗을 책임지고 있었다. 투철한 사명으로 결국 골리앗의 대위기에서 ① 국가를 안위하며 ② 백성들을 구원시켰고 ③ 자신의 생명이 골리앗으로부터 건져내게 되었으므로 구속사는 이루어지게 되었다. 다윗은 선한 목자로서 자기 자손으로 오시는 메시야의 선한 목자의 표상이 되었다(요10:7~15; 사40:10~11; 겔34:11~16,23,24).

3. 구속사의 실상이었기 때문이다.

베들레헴에 사나운 맹수가 출몰(出沒)한다고 해서 아무도 아버지의 양을 치지 않으려고 하면 부친 이새의 가정 식구는 다 굶어 죽고 만다. 다윗도 죽으면 메시야 언약 계시의 구속사는 완전히 단절되고야 만다. 그래서 다윗은 8형제 중에 오직 자기만이 구속사를 반드시 성취시켜야 할 천직인 대사명(大使命)이 있는 것으로 알고 그러므로 또한 반드시 하나님께서 맹수들의 손에서 건져내어 주심을 믿고 사망의 음침한 골짜기로 자기 한 몸을 던져 넣은 것이다(17:34~37절).

사울 왕으로부터 이스라엘의 왕이 되는 삼십 세까지(삼하5:4; 대상29:27) 다윗은 십오 년간 죽음의 사선을 수없이 넘기었지만 그래도 하나님께서 다윗을 지키시고, 돌보아 주신 것은 그로 말미암아 인류 구원의 메시야 구속사를 골고다 십자가에서 이루시고, 부활하신 영생으로 완전히 성취시키어야 하기 때문이다.

사망의 엘라 골짜기에서 십오 세가 된 소년 다윗이 천하대장군 골리앗과 당당히 맞서게 된 것은 그에게는 메시야 언약 계시의 구속사 실상이 명명백백히 실현되어야 할 것이기 때문이다(17:45~47절). 그래서 다윗이 승리한다. 이스라엘의 다윗 왕국은 이스라엘의 왕이실 뿐만 아니라(겔34:23~31; 37:24~28) 천하만민의 왕이시요, 만왕의 왕이신 예수 그리스도의 왕국을 실상하고 있기 때문에 반드시 사울 왕국도, 블레셋의 골리앗도 다윗은 싸워 이겨야 한다(계6:1~2; 17:14). 이는 또한 그리스도 안에 있는 성도들의 승리도 가리킨다.

제 17강 골리앗에 대한 다윗의 승리

본문 : 사무엘상 17장

사무엘상 후반기의 역사는 실상 다윗 한 사람에게 모든 것이 집중된 일개인의 단독역사(삼상17장~27장)라고 해도 과언은 아니다.

다윗은 창 3:15의 예정된 역사의 당사자가 되어 메시아 언약 계시의 구속사를 반드시 이루므로 인류 구원을 성취하려고 하는 하나님의 계획을 알고 있었다(삼상16:1). 하지만 구속사에 무지했던 사울은 고의적으로(삼상20:31) 여자의 후손으로 오시는 구속사의 성취를 이스라엘 땅에서 완전히 끊어버리려는 "큰 붉은 용"(계12:1~4)의 짐승(계13:1~4)이 된다. 결국 다윗을 멸절 시킴으로써 구속사까지도 말살시키려는 대적자가 되고 만다. 사무엘상 17장도 흔히 고대 세계에서 자주 볼 수 있는 전쟁 이야기로 블레셋과 이스라엘 사이의 전쟁에서 블레셋에서는 그 당시 천하제일의 용장 골리앗이 앞장서서 등장했고, 이스라엘에서는 아무도 나오지 않는 무용의 자리에서 17세의 어린 소년 다윗이 나와 골리앗과 맞서 싸웠는데 그만 소년 다윗이 휘두르며 던지는 물맷돌에 정수리가 맞아 천하 용장 골리앗이 쓰러져 죽음으로 다윗의 용맹이 고대 세계의 천하 만방에 떨치게 되었다는 한 소년 다윗의 무용담(武勇談 a tale of heroism)에 지나지 않지만, 본 장(삼상17장)을 메시야 언약 계시의 구속사로 본다면 이 본문(17장)도 창3:15의 언약 계시의 원리 복음으로써 구속사가 되어 블레셋의 대장군 골리앗은 “옛 뱀, 한 붉은 큰 용” 의 짐승으로서(계13:1~4) ‘여자의 후손’ 으로 오시는 메시야 구속사를 말살시키려고 메시야 직계 조상이신 다윗을 죽이려고 한다. 그때 만약 그리스도 님의 직계 조상이신 다윗(사11:1,10; 마1:1; 21:9)왕께서 골리앗에게 죽었다면 창3:15이 완전히 파괴되고 메시야 언약 계시의 구속사도 무효가 된다.

하나님의 언약과 예언 계시에서 천하가 무너져도 그 같은 일로 변개될 수 없는 일이시기에(민23:19; 삼상15:29; 겔24:14; 마5:17,18) 도무지 인류 전쟁사에서 두 번 다시 있을 수 없는 일로 천만분의 일의 확률의 대 이적으로써 소년 다윗이 골리앗을 물맷돌로 쳐 죽인 것이다.

이 같은 성경 해석은 본 장 전체를 메시야 언약 계시의 구속사로 보지 않는 한 어떤 성경 해석으로도 풀릴 수 없는 성경의 난해이다.

본 장의 내용은 ① 이스라엘을 모욕하는 골리앗(17:1~11) ② 전쟁에 나간 형들을 면회하는 다윗(17:12~30) ③ 골리앗과 맞선 다윗(17:31~40) ④ 다윗의 승리(17:41~54) ⑤ 다윗이 사울을 다시 만남(17:55~58) 등으로 나눈다.

첫째: 이스라엘을 모욕하는 골리앗(17:1~11)

여호수아의 7년 전쟁으로 가나안 일곱 족속은 멸망했지만, 그러나 그 인근에 있는 블레셋은 이스라엘에 있어서 평생의 원수였었다. 사사기에 반복되는 이스라엘과의 전쟁도 역시 블레셋으로 삼손이 죽임을 당하였다.

선지자 사무엘 시대에도 이스라엘과의 전쟁의 원수는 블레셋이었는데 그때 사울의 왕자 요나단 왕자로 인하여 이스라엘이 대승하였다(삼상13,14장). 그 후로 블레셋은 28년 동안 경제성장에 힘쓰면서 군병들을 소집하고 군비를 다시 확장시키므로 이스라엘과 다시 전쟁하려고 B.C. 1020년경에 엘라 골짜기에 진 치고 있었다. 이는 28년 전(B.C. 1048년경) 이스라엘에 졌던 그 전쟁의 원수를 갚으려 하는 것이다. 그러나 이스라엘은 지난 28년 전 전쟁과는 전혀 색다른 불리한 환경에 처하여지게 되었으니, 전에는 없었던 고대 전쟁사에서 둘도 없는 천하대장군 골리앗이 모든 블레셋 군대의 진영에 선두로 나와 있었기 때문이다.

그는 블레셋의 고대 성읍의 하나인 "가드(믹가트 מִגַּת 가드 사람이라 of Gath, from Gath, 가트 גַּת 블레셋의 다섯 왕국 또는 주요 도시 중 하나이며 골리앗이 태어난 도시)" 사람으로서 키는 여섯 규빗 한 뼘으로 2m 83cm에 이르는 굉장한 거인이었고, 머리에 쓴 놋 투구는 구리로 만든 특수한 투구로써 화살이나 창으로도 뚫을 수가 없었고, 비늘의 갑옷은 촘촘히 박아 놓은 갑옷으로 1세겔이 11.424g 이었으니 오천 세겔은 약 57kg이다. 양쪽 다리는 감싸는 놋 각반이 있었고, 양쪽 어깨에는 놋으로 된 창이 올려져 있어 언제든지 적을 향하여 던질 수도 있었다. 그가 전투할 때 휘두르는 창은 놋으로 된 철로써 그 무게가 육백세겔 즉 7kg이었다. 더구나 골리앗 앞에는 적의 화살과 창과 칼을 막아주는 방패막이의 무사가 앞에 서 있었다

(17:7절). 이렇게 인간 탱크와 같은 골리앗의 도전에 이스라엘 군대는 그 앞에서 감히 오금이 저리고 주눅이 들어 맞상대하려는 꿈도 생각할 수 없었다. 그런 낌새를 알고 있는 골리앗은 큰 소리로 이스라엘을 모욕하는 것이다(17:8~10). 그런데도 이스라엘은 그 소식에 더욱더 놀래어 숨기에만 바빠 있었다(10절).

둘째: 형들을 면회하는 다윗(17:12~30)

블레셋의 용장 골리앗에게 이스라엘 전 군대가 무참한 치욕을 당하면서도 속수무책(束手無策 remorselessness)일 수밖에 없을 때, 하나님께서는 그 갖은 신성모독의 망령된 죄를 더 이상 받지 않으시려는 것과 이스라엘이 골리앗 군대에게 파멸당하므로 아브라함과 이삭과 야곱에게 언약한 메시야 계시의 구속사를 무효화시키지 않으시려고, 구속사 계보의 직계 조상인 다윗을 제3계명의 신성모독의 망령된 자인 골리앗의 전쟁 마당으로 인도하셔서 보여주신다. 이 섭리는 창세 전 하나님의 예정된 구속사의 언약으로 그때 만약 그 전쟁터에서 다윗이 가서 보지 않았다면 다윗이 전쟁에 참여하지 못하므로 인하여 이스라엘은 골리앗의 군대에게 짓밟혀 패망 당하게 되었을 것이고, 이스라엘이 패망 당함과 동시에 다윗으로 인한 구속사도 완전히 단절되고야 만다.

그러므로 하나님께서는 다윗의 형 엘리압과 아비나답, 삼마가 군대에 갔을 때 이새의 아들 중 넷째부터 일곱째까지 면회 가게 하지 않으시고, 하필이면 베들레헴 험지에 들어가 양을 돌보고 있는 여덟째 아들 다윗을 빼내어 골리앗의 전쟁터에 면회 가게 하신다.

이를 평상시에 있는 세상 전쟁으로 본다면 그럴 수 있는 일이라고 하겠지만, 다윗으로 하여금 자기 계대, 계보에 있는 메시야 언약 계시의 구속사로 본다면 하나님의 철저하신 창세 전 언약된 것으로 볼 수밖에는 없다. 만약 다윗이 그때 면회 가지 아니하므로 골리앗을 목격하지 못했다면 어찌 골리앗을 죽이려는 의분이 생겨 싸움을 요청할 수 있었겠는가? 그렇기 때문에 이는 천하 용장 골리앗을 다윗에게 맡겨 그를 척살하므로 다윗으로 하여금 자기에게 맡겨 놓으신(창 49:8~10) 메시야 구속사를 이루려는 하나님의 창세 전 경륜이시다(창3:15). 이 같은 당연한 구속사의 성경 해석은 모든 성경(특히 구약성경)을 '오직 구속사' 로만 보지 않고서는 해석할 수 없는 '숨겨진 비밀' 이기도 하다.

셋째: 골리앗과 상대하는 다윗(17:31~40)

블레셋의 골리앗이 "살아계시는 하나님의 군대를 모욕한"(17:25,36절) 것은 바로 직접 하나님을 모욕하는 신성모독의 제3계명이었기에 다윗은 골리앗에 대하여 큰 의분을 갖게 되었고, 그런 모욕을 들으면서도 누구 하나 골리앗과 싸우려고 나서는 군인이 없었기에 다윗은 그만 비분강개(悲憤慷慨 be indignant)하여 자기가 골리앗을 죽이겠다고 전투에 참여한 것이다. 이 소식이 사울 왕에게 전해져서 왕이 다윗의 의분을 막으려고 했지만(17:31~33절), 소년 다윗은 자기가 어떻게 부친의 양을 칠 때 맹수들로부터 자기 양들을 지켜 왔는가를 상세히 말씀드리고 골리앗과 전투하기를 자청한다(34~37).

이에 사울 왕이 자기 군복을 다윗에게 입혔지만 놋 투구로부터 모든 것이 몸에 맞지 아니하므로 다윗은 베들레헴에 양치기 복장 그대로 물맷돌만 들고 나간다(17:38,40절). 소년 다윗의 거침없는 상대방에 대한 용맹은 일시적인 허장성세(虛張聲勢 bravado and bluster) 같지만, 다윗 소년에게는 구속사에 대한 확신이 있었으니 ① 이스라엘 백성은 하나님의 선민(창12:1~3)이라는 것과 ② 지키는 메시야 언약 계시의 구속사를 이루어야 할 대사명자(창49:8~10; 사11:1,10)이기 때문에, 베들레헴의 깊은 사망의 산골짜기 맹수들이 출몰하는 곳에서도 하나님의 건져내심으로 살림을 받은 것처럼 블레셋의 대용장 골리앗으로부터도 살려냄을 받을 것이라는 구속사의 확신이 있었던 것이다(17:34~37절). 그렇기 때문에 세상 전쟁에서 승리를 장담하는 것은 자기에 대한 암시적인 신념의 바라봄의 법칙이라면 다윗은 메시야 언약 계시의 구속사를 믿는 철저한 그리스도론적 신앙이다.

넷째: 다윗의 승리(17:41~54)

세계 인류 전쟁사에서 가장 극적인 전투가 드디어 다윗과 골리앗 사이에서 전개된다. 서로 대결하는 극적인 전투장면을 보면 이는 실전이라기보다는 흥미진진한 한 시나리오의 소설과 같다. ① 블레셋의 골리앗은 전쟁터에서 청춘을 다 보내고 있는 숙련된 맹장, 용장이라면 다윗은 양치기 소년으로 아직도 온몸에 명주철이 보송보송 나 있는 애송이다. ② 골리앗은 신장만 해도 2m 83cm가 되는 거구(巨軀)이지만 다윗은 왜소한 소년일 뿐이다. ③ 골리앗의 무장은 누구의 공격도, 무기도 허락되지 않을 정도의 철옹성의 방벽이다. 그러나 다윗 소년은 아랫도리만 겨우 가리고 있는 벌거벗은 몸으로 다만 조약돌 다섯 개만 주머니에 넣고 있는 것이 전부이다. ④ 골리앗의 전면에는 방패들은 무사가 골리앗의 앞을 가로막고 있지만, 다윗의 전면에는 무방비 상태로서 터놓은 울타리 같다. 도대체 처음부터 싸움이 되겠는가? 그러므로 골리앗은 다윗의 그와 같은 몰골을 보고 난생처음 대하는 장면인지라 한편으로는 우습기도 하고, 때로는 자기를 비웃고 조롱하는 것 같아서 마치 막냇동생을 야단치듯 혼을 낸다(17:43~44절).

그러나 호통치는 적장 골리앗을 대하는 다윗의 태도는 너무나 진지했고, 담대했다. 적장을 단번에 쳐서 죽이려는 듯 도리어 크게 야단친다. ① 전쟁은 어떤 인간의 힘과 무기로만 하는 것이 아니라 "여호와의 이름", "이스라엘의 군대이신 하나님의 이름"으로 하는 것이라고 일러준다(17:45). ② "여호와께서 너를 내 손에 넘기시리니", "너와 네 군대는 공중의 새와 땅의 들짐승들이 먹이가 되리라"라고 한다(17:46절). ③ "전쟁은 여호와께 속한 것인즉 그가 너희를 우리 손에 넘기시리라"(17:47절)라고 한다. 이렇게 다윗이 17:45~47에서 승리를 자신하는 중 다윗이 찾는 "여호와의 이름"(45,46절), "여호와의 구원"(47절), "여호와께 속한"(46,47절)의 다섯 차례 나오는 그 "여호와 하나님"은 70인 역(LXX)에서는 '주 하나님'과 그리스도 예수님을 가리키는 (퀴리오스 κύριος)것으로 나온다. 이것은 다윗의 구속사를 가리킨다. 그래서 골리앗과 다윗 간에 전투는 전자는 자기 신의 이름으로 나왔지만(17:43절), 다윗은 메시야 언약계시의 구속사로 나온 것이 틀림없다. 그렇기 때문에 골리앗이 전쟁에서 사망할 때에는 그와 그의 나라 블레셋만 멸망당하지만 만약 다윗이 골리앗에게 죽임을 당할 때는 다윗은 물론 이스라엘도, 그것보다는 천하만민의 모든 인류가 구원되는 구속사의 길도 없어지고 만다. 이는 다윗은 메시야 계보에서 오실 예수 그리스도의 조상이시기 때문이다(창49:8~10; 사11:1,10; 마1:1). 다윗의 17:45~47절에서 "여호와의 구원" 은 자신의 주님과(시11:1; 마22:44; 막12:36; 눅20:42,43; 행2:34,35) 자손으로 오시는 메시야 예수님의 구속사를 바라보고 바알과 아세라 신의 자식 골리앗과 전투한 것이다. 생각하면 이는 도저히 다윗에게는 전혀 불가능한 전투였다. 적은 완전 무장하여 화살과 창과 칼로 쏘고, 찌르고, 던지며, 베어도 도무지 어떤 무기로도 당해 낼 도리가 없는데, 더구나 앞에는 방패 든 사람을 앞세워 골리앗을 수호하고 있는데 다윗이 어떻게 거의 벌거벗은 맨몸으로 천하 용장을 당해 낼 수가 있겠는가? 실로 골리앗이 다윗을 이길 수 있는 확률이 99.999%라면 다윗이 골리앗을 죽일 수 있는 경우는 거의 천만분의 일도 되지 않는다고 보아야 한다.

그럼에도 다윗이 돌을 주머니 제구에 넣고 한 번 휘둘러 던진 물매가 거의 몇 천만분의 일로써 온몸의 단 한 곳, 빈 그 자리 골리앗의 이마 한 복판에 명중되어 박히니 아무리 대장군 골리앗도 단번에 거꾸러지고 만 것이다. 천하에 제일가는 명사수라도 2m 83cm나 되는 온 몸 중에서 꼭 하필 이마에 명중될 수 있겠는가? 그것도 단 한 번 던진 돌인데 이는 이적 중에 대 이적이다. 더구나 그때 골리앗은 다윗을 죽이려고 방패막이 용사를 앞세우고 달려오고 있었다. 움직이지 않는 물체도 단 한 번에 정수리에 맞추는 것도 신기한 명사수적 솜씨인데 움직이는 3m의 거구를 이마 한 중앙에 돌멩이가 날아가 박히도록 던졌다는 것은 다윗의 솜씨라기보다는 그 물맷돌에 메시야 계시의 언약의 구속사가 들어가 있었다고 보아야 할 것이다.

만약 그때 단 한 번 던지는 조약돌이 골리앗의 다른 부분에 맞았다면 따끔한 정도밖에 되지 않았을 것이고, 그 다음에는 창과 칼을 휘두르며 질풍노도(疾風怒濤 a strong angry wind)처럼 달려오며 쳐대는 7kg의 칼날에 다윗은 그만~~~! 만약 그랬다면 다윗 왕의 계보로서만 오셔야 하는 메시야의 구속사는 영원 무궁히 무효가 되고, 창3:15의 원리 복음에서 여자의 후손은 뱀에게 발꿈치를 물려 창3:17~19절 말씀처럼 "너는 흙이니 흙으로 돌아갈 것이니라"로 무궁토록 원죄 인간을 사망으로 지배하게 될 것이다. 그러므로 다윗이 한 번 던진 골리앗에게 향하는 그 물맷돌은 예수 그리스도의 구속사의 대 이적과 표적의 증표이다. 이 이적으로 이스라엘은 다시 한번 블레셋과의 대승리를 가져오게 된다(삼상13,14장 참조).

다섯째: 다윗이 사울을 다시 만나다(17:55~58)

블레셋과 전쟁에 대승하여 블레셋은 완전히 정복하고 대적자 골리앗의 머리를 들고 돌아오는 다윗에 대하여 사울은 아브넬 장군에게 그가 누구인지 물어본다. 그러나 이것은 16:18~23; 17:15,31~38절 까지를 보면 맞지 아니한 기록이다. 왜냐하면 사울 왕은 이미 오랜 동안 다윗과 접촉을 가지고 있었기 때문이다. 그러므로 새삼스럽게 다윗에 대하여 물어볼 필요가 없었기 때문이다. 이에 대한 해석은 ① 전에 알고 있었을 때는 악신에 괴로움을 당하고 있던 처지에서 자기 정신 상태가 온전하지 못한 때였고 ② 다윗이 지금은 나라를 위해 큰 일하는 것을 보고 그 가문의 내역을 좀더 자세히 알아보려고 한 것이었다. 더구나 이제는 큰 사위로 삼아야 되겠기 때문이다(17:25,30절).

구속사 설교

◈ 다윗의 골리앗에 대한 승리의 비결 ◈

이제는 세상 사람들도 어느 정도는 다윗과 골리앗의 싸움에서 도저히 맞수가 되지 않는 싸움에서 다윗이 이긴 것을 알고는 자기들도 불가능에서 가능한 묘수의 교훈으로 삼으려고 한다. 그러나 이 전투는 그 같은 이적이나 기적에서 나온 싸움이라기 보다는 다음과 같은 철저한 믿음이나 구속사가 있었기 때문에 되어진 다윗의 승리이다. 다윗의 이김은?

1. 다윗이 전쟁터를 살피게 되었기 때문이다.

이스라엘과 블레셋과의 전쟁에서 28년전 사울 왕 때에 제1차 전쟁에서는 다윗의 일곱 형님들은 연소(年少)하여 전쟁에 참여하지 못했었다. 그러나 제2차 전쟁에서는 다윗의 세 형님들, 엘리압과 아비나답과 삼마는 전쟁에 참여하게 된다(17:13절). 그렇다면 세 아들이 있는 전쟁에 아버지 이새 대신에 면회를 가게 하려면 다윗 보다는 넷째 아들을 비롯하여 일곱째까지 보낼 수도 있었고 또 마땅히 그렇게 해야 하는 것이 일반 아버지들의 상식이다. 그런데도 왜 아버지 이새는 이제 겨우 열 일곱 살 되는 막내아들을 면회하라고 보냈는가?(17:17~19절). 더구나 그때 다윗은 베들레헴에서 아버지 양을 치고 있었을 때이다(16:11절). 그런데도 이새는 집에 있는 네 아들 중에서 면회하도록 하지 않고 아직도 미소년인 그 험한 전쟁터에 보냈는가 하는 것이다. 그 까닭은 아무도 모른다. 그러나 ① 다윗이 제일 똑똑하고, 용맹한 아들이라 보낼 수도 있었다. ② 이미 기름 부어 세운 왕이었기 때문에(16:13절), 실전에 경험을 쌓으라고 보낼 수도 있었다. ③ 하나님의 예정하신 메시야 언약의 계시적인 구속사가 다윗에게 계시었기 때문에 하나님께서 이새로 말미암아 보낼 수도 있으셨다. 다 일리가 있지만 마지막 ③번의 추측이 제일 합당한 해석이다. 어쨌든, 그때 만약 다윗이 엘라 골짜기의 전쟁을 목격하지 아니했다면 이스라엘은 골리앗에게 패하여 구속사는 이루어지지 못했을 뻔하였다. 세상적인 일반적 상식으로는 다윗이 전쟁 마당에 면회하러 간 것부터가 이해되지 아니한다. 이것부터가 벌써 하나님의 창세 전에 예정된 구속사이시다.

2. 다윗에게 구속사 믿음이 있었기 때문이다.

엘라 골짜기를 양 진영 사이에 두고 골리앗은 수개월 동안 매일같이 나타나 여호와 하나님을 신성모독하고, 선민 이스라엘을 저주하고 있는데도 사울 왕과 그의 왕자들 그리고 수많은 방백과 장수들까지도 우선 자기 목숨이 두려워 감히 골리앗 앞에 나설 수가 없었으므로 오히려 도망 다니기에 바빠 있었다(17:23~24절).

그러나 이미 여호와 하나님의 존호(尊號 eulogistic posthumous title of a king)로서 왕이 된 다윗은 엘로힘의 아버지 하나님과(17:45,46절) 여호와의 주님(구속사 메시야)을 망령되게 모독하는 것과 감히 할례 받지 못한 무할례의 이방인이 이스라엘의 언약 백성, 선민 할례자들을 조롱하고 크게 훼방하는 것을 더 이상 두고 볼 수 없는 구속사 믿음의 의분(義奮), 성분(聖奮 righteousness angry)이 가슴 속에서 불 일듯하게 들끓음으로 사울 왕에게 청하여 골리앗과 맞서게 된다. 그의 심령 깊숙이 끓어오르는 구속사의 큰 믿음은 사울 왕과 대면하는(17:34~37절), 왕궁에서도, 골리앗과 맞서 싸우려는 현장에서 강력히 드러난다(17:45~47절).

다윗은 확신한다. 반드시 메시야 언약 계시의 구속사로 오시는 여호와께서 자기와 함께 계시므로 골리앗을 쳐서 물리치게 하시도록 하시는 것은 자기로 하여금 삼대 조상의 족장들에게 언약 계시하신 그 구속사가 자기에게서 이루어져야 될 것을 믿었기 때문이다. 그래서 다윗은 엘로힘의 하나님과 여호와의 구원하심과 "나는, 네가, 내가(45,45,46절)" 를 계속 연결시킨다. 오직 자기의 승리는 구속사의 메시야에게 속한다는 것이다.

3. 족장들의 언약이 성취되어야 하기 때문이다.

골리앗과 다윗과의 엘라 골짜기 싸움은 상황상의 조건으로 보면 이미 드러나 전투로써 결정되어 있다. 전쟁이란 상대성이 있어야 하는데 이스라엘과 블레셋 사이에도 용사로 나선 골리앗과 다윗 간에도 도저히 적수가 아니었기 때문이다. 어느 전쟁에서도 맞수가 아니라면 희생이 중대하기 전에 빨리 항복하는 것이 좋은 수이다. 이스라엘에도 이제는 항복하는 순차 외에 남아 있지 아니했다. 놓인 조건적 상황이라면 다윗의 실패는 99.999%이다. 어느 누가 완전무장한 거인 3m의 대용장을 이길 수가 있겠다고 생각을 할 수 있겠는가? 그렇다면 아브라함부터(B.C. 2091년) 천신만고(千辛萬苦 all sorts of hardships and privations) 끝에 여기 다윗까지 이어져 오는 (B.C. 1020년) 메시야 구속사 언약의 세월 그 시간의 1071년간은 어찌해야 하는가? 유다 지파에서 메시야의 왕조가 계속 이어지리라(창49:8~10)는 그 언약은 시작도 하기 전에 이새의 아들 다윗부터(사11:1,10) 끊어져 버려야 하는가? 아니, 아니, 하늘이 무너지고 땅이 꺼져도 아브라함의 하나님, 이삭의 하나님, 야곱의 하나님 그러므로 살아계시는 메시야 언약 계시의 하나님으로서는 그리하실 수 없으시다(마5:17~19; 삼상16:29). 그렇기 때문에 인간의 상황 조건, 모든 인본적인 경우를 다 초탈해 버리고 오직 하나님만이 하실 수 있는 수천만 분의 일로써 구속사 원조가 되어야 할(마1:1) 다윗이 물맷돌 하나로 간단히 처결하여 버린 것이다.

제 18강 다윗의 명성과 사울 왕의 시기심

본문 : 사무엘상 18장

드디어 창3:15의 원리복음(原理福音 universal evangelical)에서 뱀이 여자의 후손의 발꿈치를 물려고 덤벼드는 것처럼 여기 본 장(삼상18장)으로부터 사울 왕이 전쟁에서 죽는 사무엘상 31장까지 사울은 예수님의 구속사의 직접 계보이신 다윗을 죽이려고 그의 일평생 뒤쫓으며 기회만 노리고 있다. 생각하면 도무지 사울 왕의 이 같은 살인마적인 행동은 인간 이성으로나 어떤 경우에서나 세상 이치로도 합당치 못한 불의이다. 상식적으로도 다윗이 있으므로 골리앗으로부터 국가의 대위기를 지켜 낼 수가 있었고, 사울 자신이 직접 세운 이스라엘의 대장군이었고, 더구나 다윗은 자기 사위였으므로 처남 되는 요나단이 자기 매제인 다윗을 자기 목숨처럼 아끼고 사랑하고 있었기 때문이다. 사울 자신도 정신이 온전할 때에는 요나단의 간절한 권면과(19:4~5) 다윗의 합당한 충고를 듣고는 자기의 잘못을 뉘우치고 반성하면서 다시 죽이지 않겠다고 약속도 했었다(24:16~21; 26:21~25). 심지어는 직접 사울의 입에서 자기 다음에는 다윗이 이스라엘의 왕이 되어야 할 것이라고 선언도 했다(24:20~21절). 그런데도 사울은 그때뿐 계속해서 다윗을 찾아다니면서 죽이려고 삼천 명의 군사를 대동하였고, 심지어는 이스라엘의 방방곡곡에 지령을 내려 누구든지 다윗을 숨기는 자는 그 가문을 멸족시키겠다고까지 하였다.

이렇게 사울이 다윗을 죽이려는 삼상18~31장까지의 성경 본문들은 종교개혁자들로부터 시작하여 거의 대다수의 주경가들이 세상적인 정치사에서 흔히 있는 것처럼 사울이 다윗을 죽이려는 것은 정적(正嫡)으로 알아 시기와 질투를 하고 있었기 때문이라고 한다. 즉 왕정의 헤게모니(heremony 주도권)라고 한다. 물론 본 장들은 메시야 언약 계시의 구속사로 보지 않으면 세상 정치사에서 흔히 벌어지는 권세 다툼의 질투와 시기로 볼 수도 있다(朴, 李, Jon).

그러나 이는 구약성경 전체를 오직 메시야 오시는 언약 계시의 구속사(신약도 마찬가지지만)로만 보아야 하는 성경 해석으로 볼 때는 절대 합당하지 않다. 만약 정치적 주도권의 시기와 질투로 본문들(삼상18~31장)을 본다면 이 성경은 성인들로 하여금 영감의 계시로서 기록하시게 하신 성령님의 감동의 역사와는 전혀 합당하지 않기 때문이다. 이유는 세상 정치사에 흔히 생기는 치졸한 정치 싸움과 같기 때문이다. 그렇다면 삼상 18~31장까지에 있는 사울 왕의 시기와 질투를 나타내려고 성령께서 성인들로 하여금 기록하게 하셨다는 것인가? 그러면 이 본문들에 기록된 말씀들은 겨우 후세 신앙인들에게 사울 왕 같이 시기와 질투를 하면 안 된다는 교훈만 주실뿐이다. 물론 성경도 교훈을 주신다(딤후3:16,17). 그러나 예수님 믿고 구원받은 성도들이 그 구속사 안에서 믿음의 교리도 생활의 행함에서 주시는 구속사의 교훈이었지 세속적인 교훈은 아니다.

왜 이 말씀들이(삼상18~31장까지) 분명히 메시야 언약 계시의 구속사이심에도 불구하고 구속사보다는 일반 세속정치에서 흔히 일어나고 있는 세상적인 것으로만 해석하는가? 이는 구약성경 전체를(신약 성경도) 오직 오시는 메시야 언약 계시의 구속사로 보지 않는 본문 그대로만 잘못 해석하기 때문이다. 이는 엠마오의 두 제자에게 꾸중하신 예수님의 말씀과 같다(눅24:25~27,44).

사울 왕이 언제부터 이와 같이 살인마가 되었는가? 그것은 마치 예수님의 제자 가룟 유다가 사탄, 마귀에게 자기 영혼을 넘겨 주면서부터(눅22:3; 요13:2,27) 계속해서 예수님을 팔 생각하므로 창3:15의 "옛 뱀, 한 큰 붉은 용" 의 수하인 한 마리의 짐승이 되어버린 것처럼(계12:3,9; 13:4), 사울 왕도 사무엘 선지자가 계속 꾸짖었음에도(13:13,14; 15:24~30절) 전혀 자기 죄를 회개하기는 고사하고 오히려 계속 변명하고, 핑계 대며, 다른 사람들에게 자기 허물과 과오를 전가할 때 악신, 마귀가 들어가서 창3:15의 "옛 뱀, 한 큰 붉은 용" 의 수하인 짐승이 되고 만 것이다(삼상16:14,15).

그렇기 때문에 예수님을 배신한 가룟 유다의 반역 사건을 세상적으로 보는 스승님을 배반한 비윤리 부도덕한 사건으로 보는 것이 아니라 창3:15의 "옛 뱀, 한 큰 붉은 용" 으로 보는 구속사가 되어야 하는 것처럼 사울이 끈질기게 다윗을 죽이려고 하는 것도 '원리 복음 '의 창3:15의 "옛 뱀, 한 큰 붉은 용" 의 수하인 짐승으로 보아야 한다. 세상 정치에서는 그 사람을 죽여도 다른 사람이 대신하여 그 사람의 왕좌에 오를 수가 있지만, 사울이 다윗을 죽인다면 이스라엘의 왕위는 이어지겠지만 다윗의 계보, 계대로서 오셔야 하는 메시야 언약 계시의 구속사는 그것으로 완전히 끊어지고야 만다. 그래서 "옛 뱀, 한 큰 붉은 용" (계12:3,9; 13:1~5)의 사탄은 자기의 수종자 '짐승' 에게 막강한 권세를 주어 그 짐승이 사울에게 들어가(16:14,15; 18:10) 다윗을 죽이려고 한다. 다윗이 죽어야 창3:17~19의 저주처럼 사탄의 원죄가 이 세상에 계속되어 모든 인간, 온 인류에게 영원무궁한 영육 간의 사망이 계속될 것이기 때문이다. 다윗이 살아 있으면 그로 말미암아 메시야께서 오실 수 있으므로 창3:15의 "여자의 후손" (예수님의 구속사)이 승리하여 "사탄, 옛 뱀, 한 큰 붉은 용" 을 정복하므로 영원무궁한 구속사가 성취될 수 있다. 그렇기 때문에 종교개혁자들로부터 아직까지 오백 년 이상을 계속되어오는 사무엘상 18장에서부터 31장까지를 흔히 세상 정치사에서 있을 수 있는 정치적 주도권(hegemony)으로 생각하면 안 된다. 여기에서 사울은 사탄에게 속하여(16:14,15; 18:10절) 창3:15의 "여자의 후손의 발꿈치를" 물려고 덤벼드는 "옛 뱀" (창3:1~5)의 수종자요 죽임을 당하지 아니하고 반드시 살아야 하는 다윗은 "여자의 후손" 으로 오실 메시야의 근원이신 조상이다. 그렇기 때문에 반드시 삼상18~31장까지를 구속사로 해석해야만 한다.

본 장(18)에서부터 드디어 창3:15의 뱀의 하수인 사울과 "여자의 후손" 인 메시야의 계보, 계대인 다윗 왕 사이에 숨 가쁜 영육 간의 치열한 전쟁이 시작되었다. 내용적으로는 ① 요나단과 다윗의 우정(18:1~5) ② 사울이 다윗을 죽이려고 함(18:6~16) ③ 사울의 다윗에 대한 혼인의 음모와(18:17~21) 다윗이 사울의 사위가 됨(18:22~30) 등으로 나눌 수가 있다.

첫째: 요나단과 다윗의 우정(18:1~5)

다윗의 생명이 항상 경각간에 있을 때 그래도 끊임없이 다윗 편에 서서 아버지 사울에게 다윗을 변호하여 주려고 지켜주는 우정의 친구는 요나단이었다. 만약 사울의 칼날 앞에서 요나단까지 부전자전식으로 다윗을 냉대하고 그래서 정치적인 안목에서 다윗을 경쟁하는 정적으로 생각했다면 다윗은 더 큰 위험에 봉착하게 되었을 것인데 오히려 요나단은 다윗을 "자기 생명같이 사랑" 하면서(18:1절) "자기가 입었던 겉옷을 벗어 다윗에게 주었고, 자기의 군복과 칼과 활과 띠도" 건내 줄 정도로 깊은 친교를 나누고 있었다(18:4절). 이는 언약계시의 구속사로 볼 때에 오시는 메시야 예수님 안에서 한 동지가 되는 신앙의 파트너(partner)이다. 이는 요나단이 정도에 따르는 ① 구속사 믿음이 있는 아브라함의 자손이었고(14:6절) ② 사리를 옳게 판단하는 의로운 자였고(14:29,30; 19:4~5절) ③ 부친의 잘못을 교정시키는 효도의 사람이었고(14:29,30,43절) ④ 다윗은 구속사의 근원이므로 그가 왕이 되어야 할 것도 믿은 사람이었고(20:12~17,42) ⑤ 친구 간에 신의와 약속이 있는 사람이었다(20:12~16절). 그런 자애와 우정이 깊었던 사이였기에 사울과 함께 요나단이 길보아 전쟁에서 블레셋 군대에게 죽임을 당했다고 할 때, 다윗은 그날로 식음을 전폐하고 통곡하였고, 요나단의 아들 므비보셋을 친아들 이상으로 아끼고 돌보아 주었다(삼하9:6~11).

둘째: 사울이 다윗을 죽이려고 하다(18:6~16)

다윗이 전쟁에서 승리하고 모든 백성들과 함께 돌아올 때 "여인들이 뛰놀며 노래하는데 사울이 죽인 자는 천천이요, 다윗은 만만이로다." (18:7절)하였다. 여기서 "천천이요" (빠알라파이우 כ דבַּאֲלָפוֹך דבַּאֲלָפָיוך. 에레프 אֶלֶף 일천 thousands)는 "그의 천명이요" 라는 말로서 "사울이 죽인 자는 수천이다" 라는 것이다. 또 "만만이로다" (빼리브보타이우 בְּרִבְבֹתָיו. 레바바 רְבָבָה 다수, 1만, 만만 ten thousands)라는 말은 "그의 만 명이로다" 로서 "다윗이 죽인 자는 만 명이다" 라는 뜻이다. 그러므로 여인들의 노래의 뜻은 다윗의 개선장군의 무공이 사울의 그것보다는 열 배나 더 크다는 것이다. 그것은 사실이었으니 어찌 여인들뿐이겠는가? 이스라엘 백성들의 전 인심이 다윗에게로 다 쏠려 버린 것이다. 그날 이후부터 사울은 다윗을 심히 미워하여 죽이려고 한 것이다. 여기 "사울이 다윗을 주목하였더라(와예히 쇠울 오엔 오옌 (וַיְהִי שָׁאוּל עָוֹן עוֹיֵן 〈 하야 הָיָה 있다, 되다, 일어나다, 존재하다, 발생하다/아반 עָוַן (질투심으로)쳐다보다, 바라보다)" 로서 "그의 행동 하나하나를 세심히 관찰하였더라" (look at)이다.

이는 죽이려는 결심을 구체화시키는 것을 말한다. 여기까지는 사울의 두 가지 마음 상태를 가리킨다. ① 여인들의 칭송을 부인할 수 없음을 가리킨다. 자기가 다윗보다 무엇이든지 뛰어나다면 철없는 여자들의 일시적인 감정의 홍기로 취급하겠지만, 본인도 그것을 부인할 수밖에 없다는 것을 절감한 것이다. ② 그는 이미 하나님으로부터 폐위당한 상태에 있었다(13:14; 15:28절). 그렇다면 이제는 다윗이 나를 물리치고 "더 얻을 것이 나라 말고 무엇이냐" (18:8절)라는 절박한 심정이 된 것이다. 이렇게 결심이 굳어져 완강해지자 다시 "그가 집안에서 정신없이 떠들어" 대기 시작한 것이다(18:10절). 이는 16:14,15절에 있는 악령이 사울로 하여금 발작을 일으키게 하였으니 다윗을 죽이려는 창3:15이다.

그래서 수금을 타는 다윗을 죽이려고 창을 두 차례나 던진 것이나, 다윗은 그때마다 피하였기에 상함을 입지는 아니하였다(18:11절). 그러나 다윗은 그 같은 사울 왕의 불의를 논하지도 아니하고 더욱더 지혜롭게 행하였고 하나님께서도 다윗과 함께하시므로(18:12,14절) 천부장이 되었고, 그때마다 사울 왕은 오히려 다윗의 지혜를 보고(18:14,15절) 크게 두려워한 것이다(18:12,14~15절).

메시야 언약 계시의 구속사 계보, 계대의 당사자인 다윗이기에(창49:8~10) 악마가 들어간 사울 왕이 창3:15의 "여자의 후손의 발꿈치를 물려고" 덤벼들지만 그래도 다윗은 메시야 조상답게 조금도 당황하거나 두려워하지 않고, 그렇다고 사울 왕의 왕궁도 떠나지 않고, 모든 일을 의연하고 의젓하게 잘 감당한다. 예수님께서도 많은 원수들이 에워싸 소리소리 지르며 죽이려고 덤벼들지만 조금도 위축당하지 않으시고, 의젓하게 침묵으로써 당신님의 구속사역으로 창3:15을 완성시키신다(마26:57~68; 막14:53~65; 눅23:13~25).

셋째: 사울의 다윗에 대한 음모와 다윗이 사울의 사위가 됨 (18:17~30)

사울 왕이 모든 병사들에게 누구든지 골리앗을 죽이는 자는 ① "많은 재물로 부하게 하고" ② "사위로 삼고" ③ "그 아버지의 집의 세금을 면제하리라" (17:25절)라고 약속하였고, 다윗도 한 병사에게 들어 알고 있었다(17:27,30절). 그런데도 사울에게 악령(16:14,15절), 창3:15의 "옛 뱀, 한 큰 붉은 용" 이 들어가니 그 지시를 받는 "짐승" (계12:1~3,9; 13:1~2)이 되어 "여자의 후손" 의 계보가 되시는 다윗을 죽이려고만 하였지 그 어느 약속도 지키지 않고 있다. 사울이 ② 번에서 주겠다는 딸도 큰딸 메랍은 다른 사람에게 줘버리고(18:19절), 둘째 딸 미갈은 주려고 하는 것도 블레셋의 올무로 삼으려고 한다(18:21절). 그러나 참으로 순진하고, 정직하여 세상적으로 보면 바보스럽기도 한 다윗은 당연한 자기 권리인 사울의 사위가 되는 것도(17:25절) 너무 황송하게 생각하여(18:23절), 사울이 던지는 올무와 늘어뜨려 놓은 덫에 스스로 걸려든다. 그날로 자기 부하들을 데리고 블레셋 진영에 들어가 표피 백 개(18:25절)의 배가 되는 이백 개를 바치고 사울 왕의 부마인 사위가 된다(18:26,27절). 이는 순진하고 근면 성실한 조상 야곱과 같다. 야곱, 이스라엘이(창32:18) 외삼촌 라반의 속임수에 넘어가 7년간 머슴살이로 레아, 다시 칠 년간 종 노릇을 하여 라헬, 14년간 두 아내를 얻은 것과 같다. 하나님께서는 세상적으로는 어리석은 바보 같으나 하나님 앞에서는 맑고 깨끗하여 순전, 정직한 사람을 구속사의 일꾼으로 사용하신다.

아무리 창3:15의 "뱀, 한 큰 붉은 용"의 수하인 "짐승"(계13:1~5)이 사울을 꼬드겨서 다윗을 블레셋 사람들 속에 몰아넣고 죽임을 당하게 하므로 "여자의 후손의 발꿈치를 물려"고 했지만 "여호와께서 다윗과 함께 계시므로"(18:28절) "옛 뱀"의 하수인이 된 사울 왕의 계략과 "한 큰 붉은 용"(사탄)의 집단인 블레셋 사람들의 손에서 무사히 벗어나므로 구속사의 계속된 계대, 계보가 되신다. 이는 바리새인과 서기관들이 공모하여 예수님을 죽이려고 몇 번이나 올무와 덫을 놓았으나 그때마다 주께서 무사히 빠져나오는 것과 같다(마22:15~22,23~35; 막3:2~6; 눅6:6~11; 14:1~6).

구속사 설교

◈ 사울의 시기와 질투 ◈

태초에 하나님께서 인간에게 지, 정, 의를 속성으로 주셨기 때문에 사람은 누구나 자존심(自尊心 self~respect)이 있다. 인간의 자존심은 "나도 할 수 있다"(I can do it!)는 자기 확신의 긍지(矜持 self~confidence)이다. 자존심은 누구에게나 있어야 하는 자기 존재적 있음의 가치이다. 인간에게 자존심이 없거나 무너져 버렸다면 자기 존재 상실의 절망으로 낙오자가 되는 우울증 병자가 되거나, 또한 자존심의 자기 긍지로써 잘 되어가는 상대방에 대한 시기와 극단적인 질투로 그를 몰락시키려고 끊임없이 기회를 노리게 된다. 극단적인 시기와 질투의 인생이 되어버린 사울이 다윗을 완전히 파멸시켜 버리려고 여러 번(삼상18장~30장까지) 기회를 엿보며 노리고 있었지만, 그러면 그럴수록 사울은 더 절망의 깊은 늪 속으로 빠져들어 갔고, 다윗은 그때마다 하나님의 도우심과 백성들의 뒷받침으로 오히려 더 잘 되어가게 된다. 사울 왕의 대실패는 창3:15의 여자의 후손으로부터 머리를 상하게 되는 "옛 뱀" (창3:15)의 상징으로 보아야 한다. 사울 왕의 시기와 질투는 인간적으로도 그럴 수가 없는 것이며, 더구나 메시야 언약 계시의 구속사로도 도저히 있을 수 없는 "옛 뱀, 한 큰 붉은 용" 의 하수인 "짐승" 의 짓이다. 왜 그러는가?

1. 구속사 대 언약의 파탄이 되기 때문이다.

만약 사울의 그 배신하는 시기와 질투로써 다윗이 죽는다면 이스라엘은 어찌 되는가? 사울의 뜻대로 장자 요나단이 자기 뒤를 이어 왕의 자리에 오를 수는 있을지 모른다. 그것을 사울도 요나단에게 주지시키면서 그러므로 다윗은 반드시 죽여야 된다고 하였다(20:30~31절). 그렇게 될 때 ① 백성들이 사울 왕의 뜻대로 그것을 받아들일 수 있겠는가? 하는 것과 ② 하나님의 왕권이 과연 계속해서 유다 지파에서 베냐민 지파로 옮길 수 있겠는가? 하는 것이다(창49:8~10). 이는 두 가지가 다 난제(難題)겠지만 ②번만큼은 땅이 꺼지고 하늘이 무너져도 되지 못할 불문 율법이다(삼상15:29; 마5:17~19). 사울이 만약 창49:8~10까지를 알고 있었다면 그 같은 어리석고 무모한 시기와 질투로써 과연 유다 지파의 왕권을 무너뜨리려고 하였겠는가? 더구나 베냐민 지파는 열두 지파에 대한 배신과 반역의 지파가 아니었는가? 그러므로 사울의 계승되는 집권은 실로 언감생심(焉敢生心 How can you dare!)이다(삿19장~21장 참조).

2. 무너진 왕권이기 때문이다.

하나님께서는 이미 사울을 폐위(廢位)시키시고 제2의 왕권을 다윗에게 물려주셨다(16:12~13절). 이는 여러 번 하나님의 뜻과 명령을 어기고 자행자지하여 타락한 세상의 길로 갔기 때문이다(13:13~14; 15:17~29).

그것을 사울 자신도 알기 때문에 ① 하나님을 두려워했으며(15:25,30; 18:12절) ② 다윗을 더욱더 두려워하였다(18:12,15,29절). ③ 이제는 백성들마저 사울을 떠나 다윗에게로 옮겨갔고 ④ 심지어는 요나단을 비롯하여 그 딸 미갈마저 부친을 버렸는데(18:28; 19:11~17; 20:12~16,32~34), 설령 사울 왕이 다윗을 시기하고 질투한다 한들 자기 마음만 고달프고 괴롭지 한번 폐위당한 왕권은 두 번 다시 돌아올 수가 없는 것이다.

3. 잃어버린 기회였기 때문이다.

하나님은 죄인들에게 멸망시키시기 전에 회개하여 돌이킬 수 있는 기회를 주신다. 노아 홍수 때에도 120년간에 노아의 방주로 돌아올 수 있는 기회를 주셨고(창6:3), 소돔, 고모라에게도 기회를 주셨으며

(창19:1~5), 가룟 유다에게도 예수님께서는 회개하고 주님께 돌아올 기회를 마련하여 주셨다(마26:21; 요13:26). 그런데도 끝내 가룟 유다가 회개하지 아니하므로 다시는 돌아올 수 없는 사탄, 마귀가 그의 영혼을 완전히 지배해 버린 것이다(눅22:3~5; 요13:26~30).

사울도 다급한 경우에서 사무엘과의 약속을 깨뜨리고 제사를 드렸다. 사무엘이 그 잘못을 지적했을 때 깨닫고 회개하면 되었을 것이다. 그러나 사울은 그때 13:11절에서 ① 자기 백성들과 ② 사무엘 선지자와 ③ 블레셋 사람들의 침략을 들어 자기 죄들은 폐하고, 핑계대며 전가시켰다(13:11,12절). 사무엘의 책망을 들으면서도 전혀 회개하기를 고사하고 뉘우치는 마음조차 없었다. 이것이 사울의 제1차 범죄 사건이다. 제2차 아말렉 사건에서도 사무엘이 꾸짖으면서 왕의 자리에서 폐위당했다는 선고를 내렸을 때도 사울은 왕의 자리에만 관심을 두었지 자기 잘못됨과 그릇된 행동, 하나님을 어기고 거스르는 불순종의 죄를 회개하기는커녕 오히려 제1차 범죄 때와 같이 변명하고, 핑계 대고 자기 죄를 백성들에게 전가시켰다(15:17~30절). 이렇게 해서 하나님으로부터 폐위당했다면 오히려 자숙하고 회개하는 마음으로 왕권을 이미 예정된 그대로(창49:8~10; 16:13절) 다윗에게 넘겨주었더라면 비참한 조국의 운명과 참담하고 참혹한 가문의 멸족을 당하지는 아니했을 것인데, 이미 회개하는 그 영혼마저 "옛 뱀, 한 큰 붉은 용" 에게 먹이었기 때문에(16:14,15절), 사망의 자리에까지 계속 창3:15의 "여자의 후손의 발꿈치를 물려고 하는" 한 마리의 "짐승" (계13:1~5)으로서 다윗을 시기하고 질투하여 죽이려고 한 것이다. 그렇기 때문에 사울의 사탄 노릇은 흔히 일반 세상에서의 정치적인 주도권 다툼 정도로 하면 완전히 그릇된 성경 해석이다. 오직 구속사가 되어야 한다.

제 19강 사울의 살해 음모와 다윗의 피신

본문 : 사무엘상 19장

그리스도의 메시야 언약 계시의 구속사가 아브라함으로부터 시작하여 예수님까지 사십 이대가 계속되어(마1:17) 2086년 정도 되지만 그 어느 때이고 완전하고 평탄한 시기는 없었다. 항상 "원리복음(原理福音 universal evangelical)의 창3:15처럼 사탄(" 옛 뱀, 한 큰 붉은 용" 계12:1~3,9)이 메시야 언약 계시의 구속사를 끊어버리고, "여자의 후손의 발꿈치를 상하게" 하려고 줄기차게 덤벼들고 있었기 때문이다.

심지어 예수님께서 베들레헴에 탄생하시는 그때에도 이 사탄은 유대왕 헤롯을 통하여 베들레헴에 탄생한 두 살 아래의 갓난아기들까지 다 죽이었다(마2:16). 아마도 이 "옛 뱀, 한 큰 붉은 용" 과 그 수종자인 "짐승" 그리고 "적그리스도" (요일2:18,22; 4:3; 요이7)까지 다 예수 그리스도 재림으로 무저갱의 불 못으로 들어가서 영원 무궁히 갇히게 될 때까지는(계20:1~3,10,21:8) 계속하여 구속사의 준동이 그쳐지지 아니할 것이다.

그러나 아브라함으로부터 유다 지파의 왕조 42대까지(마1:17) 무려 2086년 동안에 사탄의 구속사 준동이 가장 심한 때는 사백 년 기간 애굽의 노예 생활과 칠십 년 동안 바벨론의 포로 생활할 때와 그보다 전에 있었던 다윗 왕이 사울에게 끊임없이 당한(B.C. 1025~1011

년) 박해가 아니었는가 생각된다. 그럼 왜 다윗은 사울 왕에게 박해, 고난당할만한 아무 그릇됨이나 잘못도 없었는데 사울이 죽을 때까지 무려 14년간이나 죽음의 사선을 수도 없이 넘겨야 했는가? 이는 메시야 언약 계시의 구속사적으로 조상 아브라함 다음으로 가장 중대한 인물이었기 때문이다. 다윗은 그가 탄생하기 834년 전에 벌써 예언된 구속사 조상이었다(창49:8~10, B.C. 1859년경 삼상16:12,13 B.C. 1025년경 참조). 종교개혁 전부터 금일(今日)에 이르기까지 수많은 주경가들이 사울 왕으로 인하여 다윗이 당한 죽음의 사선적(四線的) 고행이 다만 사울의 시기와 질투로 인한 정치적인 주도권(主導權 Hegemony)으로 해석한다. 그래서 세상 정치사에서 흔히 생기는 전형적인 암투로 풀고 있다. 이는 전혀 그릇된 해석이다. 아니다! 오로지 메시야 언약 계시의 구속사로 해석해야만 한다. 왜 그리해야 하는가? 다윗 자신이 기록한 고난과 환난의 시편들에서 사울에게 당하는 수많은 박해, 친구들로부터 받는 배신 등은 장차 유대 땅에 오셔서 당해야 하는 예수님의 십자 고난의 구속사를 예표 하기 때문이다(시22,25,31,35,38,41,59,69,89,102편등). 만약 일반 주경가들의 주석처럼 다윗이 당하는 박해가 사울의 정치적인 다툼이라면 이 본문들(삼상18~31장)이 성령님의 영감으로 이 성경책에 기록될 수가 없고, 하나님도 다윗을 끝까지 지켜주시지 않을 수도 있으시다. 하나님은 정치 투쟁에 관여하시는 분이 아니시기 때문이다(눅12:13~14 참조). 그러나 사울의 시기와 질투로 인하여 당하는 다윗의 고난은 메시야 언약의 구속사로 세상에 오신 예수님의 십자가 고난을 예표

하기 때문에 하나님께서는 끝까지 환난, 시험, 고난을 당하는 다윗이 승리하도록 도우시는 것이다.

본 장의 내용은 ① 사울과의 일시적 화해(19:1~7) ② 미갈이 다윗을 피신시키게 한다(19:8~17) ③다윗이 사무엘을 찾아간다(19:18~24) 등으로 나누어진다.

첫째: 사울과의 일시적인 화해(19:1~7)

"사울이 그의 아들 요나단과 그의 모든 신하에게 다윗을 죽이라" 라고 말하였지만(19:1절), "사울의 아들 요나단이 다윗을 심히 좋아하므로" (19:2절), 다윗에게는 "아침에 조심하여 은밀한 곳에 숨어 있으라" (19:2~3절)하고는 부왕(父王) 사울에게 가서는 그동안에 있었던 다윗의 치적의 공로를 조리 있게 말씀드리면서(19:4,5절) "다윗을 죽여 무죄한 피를 흘려 범죄하지 마옵소서" 라고 간원한다(19:5절). 이 구명 운동에 감동을 받은 사울이 맹세코 "그가 죽임을 당하지 아니하리라" (19:6절) 하였으므로 요나단이 다윗을 부왕(父王)에게 인도하여 다윗과 사울 왕 사이에 일시적인 화해가 조성된다. 이 요나단의 평화적인 간원은 하나님의 구속사 영으로 다윗을 평안케 하시고 지켜 주시는 언약 계시의 구속사로 되어지는 것이다(19:7절).

둘째: 미갈이 다윗을 도피시킨다(19:8~17)

사울이 다윗과의 평화적 화해를 이루었다면(19:7절) 지나간 일의 자기 죄를 철저히 회개하고 죄짓기 전에 자기와 함께 계시던 "하나님의 영(성령님)" 의 도우심을 힘입어(10:9~10절) 자기를 꼬이고 괴롭히는 악령을 쫓아 내버렸어야 했는데, 사울은 악령을 그대로 모시고 있어 임시방편으로만 화해 공작을 취하였으므로 악령이 다시 강하게 역사하게 되니, 다시 또 단창으로 다윗을 벽에 박으려고 하였다. 이는 예수님께서 악령의 속성을 들어 하신 말씀과 같다(마12:43~45).

집에 들어와 피하여 있는 다윗을 "사울이 전령들을 다윗의 집에 보내어 그를 지키다가 아침에 그를 죽이게 하려 한지라" (19:11절), "미갈이 다윗을 창에서 달아 내리매" 다윗은 도망하였고(19:12절), 미갈은 사람의 형상으로 만든 우상을 다윗처럼 자리에 눕혀 놓는다. 아침에 사울이 다윗 집에 들어와서 보니 우상만 다윗의 자리에 눕혀 있는지라 미갈을 책망한다(19:13~17절).

이렇게 요나단 왕자는 말할 것도 없고, 아내 미갈까지 다윗을 구하여 살려낸 것은 비단 인간적인 우정과 아내의 도리로써 만이 아니라 여호와와 주님이 되시는 메시야께서 다윗으로 하여금 메시야 언약계시의 구속사를 그대로 성취시키시는 도구로 삼기 위해서이다. 우리가 주 예수님의 구속사의 도구만 되어진다면 어느 때에도 우리를 돕는 도우미들을 그때마다 보내 주신다(시27:1~3,10~14).

셋째: 다윗이 사무엘에게 피하다(19:18~24)

밤 중에 아내 미갈의 도움으로 집을 탈출한 다윗은 사무엘 선지자가 거하는 라마로 가서 서로 만난다(1:1; 7:17절). 자기에게 기름을 부어 왕이 되게 하였고(16:12,13절) 구속사 사람의 길로 인도

해 주셨기 때문이다(16:3절). 그때 "나욧(나비트 נָוִית)" 에 선지자 학교가 있었고, 그 선지 학교는 사무엘이 창설자로서 학장이었다(E.J. Young, Rp smith). 사람들(정탐꾼)에게 다윗이 지금 라마에 가서 사무엘과 같이 있다는 소식을 들은 사울은 "전령들(말아킴 מַלְאָכִים messengers 〈 말아크 מַלְאָךְ 사자, 대사, 전령)" 을 보내었는데 그들이 선지 생도들과 같이 예언하였고(19:20절), 두 번째도 체포조로 보내었는데 그들도 예언하였고, 세 번째도 다윗을 사로잡아 오라고 보냈는데 그들도 똑같이 예언하였으며(19:21절), 마지막에는 사울도 스스로가 라마에 있는 "나욧" 의 선지 학교를 찾았을 때 "걸어가면서 예언하였으며" 심지어는 사무엘을 만나서는 사무엘 앞에서도 옷을 벗고 예언하였는데 "하루 밤낮을 벗은 몸으로 누워" 예언하였다(19:23~24절). 이는 다음 3가지 뜻을 가리킨다. ① 사무엘의 "나욧" 선지 학교는 그만큼 성령님의 충만한 역사가 계시는 신령한 곳이라는 것이다. ② 성령님의 영감 계시가 강한 곳이었으므로 악령이 함부로 범접(犯接)하지 못하였다 ③ 사울도 전에는 신령한 사람이었으므로(10:6,9~13) 예언도 하였다. 그렇다면 이미 하나님으로부터 폐위까지 당하였으니(13:13,14; 15:26~29; 16:1 참조), 이제 사울의 여생은 모든 왕권을 다윗에게 일임하고, 자기는 존경하는 사무엘 선지자와 함께(10:1~6절), 라마의 선지 학교에 머물면서 선지 생도가 되어 먼저 악령을 쫓아내고, 영혼 치료를 받으면서 예전처럼 성령님의 사람으로 거듭나야 되었을 것이다. 그러면 자기도 살고, 다윗도 평안하고, 국가와 민족도 다 잘되는 것이다. 실로 그가 라마의 나욧을 찾아

온 것이 일생일대의 큰 축복이면서 마지막의 기회였었다. 그러나 사울은 그 기회마저 악령에게 넘겨주고 말았다.

구속사 설교

◈ 요나단의 바른 선택 ◈

사람은 생애 중에서 내가 항상 무엇을 어떻게 선택해야 하느냐? 하는 기로에 서 있기도 한다. 인생의 선택의 기로(岐路 branch road)에서 바르고 옳은 선택을 하므로 후세의 위대한 명성을 남기는 자가 있는가 하면 한 번의 선택에서 그릇된 길을 가므로 부끄러운 이름으로 치욕을 남기는 자도 있다.

인생 요나단에게도 두 가지 인생의 길이 있었다. 부왕(父王) 사울과 함께 하는 왕자의 길과 다윗과 함께 하는 우정의 길이 있었다. 그때 요나단은 후자를 선택하였다.

1. 혈육이 아닌 구속사를 선택하였다.

요나단은 혈육으로는 당연히 부왕(父王) 사울과 함께해야 했었다. 그러면 우선 마음도 평안하고, 장자의 마땅한 도리도 행할 수 있게 되고, 부왕(父王) 사울의 사후에는 뒤를 이어 이스라엘의 왕위에 오를 수도 있었다. 그러나 요나단에게도 보는 눈이 있고, 듣는 귀도 있었다. 부왕(父王)은 행하는 일마다 불의하였고, 하나님의 진리를 떠나 사리사욕에만 이권에 눈이 어두워 왕의 자리에서 퇴출당했다는 소식도 듣고 있었다. 그러나 친구 다윗은 영락없는 하나님의 사람이었다. 그는 사무엘로부터 기름 부은 왕이었고, 더구나 자기 같이 베냐민 지파가 아니고, 이스라엘의 무궁한 왕이 될 자는 유다 지파인데 바로 다윗은 그 지파의 사람으로, 왕이라면 메시야 언약 계시의 구속사 계보가 된다(창49:8~10; 사11:1,10)는 것도 알고 있었다.

그렇기 때문에 부왕(父王) 사울은 다윗을 죽여야 아들, 왕자 요나단이 이스라엘의 제2의 왕이 된다고 자기에게 말씀도 하였지만(20:30,31절), 그러나 요나단은 단 한 번 하나님께서 예정하시사 경륜 가운데 세워 놓으신 구속사의 왕권을 사람의 임의로 변개할 수 없다는 것을 알고 다윗에게 몇 번이고 다음의 왕의 자리는 네가 맡아야 한다고 하였고, 그때에도 나를 잊지 말아 달라고, 심지어 자기 자손들의 후대까지도 보살펴 달라는 맹약도 서로 맺게 되었다(18:1~4; 19:4,5; 20:1~4,12~17; 23:16~18; 24:20~21절 등).

만약 그때 요나단이 부전자전 식으로 부왕(父王) 사울의 명을 따라 다윗을 해치려고 했다면 다윗은 경각 간에 어찌 되려는 지도 알 수 없었지만(사람의 생각으로 보면), 그러나 요나단의 깊은 신앙심이 인간의 혈육보다는 메시야 언약 계시의 구속사를 더 존귀하게 여겼기 때문에 다윗의 생명을 지키는 수호자가 된 것이다.

2. 권세가 아닌 공의를 선택하였다.

왕권의 세습제에서 부왕(父王) 사울의 명한 대로만 순종한다면 후대의 왕권은 틀림없이 요나단에게 물려질 수도 있었다.

더구나 부왕(父王) 사울은 결점이 많아 백성들에게도 신임을 받지 못했지만, 왕자 요나단은 다윗 정도는 아니었어도 모든 백성들로부터 신임이 대단했고, 왕자의 자격으로도 존경을 받고 있었다(14:6~15,43~45절). 그런 차에 요나단이 부왕(父王)과 다윗 사이에 중립만 지키고 다음에 돌아오게 될 왕권을 생각하였더라면 가능한 일일 수도 있었다.

그러나 요나단은 기회주의자는 아니었다. 왕이 되려는 권세주의자라기 보다는 하나님의 구속사 안에서 하나님의 공의와 백성들의 소망의 의를 먼저 찾고 있었다. 부왕 사울은 전 백성들의 기대와 소망과 의가 한꺼번에 다윗에게 집중될 때에(18:6~7절), 절박한 왕권에 위협을 느껴 그날로 다윗을 척살시키려고 하였지만(18:8~11절), 요나단은 여호와 하나님께서도(18:14,28절), 온 이스라엘도 다윗을 사랑하고 존경하는 것을 알고는 하나님의 공의와 백성들의 정의를 따라 자기의 왕자 자리를 서슴없이 다윗에게 양도하려고 한 것이다(19:1,4~7; 20:13~17절). 이 요나단의 "의" 는 하나님의 공의와 백성의 소원의 정의를 먼저 생각지 않고는 자기의 권세를 양보할 수 없는 일이다.

3. 시기, 질투가 아닌 진정의 선택이었다.

아무도 골리앗과 대적하려고 아니할 때, 소년 다윗이 이스라엘 전군대 앞에서 전쟁에 뛰어들어 한 번 휘둘러 던지는 물맷돌로 단숨에 대장군의 목숨을 끊을 때 사울 왕은 놀라면서도, 여인네들이 상황도 감지하지 못하고 다윗을 추켜세울 때(18:6,7절) 사울은 그날로 당장에 다윗을 벽에 박으려고 창을 두 차례나 던졌었다. 그 이후로는 시기와 질투가 맹렬히 치밀어 불타올라 일생동안 다윗의 구속사 원수가 되었다.

그런데도 요나단은 오히려 소년 다윗의 무쌍한 용기와 메시야 언약계시의 구속사의 담력에 무한한 존경과 경의를 표한다(18:1~4절). 어쩌면 인간으로서 자기의 공명과 명예와 왕권까지도 한꺼번에 다 빼앗아갈 정도로 기세가 등등한 다윗을 보면서도 단 한 번도 시기, 질투는 물론 시샘도 없이 계속해서 우정과 목숨까지도 다 주었던 요나단을 보면 친구 간, 이웃 간에 우정과 사랑이 무엇인가를 느끼면서 배우고 감복한다.

그날로 "다윗을 자기 생명같이 사랑하여", "자기가 입었던 겉옷을 벗어 다윗에게 주었고, 자기의 군복과 칼과 활과 띠" 까지도 다 주었다(18:3,4절). 이는 메시야 언약 계시의 구속사를 다 이루시려고 골고다 십자가에 못박히사 자기를 다 우리 인류에게 주신 예수 그리스도님의 진정한 "아가페(ἀγάπη agepe)" 하나님의 사랑의 모형을 가리킨다.

제 20강 다윗과 요나단의 약정(約定)

본문 : 사무엘상 20장

블레셋의 대장군 골리앗으로부터 국가 민족을 건져낸 이가 다윗이었고, 그는 또한 사울 왕의 사위로서 이스라엘의 부마도위(駙馬都尉 royal son-in-law)이기도 했다. 그런데도 다윗은 단 한 번의 국가 공신의 대접을 받지도 못했을 뿐만 아니라 단 한 번의 철없는 여인네들의 노랫소리를 사울 왕이 듣고는 시기, 질투, 오기가 발동하여 왕은 그 후로 다윗을 죽이려고 여섯 차례나 기회를 노리고 있었다(18:7절; 18:11,17; 19:1,10,11,20절). 이 같은 위험을 감지(感知)한 다윗은 아무래도 사울 왕과 가까이 있다가는 언젠가는 더 큰 위기가 초래될 것으로 알아 사울 왕을 떠나 그가 없는 곳으로 도피할 생각도 한다.

그런데 그때에 잊지 못하는 것은 처남이면서도 영원한 동지 요나단이었다. 동지 요나단은 다윗을 돕는 것이 사울로서는 대적자의 친구로 알아 자기 자신도 불이익을 당할 것으로 알면서도 다윗을 변호하였기에(19:4~6절), 때로는 부왕(父王)으로부터 "단창을 던져 죽이려" (20:33절) 하는 살해 위기도 당하게 된다. 그런 영원한 우정 요나단을 만나기로 한다.

요나단은 대단한 신앙의 인물이면서 구속사를 아는 성경의 사람이기도 했다. 부왕(父王)이 집요하게 다윗을 죽이려고 하는 것은 정치적 라이벌(political rival)의 시기 질투이지만 이는 하나님의 구속사적 경륜과 예정되어 있는 계시 언약(창49:8~10)에서도 부당한 적그리스도의 행동인 것을 알았으므로 부왕(父王)을 말렸고, 다윗에게는 그대가 사울 왕의 후에는 이 나라의 왕으로서 메시야 계시 언약을 이루어야 하고, 자기는 그 다음 자리로서 열심히 돕겠다고 약속도 한다(20:13~16,23,42절).

본 장의 내용으로는 ① 다윗과 요나단의 대화(20:1~11) ② 다윗과 요나단의 약정(約定 20:12~23) ③ 요나단의 부왕에게 다윗의 피신함을 고함(20:24~29절) ④ 다윗과 요나단의 석별(20:30~42) 등으로 나누어진다.

첫째: 다윗과 요나단의 대화(20:1~11)

다윗은 사울 왕으로부터 생명 안전을 위하여 도피하려 할 때 요나단을 만나서는 왕께서 왜 자기를 죽이려고 하는지 도무지 알 수가 없다고 털어놓았다(20:1절). 그때 요나단이 다윗에게 말하기를 "결단코 아니라 네가 죽지 아니하리라. 왜냐하면 부왕께서 어떤 큰일을 벌리려고 할 때는 자기와 꼭 의논하고서 하시는데 너를 해치려 한다는 어떤 말씀도 없으셨기 때문이다." 라고 하였다(20:2,9절). 그 말을 들은 다윗은 혹시 왕께서 나를 해치려고 결심은 하셨지만, 그대에게 알려주지 아니하신 것은 그대의 마음이 슬퍼지게 될 것을 염려하여 그러하실 수도 있다고 하면서(20:3절) 요나단에게 3가지를 부탁한다. ① 사흘 동안 들에 숨어 있도록 하여 달라는 것 ② 왕에게 다윗이 고향 베들레헴에 갔다고 전해 달라는 것 ③ 왕이 그 말을 듣고 진노하시면 그때는 자기를 죽이려는 결심이 분명하니 그때에는 인자하게 대우해 달라는 것 등이다(20:5~8절).

사실상 다윗은 왕으로부터 해함을 당할만한 아무런 이유가 없다. 국가의 위기에서 사울 왕과 국가 민족을 건진 대 애국자이시며, 지금도 이스라엘의 천부장 요직에 있으며(18:13절) 이스라엘 전 국민들의 절대적인 호의를 받고 있으며, 그는 또한 왕의 사위가 되기 때문이다. 그것을 다윗도 요나단에게 주지시켜 주고 있다(20:1절). 더구나 다윗은 족장 아브라함으로부터 메시야 언약 계시의 구속사를 받은 유다 지파의 제1대 계보, 계대의 왕이다(창49:8~10).

그렇다면 만 10세에 율법의 해석인(모세 오경)" 미쉬나(Mishina)"를 배우는 선민 아브라함의 이스라엘의 백성들로서 어찌 창49:8~10을 모르고 있었겠는가? 오직 유다 지파에서만 이스라엘의 왕이 계속되고, 그 왕으로서 메시야 언약 계시의 구속사가 시작되는데 바로 유다 지파의 첫 왕인 다윗이 메시야 계시 언약의 구속사의 조상이라는 것이다. 요나단, 다윗 자신도 그것을 알고 있었다면 틀림없이 사울도 알고 있었을 것이다. 그런데도 다윗을 자기 후계자로 세우지 않고, 요나단을 세우려고 한 것은 "율법의 해석" 인 미쉬나를 어기는 언약의 배신이다. 이는 창3:15의 메시야 구속사의 원리 복음에서 "옛 뱀, 한 큰 붉은 용" 의 악령이다.

둘째: 다윗과 요나단의 약정(20:12~23)

사울 왕은 다윗이 유다 지파에서 첫 번째 왕위에 오른 자로서 메시야 언약 계시의 구속사 조상이기 때문에 자기의 후계자로서 반드시 유대의 왕이 되어야 한다는 것을 알고 있으면서도(창49:8~10; 삼상24:20~21), 악령이 그를 지배하고 다스렸기 때문에 오히려 여러 차례 죽이려고 하였지만 (창3:15 "너는 그의 발꿈치를 상하게 할 것이니라"), 그러나 왕자 요나단은 다윗이 바로 그러한 존귀한 사람이었고 메시야 언약 계시의 구속사를 이루는 조상이었기 때문에 인간적인 우정에서라기보다는 구속사의 신앙적인 믿음으로써 부왕(父王) 사울의 살해 위기로부터 그의 생명을 보존하려고 힘쓰고 노력하며 여러 가지로 애를 다 쓴다.

여기에서 요나단은 지금의 왕자 자리도, 장차 돌아오게 될 임금의 보좌도 다 내놓고 자기는 마치 메시야 구속사의 계보자, 계대가 되는 다윗만을 위하여 존재자가 되어야 하는 것처럼 신하의 도리를 다하여 받들고 섬긴다. 이때 만약 요나단이 부왕(父王) 사울처럼 어떤 사적인 이기심이 있었다면 그는 오히려 다윗을 체포하여 자기의 부왕(父王)에게 넘겼거나 전령자들을 대동하여 다윗을 일망타진(一網打盡 a wholesale arrest)해 버리고 말았을 것이다. 그러나 오히려 요나단은 마땅히 다윗은 메시야 언약 계시 지파의 유다의 현손이기에, 부왕(父王) 베냐민 지파의 사울 왕의 자리를 이어 당연히 다음 왕의 자리에 올라야(창49:8~10)할 것을 알았기 때문에, 다윗의 자손으로 오시는 메시야 예수 그리스도님을 섬기는 그 정성으로 자기 매제이며 친구인 다윗을 섬기고 있다. 요나단은 다윗에게 ① 그대의 생명을 내가 지켜드리지 아니하면 "여호와께서 나 요나단에게 벌을 내리시고 또 내리시기를 원하노라" (20:13절) 한다. ② 그대가 살아야 여호와께서도 나를 살도록 하여 주실 것이다(20:14절) ③ "여호와께서 너 다윗의 대적들을 지면에서 다 끊어버리실 때도 너는 내 인자하심을 내 집에서 영원히 끊어버리지 말라" 고 한다(20:15절) ④ 그래서 요나단은 다윗의 가문과 자기 자손들 사이에서 영원한 우정(생명 지킴)을 약정한다(20:16절).

이 본문에서(삼상20:12~23절) 종교개혁 이후로 수많은 주경신학자들이 창49:8~10의 메시야 언약 계시의 구속사로서 요나단과 다윗의 관계를 해석하지 못하고 다만 요나단의 친구 우정과 겸비, 겸손으로만 해석하거나 세상에서도 어찌하다 있을 수도 있는 왕의 자리를 다른 사람에게 양보, 양도하는 것으로만 해석한다. 그러나 이는 세속사에서 만에 하나 있을 수도 있는 아름다운 이야기가 아니다. 구속사의 주권이 베냐민 지파의 요나단에게 넘겨지는 왕권이 아니라 창세 전에 이미 하나님으로부터 선택적으로 예정되어진 유다 지파의 메시야 구속사의 왕권이다(창49:8~10; 사11:1,10). 어찌 사울 왕이 선민 이스라엘의 아브라함 자손으로서 이 예정되어진 사실을 모르고 있었겠는가? 더구나 그는 이미 베냐민 지파의 왕으로서 폐위까지 당했으므로(15:26~29절) 다음 왕의 자리는 마땅히 유다 지파의 다윗에게 돌아가야 할 것도 알고 있었다(24:20~22; 23:17절). 그런데도 계속적으로 다윗을 쫓아다니며 죽이려고 한 것은 자기 마음에서라기보다는 가룟 유다처럼 사탄이 그의 마음속에 들어가서 메시야 언약 계시의 구속사를 없애버리려는 옛 원죄 "뱀(창3:1~5)", "한 큰 붉은 용(계12:1~4)" 의 "짐승(계13:4)" 이 되어 버렸기 때문이다. 악령이 사울에게 들어가서 "여자의 후손의 발꿈치를 상하게" 하려고 한다(창3:19).

그러나 영적 "짐승(계13:3,4절)" 의 아들인 왕자 요나단은 "옛 뱀" 이 들어가지 아니했으므로 메시야 언약 계시의 구속사의 순리를 따라(창49:8~10) 다윗이 유대의 왕이 되어 메시야 구속사를 성취시켜야 한다고 언약의 약정(約定)까지 한다.

셋째: 요나단이 사울에게 다윗의 피신을 고함(20:24~29)

다윗은 사울의 후계자로서 이스라엘의 다음 왕위 자리에 오르게 되고, 요나단의 가문은 다윗이 지켜 줄 것으로 서로 맹세의 약정을 맺은 후에 "너와 내가 말한 일에 대하여는 여호와께서 너와 나 사이에 영원토록 계시느니라" (20:23절) 하면서 헤어진다. 초하루부터 연이어 "그 달의 둘째 달에도 다윗의 자리가 여전히 비었으므로 사울이 그의 아들 요나단에게 묻되 이새의 아들이 어찌하여 어제와 오늘 식사에 나오지 아니하느냐" 고 묻는다(20:27절).

그때 요나단이 사울 왕에게 답변하기를 아마도 다윗은 자기 집 온 식구와 함께 제사를 드리려고 베들레헴에 내려갔을 것이라고 했다(20:28,29절). 그러나 사실은 다윗이 요나단에게 알리고 사흘 동안 광야에 나가 있었다(20:18~19절).

넷째: 다윗과 요나단의 석별(20:30~42)

요나단에게서 다윗이 베들레헴으로 내려갔다는 말을 들은 사울 왕은 대노(大怒) 하면서 왜 다윗을 그냥 살려 보냈는가? 하는 뜻으로 "이새의 아들이 땅에 사는 동안은 너와 네 나라가 든든히 서지 못하리라 그런 즉 이제 사람을 보내어 그를 내게로 끌어오라 그는 죽어야 할 자이니라" 하였다(20:31절).

끝까지 메시야 언약 계시의 구속사를 도막 시켜버리려는 "한 큰 붉은 용" 의 짐승의 하수인이 된 사울은 드디어 구속사의 수호자가 된 아들 요나단에게 자기 정체를 다 드러내게 된다. 부왕(父王) 사울에게서 다윗을 죽이려는 살해 의도를 알게 된 요나단도 크게 노하여 사울에게 맞선다. 이때는 부왕(父王)지간이라기보다는 창3:15에서 "여자의 후손" 의 편과 여자의 후손의 발꿈치를 물려고 덤벼드는 "옛 뱀" 과의 구속사의 투쟁이다. "다윗이 죽을 일이 무엇입니까? 그가 무엇을 행하였나이까? 한다. 그때 짐승의 하수인이 되어버린 사울이 요나단에게 "단 창" 을 던져 죽이려고까지 하였으나 요나단은 그 자리를 피하여 떠난다(20:32~34). 그리고는 베들레헴으로 떠나가는 다윗과 다시 한번 맹세의 언약을 되새기면서 석별의 정을 나눈다(20:42절).

구속사 설교

◈ 다윗과 요나단의 약정 ◈

우리 인간이 세상을 살아가면서 대인관계에서 수많은 약속을 하게 된다. 그 중에서 제일 많이 하는 약속은 다시 만나자는 것으로 어디 어느 곳에서 몇 시에 만나자는 시간 약속이다. 성경에서도 많은 약속이 있다. 그 중에서도 가장 크고 위대한 약속은 인간과 하나님과 맺은 약속인데 그 약속은 사람과 사람 사이에 서로 주고받고 나누는 세속인의 약속 정도의 차원이 아니라(a promise) 하나님께서 일방적으로 맺어주시는 것으로 "언약(言約 디아데케 διαθήκη 베리트 בְּרִית)" 이라고 한다. 여기서 요나단이 다윗에게 요청하여 맺은 약속은 흔히 세속 사회에서 가지는 생활상의 것이 아니라 여호와 하나님을 모시고 가지게 되는 구속사적인 것이기 때문에 "약정(言約 a stipulation 디아데케 διαθήκη 베리트 בְּרִית)" 이라고 해야 한다. 여기서 참으로 아쉬운 것은 종교개혁 오백 년 전과 이후에도 다윗과 사울 사이, 특히 사울이 삼상18:10에서 악령이 들어간 후에 다윗을 계속해서 죽이려고 한 것을(삼상30장까지) 수많은 성경 학자, 주경가 그리고 목회자들이 메시야 언약 계시의 구속사로 보지 못하고, 흔히 세상적인 정치사적으로만 보는 관계로 사울이 다윗을 시기하고 질투하는 왕권 투쟁으로 본다는 것과 요나단과 다윗의 관계도 구속사의 관계로 보는 것이 아니라 다만 친구 간의 우정 관계로만 보고 있다는 것이다. 이는 성령님의 영감으로써 성경 기록의 목적이 오직 메시야 언약 계시의 구속사에 있다는 것을 간과하고 있기 때문이다(딤후 3:15~17). 여기 다윗과 요나단의 약정도 친구 간의 우정적 차원에서 보는 것이 아니라 메시야 오시는 구속사의 베리트(בְּרִית) 관계에서 보아야 한다. 이는 예수 그리스도님 안에서 맺어지는 구속사의 왕권이기 때문이다.

1. 생명의 관계적인 약정이었다.

다윗의 생명이 사망의 음침한 골짜기에서 최대의 위기에 봉착되었을 때 요나단에게 말하기를 "네가 친히 나를 죽이라 네 아버지에게로 데려갈 이유가 무엇이냐" (20:8절)라고 하였다. 그만큼 다윗의 원수가 가득 차 있었기 때문이다. 그때 요나단은 다윗을 위로하고 크게 안심시키면서 ① 아버지께서 다윗을 해치지 못하도록 내가 다 막아주겠고(20:9~12절), ② 아버지의 행하시려는 계획도 다 네게 알려주겠으며(20:13절), ③ 다윗의 생명과 요나단의 생명은 다같이 한 생명이라고 한 것이다(20:17절). ④ 그러므로 항상 하나님께 너의 안전을 기도하겠다고 약정한다(20:13절). 여기 20:14~16절까지를 보면 요나단의 생명과 다윗의 생명이 한 생명으로 맺어진 것을 고백한다. 그렇기 때문에 요나단이 살면 다윗도 살고, 만약 다윗이 죽는 날에는 요나단 자기도 죽으리라고 한다. 이는 일반 주경가들이 해석하는 우정적 관계를 뛰어넘는 생명적 관계를 말씀하는 것으로 두 사람의 목숨은 오직 오시는 메시야의 구속사 안에서만 있기 때문이다.

2. 절대적 관계의 약정이었다.

세상에 둘도 없는 우정적인 관계라고 할지라도 사람과 사람 사이에는 상대적인 우정이지 절대적인 우정은 아니다. 그러나 성도와 하나님, 양과 그리스도의 "아가페" 적인 관계는 상대적인 관계라기보다는 절대적인 관계가 되어야 한다.

하나님께서 창15장에서 아브라함과 맺으신 언약은 절대적 관계이셨다. 그래서 산 짐승을 번제단 위에서 잡아 그 잡은 짐승들을 가운데 놓고 하나님과 아브라함은 마주 대면하여 섰다. 메시야 언약 계시의 구속사가 가나안 땅에서 메시야께서 오시므로 이루어지리라는 언약이셨다. 이 언약의 절대성은 누구라도 언약이 파기될 때는 파기시킨 자는 여기 쪼개 놓은 짐승처럼 그 몸도 쪼개질 것이라는 것이다.

성도와 예수님의 사랑(아가페 ἀγάπη)의 언약 관계가 상대적 관계가 아니고 영원무궁한 절대적 관계라고 하는 것은 요10:11,14,15,17에 기록된 대로 골고다 십자가에서 찾을 수가 있다(요일4:9,10). 이처럼 다윗과 요나단이 서로 맺은 약정도 인간 세상의 상대성의 약속을 초월한 약정이 되어진 것은 하나님 아버지와 오시는 메시야 언약 계시에서 구속사로써 맺어진 것이기 때문이다. 만약 두 사람이 맺은 약속이 우정적 관계에서 상대성이었다면 요나단은 다음 왕권이 먼저이겠고, 다윗보다는 부왕(父王) 사울의 명령이 더 우선이 되어 다윗도 죽여야 할 것이기 때문이다(20:30~31절).

그런데도 그들 관계의 약정이 상대성의 우정이 아니라 절대적인 구속사가 되었기 때문에 요나단은 ① 왕의 자리도 다윗에게 일임하였고, ② 생명 줄도 다윗에게 넘겨주었고(20:17절), 구속사 예정을 어긴 부왕(父王) 사울을 떠나 지금은 자기 구속사로 인하여 고난당하는 ③ 다윗을 더 사랑하고 따르게 된 것이다(20:30~34절).

3. 구속사 단계의 약정이었다.

만약 본문들 전체를(18:1~23:16절) 요나단과 다윗의 우정적 관계에서 요나단이 다윗을 아끼고 사랑하는 섬김과 봉사로만 본다면 그럼 왜 다윗은 요나단을 아끼고, 사랑하므로, 섬기는 자세가 단 한 번도 없었느냐 하는 것이다. 서로 약정을 맺을 때도 단 한 번도 다윗의 입에서는 약정을 맺자 하는 일언반구의 말이 없고, 모두 다 요나단의 입에서만 나오는 것이었다.

주경가들의 주장처럼 두 사람의 관계가 아주 절친한 친구의 우정적 사이라면 다윗의 입에서도 요나단에게 약정을 하자라는 말도, 자네는 왕자이니 자네가 왕이 되라 하는 양도, 양보의 겸손도 있어야 하는데 다윗에게는 언제, 어느 때, 그 어디서도 그런 말을 단 한 번도 나온 적이 없다. 그래서 다윗은 요나단처럼 단 한 번도 요나단을 친구로 생각해 보지 않았는가 하는 의심도 가져 볼 수가 있다. 그렇기 때문에 흔히 세상에서는 다윗과 요나단의 관계를 서로 목숨이라도 주고 나눌 수 있는 우정적 친구 관계라고 하지만 이 같은 해석은 요나단에게만 해당되는 것이지 다윗에게는 단 한 번도 그렇게 해본 적이 없기 때문에 합당하지 않은 해석이다. 그러면 다윗은 어떤 관계에서 요나단을 대하고 있는가? 오직 메시야 언약 계시의 구속사로만 요나단을 대하고 있다.

서로 생명이라도 주고받을 수 있는 우정의 관계이기는 하지만 그 우정도 서로가 오시는 메시야의 구속사를 이루는 데 쓰임 받는 일꾼으로서의 동역자적 우정이었다. 혹시 요나단은 부왕(父王) 사울의 큰 박해에서 다윗의 목숨을 건져 준 것은 절친한 친구이기 때문에 그랬는지도 모른다.

그러나 다윗은 그것보다는 자기에게서 오시는 메시야 언약 계시의 구속사를 반드시 이루어져야 되겠기 때문에 요나단에게 구명운동을 부탁한 것으로 보인다(20:8절). 다윗은 사울 왕보다 더 강한 골리앗으로부터도 메시야 언약 계시의 구속사로 인하여 살아난 경우도 있기 때문이다(17:41~54절). 또 요나단은 왕의 자리도 다윗에게 넘겨주려는 겸손과 양보 정신이 탁월했다. 그러나 구속사적으로 보면 이미 부왕(父王) 사울은 폐위당했고, 창49:8~10의 절대 계명에서는 요나단은 유다 지파가 아니고 베냐민 지파의 왕자이기 때문에 어차피 이스라엘의 왕위에는 오르지 못할 사람이었다. 그러나 다윗은 이스라엘의 왕위에서는 ① 이미 왕으로 기름 부음을 받은 자가 되었고(16:12,13절), ② 절대 계명의 창49:8~10에서도 왕의 자리를 요나단에게 양도할 수 없는 것이었고, ③ 가장 큰 것은 메시야 구속사가 반드시 이스라엘 전체 국민들 가운데 오직 자기만이 해당되기 때문에 요나단처럼 어느 누구에게도 줄 수 있는 겸손과 양보지심이 되어서는 안 되기 때문이다.

그러므로 사무엘상에 기록된 사울 왕과 다윗의 관계, 다윗과 요나단의 관계를 오직 메시야 언약 계시의 구속사로만 해석하지 아니하고, 흔히 일반 세상에서 벌어지는 정치적인 안목에서 해석하면, 이는 성령님 감동의 영감된 계시가 아니라 전혀 본문들과는 맞지 아니하는 정치적인 주도권(主導權 hegemony) 적 기록밖에는 되지 못한다는 것이다.

제 21강 다윗의 유랑 생활

본문 : 사무엘상 21장

전 장(20장)에서 요나단의 도움으로 사울 왕이 자기를 죽이려는 의도를 최종적으로 확인한 다윗이 요나단과 석별하고 본격적으로 도피 행로에 들어서는 내용이다. 그때 다윗의 나이가 이십오 세 정도로 본다면, 삼십 세에 왕위에 올랐음으로(삼하5:4), 다윗의 유랑 생활은 오 년 정도 한 것으로 보인다. 하지만 그의 도피행각은 비참할 수밖에 없었다. 사울의 신하로 왕궁 생활을 했을 때는 왕의 사위 겸 중신(重臣)으로서 백성들과 궁정 관리들로부터 대단한 칭송을 받았었다(18:5, 6절). 그러나 이제는 가정과 왕궁을 떠나 왔으므로 다윗은 오히려 일개 모반자와 반역자로 낙인 찍힌 자가 되어 이스라엘 어느 누구로부터도 아무 도움도 받을 수 없게 되었고, 더군다나 그는 상급을 노리는 모든 백성들의 표적이 될 수밖에 없었다. 이는 안락한 가정을 떠나 구속사 진리의 복음의 공생애 생활에 들어가신 예수님의 유랑 전도 생활을 예표 하기도 한다. "예수께서 이르시되 여우도 굴이 있고 공중의 새도 거처가 있으되 인자는 머리 둘 곳이 없다" (마 8:20). 바로 이 같은 점들 때문에 다윗은 가는 곳마다 극도의 두려움에 휩싸여 인간 내면적 속성의 한계점이 노출되기도 한다. ① 그는 목전에 닥친 위험을 벗어나기 위하여 가는 곳마다 임시변통의 거짓말을 한다(21:2,8,13절). ② 자신의 안전만을 위하여 도피한 곳이 결국 사울 왕에게 알려지게 되어 다윗을 도와준 아히멜렉의 제사장과 팔십오 명의 제사장이 사울로부터 대 참살을 당하게 된다(22:9~19절) ③ 극도로 사울의 위협에 처하게 된 그는 잠시라도 하나님보다는 자기의 수단과 방법에 의지하여 가서는 안 될 이방인의 땅에 들어가게 된다. 그래서 선지자 갓의 충고를 듣고 다시 유다 땅으로 돌아온다(22:3~5절). 이는 인간 내면적 속성으로써 그의 성정(性情)이 우리와 다르지 아니함을 보여주는 것이다(왕상19:1~8; 약5:17).

본 장(21)의 내용은 ① 놉 땅으로 피신함(21:1~9) ② 블레셋 땅으로 들어감(21:10~15) 두 가지 대지로 나누어진다.

첫째: 놉 땅으로 피신함(21:1~9)

다윗이 가정과 왕궁을 떠나 "제사장의 성읍" 이라 불리는 "놉" 땅으로 간 것은 앞서 "선지자의 성읍" 이라고 할 수 있는 "라마" 로 피신한 사실과 연관성을 갖는다. "라마" 에서 선지자 사무엘의 도움을 받았던 것처럼 여기 "놉" 에서는 제사장의 도움을 받기 위함이었을 것이다. "놉" 은 "강론, 예언" 이라는 지명에서 예루살렘 북방 4km, 기브아에서는 동남으로 4km 지점이며, 제사장의 성읍이었다(22:19절). 실로가 블레셋 사람들에게 파괴된 후(4:10,11절), 이곳이 이스라엘의 성소 역할을 한 것 같다.

다윗이 이 "놉" 땅에 온 것은 자신의 진로에 대하여 하나님께 묻고, 또 우선은 먹을 것을 구하러 온 것이다. 그때 놉의 제사장은 "아히멜렉(아히메레크 אֲחִימֶלֶךְ Ahimelech 〈 아흐 אָח 형제 + 메레크 מֶלֶךְ

왕)" 이였는데 엘리 제사장의 아들인 비느하스의 손자이고 "아히야"와 동일인 것 같다(14:3; 22:9절).

제사장 아히멜렉이 다윗의 일행을 보자 매우 놀라 떨었던 것은(21:1절) 다윗은 이스라엘의 최고의 대장군이시며(18:13절 천부장), 왕의 사위였기 때문이라기보다는 사울 왕으로부터 지명수배가 내려졌기 때문으로 보인다(22:6~8절). 그때 심히 배고픈 다윗이 먹을 것을 달라고 할 때 아히멜렉이 "거룩한 떡" (코데쉬 레헴 לֶחֶם קֹדֶשׁ consecrated bread 〈 레헴 לֶחֶם 빵, 음식, 떡/코데쉬 קֹדֶשׁ 거룩함, 신성함, 떨어짐)곧 "진설병" (레헴 하파님 לֶחֶם הַפָּנִים the shew bread 〈 파님 פָּנִים 앞에, 면전)은 있으나 "그 소년들이 여자를 가까이만 하지 아니하였으면 주리라" (21:5절)한다. 그래서 결국은 다윗과 일행은 그 진설병을 먹게 된다(21:6절).

여기서 "진설병" (레헴 하파님 לֶחֶם הַפָּנִים)은 떡 상에 두 줄로 놓인 열두 개의 떡으로(레24:5~8) 안식일 전날에 새 떡으로 교체하여 놓으며 물려 내놓는 떡은 제사장들만 먹을 수가 있었다(레24:8~9). 그러니까 제사장이 아닌 다윗과 그 일행들은 먹을 수가 없는 것이다. 그런데도 다윗이 진설병을 먹은 것에 대하여 합당하게 해석하셨다(마12:3,4; 막2:25,26; 눅6:3,4). 어떤 주석가는 다윗이 진설병을 먹고서도 무사한 것은 구약성경 호6:6을 인용하여 하나님께서는 자비를 원하시고, 제사를 원치 않으시기 때문이라고 하면서 자비와 긍휼의 은총이라고 해석한다(朴). 이렇게 해석하는 것은 구속사를 모르기 때문이다. 그러나 이 해석은 바르지 않다. 아마 다윗이 아니고 다른 유랑자가 다윗과 같은 처지에서 진설병을 먹었다면 진설병을 준 제사장이나, 먹은 자나 결코 온전하지는 못했을 것이다. 다윗이었기 때문에 먹고도 살 수가 있었다. 다윗이 그때 만약 계속 먹지 못하여 굶주려 죽기라고 한다면 어찌 되는가? 진설병의 실상되시는 예수님께서 오시지 못하게 되어 성소 자체는 물론 진설병도 아무런 의미가 없다. 다윗은 메시야 언약 계시의 구속사에서 그 진설병의 실상이신 그리스도의 표상이시다.

구약 성소의 떡상의 진설병은 거룩하고 신령한 안식을 상징한다. 그 안식일의 주인은 예수님이시요(마12:8; 막2:28; 눅6:5), 예수님은 다윗이 성소에 진설해 놓은 그 안식일의 떡이라도 먹고 살아오실 수 있는 다윗의 실상이시다. 만약 다윗이 굶주려 죽을 때는 성소의 진설병의 원형이신 그리스도께서도 세상에 오실 수 없기 때문에 진설병을 먹고서라도 다윗은 있어야 한다. 그렇기 때문에 결론적인 해석은 다윗이 진설병을 먹은 것은 예수 그리스도의 구속사를 이루기 위함이 된 것이다.

둘째: 블레셋 땅으로 들어감(21:10~15)

다윗이 제사장 아히멜렉으로부터 진설병을 얻어먹고 블레셋의 대장군 골리앗의 칼까지 받아 가져갈 때 이 모든 일을 다 목격한 자는 "사울의 신하의 한 사람" 인 에돔 사람의 도엑이었다(21:7절). 그는 놉 땅에서 사울의 양치기로 목자였다. 여기서 도엑을 소개하는 것은 도엑의 고발로 놉의 제사장들이 다윗을 도운 관계로 85명이 한꺼번에 대 참살을 당하였기 때문이다(22:9~19절).

다윗이 후일에 그의 간교함과 사악함을 알고는 시편 52장에서 그를 저주한다. 한편 놉에서도 오래 머물 수가 없다는 것을 알게 된 다윗은 다음 도피할 곳으로써 블레셋의 영토인 "가드 왕" 아기스에게 간다(21:10절). 이는 다윗의 큰 실수이다. 다윗이 죽인 골리앗이 바로 이 지역 사람이었기 때문이다(17:4절). 그러므로 가드 왕 아기스는 물론 그 신하들도 전 가드 고을 사람들도, 심지어는 이스라엘의 여인들이 다윗 왕을 찬양하는 그 노래들도 잘 알고 있었다(18:7절). 이렇게 다윗의 신분 전체가 가드 백성들에게 노출되자 다윗은 생명의 큰 위험을 느껴 "그들 앞에서 그의 행동을 변하여 미친체하고 대문짝에 끄적거리며 침을 수염에 흘리" 는 광인(狂人) 노릇까지 한다. 혹자들은 다윗이 이 같은 광인의 짓을 비난하지만 의인으로서 위험을 돌파하고서라도 살아서 메시야 언약 계시의 구속사를 이루려고 하는 것이기 때문에 이때의 고난을 성령님께서는 성인들로 하여금 시편34편 전체에서 계시의 성경으로 기록하도록 영감하신다.

아기스 왕이 자기 면전에서 이같이 완전히 미친 자 노릇을 하는 다윗을 보고는 그를 자기에게 데려온 신하들을 향하여 심하게 꾸짖으면서 왕궁에서 내보내라고 한다. 그래서 다윗은 구사일생(九死一生 a narrow escape from death)으로 죽음에서 벗어난다(21:14,15절). 그때 지은 감격 강동의 시편이 56편이다. 다윗의 56편의 시는 예수님의 무사하심을 예표하는 시이다. 예수님께서도 유대인들에게 여러 번 몰려 다윗처럼 죽음의 덫, 올무에 빠져 있었으나 그때마다 구속사를 성취하시기 위한(요19:30) 아버지 하나님의 도우심으로 서기관과 바리새인들, 유대인들로부터 벗어나 살게 되신다(마22:15~22; 눅4:28~30; 요5:16~18; 8:59; 10:28~31).

구속사 설교

◈ 다윗의 두려움의 결과 ◈

인간 다윗에게는 대장군 골리앗을 단 한 번의 물맷돌을 휘둘러 이마에 박히게 하므로 즉사시키는 대담함과 무쌍한 용감성도 있었지만, 그러나 사울 왕이 죽인다는 사형 경고를 듣고는 놀라고 두려워 이리 저리로 국내외로 도망 다니는 용렬함과 무능력과 비겁함도 가지고 있었다. 이는 첫 도피지 "라마" 에서 다음 도피지 "놉" 땅에 들어갔고, 그 곳에서도 죽인다고 하니까 이번에는 절대 들어가서는 안 될 골리앗의 고향 가드에 들어갔다가 대망신을 당하는 처참한 꼴이 되어버린다. 이방의 땅 가드에 들어간 다윗의 신세(身世 one' s personal affairs)는?

1. 믿음의 판단이 흐려지게 되었다.

믿음의 신앙이 왕성하게 될 때는 골리앗과 맞설 때도 여호와 하나님의 이름을 당당히 골리앗을 꾸짖는 경고를 주었다(17:45~47절).

그렇지만 사울의 기세가 두려워 국내외적으로 도망 다니게 될 때는 가만히 한자리에 있지 못하고 이리 저리로 유랑으로 떠돌아다니다가 결국은 원한의 소굴 블레셋의 가드에까지 오고 말았다.

다윗 자신의 장점이자 위대한 특기가 무엇인가? 작고 큰일, 적고 많은 어떤 일이든지 그는 하나님께 먼저 여쭙고 하나님의 지시와 그 응답에 따라 움직였다. 그런데 왜? 이번 일에는 단 한 번의 기도도 없느냐? 하는 것이다. 사무엘의 고향 "라마" 로 도피할 때도 자기 마음대로 갔었고, 놉 땅에 피신할 때도 단 한 번의 기도도 없었다(19:18; 21:1). 그리고 두 곳을 떠날 때도 하나님을 찾지 못하였고, 이렇게 다윗 일생일대의 가장 위험한 곳 여기 가드 왕 아기스에게 들어올 때도 그의 하나님은 함께 계시지 않고 다윗 홀로 들어온 것이다. 하여튼 하나님을 모시고 언약 계시의 메시야의 구속사를 의지할 때는 천하대장군 골리앗도 단번에 물리쳐 이겼지만, 하나님을 모시지 아니하고 들어오니 단번에 가드에서 쫓겨나는 신세가 된 것이다. 이는 비단 다윗에게만 국한된 것이 아니다. 어떤 그리스도인이라도 하나님이 없이 자행자지하면 어디를 가든지 그는 찬밥 신세가 된다는 것을 깊이 깨달아야 한다.

2. 존경받는 자가 수치 받는 자도 되어진다.

비록 적장 다윗이 골리앗을 척살하므로 블레셋과 가드에게는 대원수가 되어버렸지만 17세의 나이 어린 소년이 천하의 대 용장 골리앗을 단번에 죽인 것에 대하여는 객관적으로 판단해서 가드는 물론 블레셋의 전체 성읍, 성읍, 고을에서는 소년 영웅으로 추앙의 대상이 되어 있었다. 그렇다면 그 빛나는 명성과 존영을 계속 유지하도록 행동을 항상 신중히 해야 할 것이었는데 골리앗의 천분의 일도 안 되는 사울이 죽인다고 엄포하니까 그것이 두려워 이렇게 이스라엘을 떠돌아다니다가 결국은 절대 가서는 안 될 골리앗의 탄생지 가드에게까지 오게 된 것이다. 오! 위대한 소년 장군 다윗이여! 엘라 골짜기에서 단 한 번의 물맷돌로 골리앗을 척살 내던 그 담대한 용기와 기백은 지금 어디로 갔는가? 구속사의 메시야를 믿고 신뢰하던 그 신앙은 어찌 되는가? 골리앗의 좁쌀 정도밖에 안 되는 악령의 사자 사울이 죽인다고 하니까 이렇게 주유천하(周遊天下 make a trip round the world) 하면 어찌 되는가? 경모, 존중받던 그 소년 영웅 다윗의 명성이 여지없이 추락하고 만다.

3. 구속사를 역행하는 자가 되었다.

여기 사무엘상21:10은 다윗의 생애에서 가장 치욕을 당하는 부끄러운 역사의 흠집이다. “그날에 다윗이 사울을 두려워하여(빠이욤 하후 밉페네 사울 בַּיּוֹם־הַהוּא מִפְּנֵי שָׁאוּל That day David fled from saul 〈 욤 יוֹם 날/후 הוּא 3인칭대명사단수/파님 פָּנִים 얼굴, 면전)은 블레셋과 이스라엘의 군대가 실로 바다의 모래와 같이 널리 퍼져 있는 엘라 골짜기의 전쟁 마당에서도 17세 소년 다윗은 조금도 두렵지 아니하므로 한 병사와 전쟁 상황을 대화하였고(17:26,27, 30절), 그때 블레셋 진영에서 2m 83cm 나 되는 인간 괴물인 골리앗이 나타날 때는 이스라엘 전 군대가 두려워 모두 다 도망하기에도 숨이 가빴는데 다윗은 그때에도 조금도 두려운 기색이 없이 거의 벌거벗다 싶은 몸으로 병사들 앞에 나아가 메시야 구속사의 이름으로 엄중히 그를 꾸짖었던(17:41~47절), 소년 영웅 다윗이었다. 바로 그 시편이 27편이다.

그런 용장 다윗이 구속사 신앙의 믿음이 약하여져서 그랬는지는 모르지만, 사울이 자기를 죽인다고 선언하고 엄포할 때는 그것이 두려워 이스라엘 곳곳으로 유리 방황하여 떠돌아다녔고, 그것도 안전한 곳이라 생각되지 아니하므로 이렇게 스스로 "사망의 음침한 골짜기" 인 가드까지 도망하여 전혀 소년 영웅답지 아니한 행동과 구속사를 역행하는 미친 자(귀신 놀이) 노릇까지 하는 것이다(21:12~15절). 다윗이 성령님의 기름 부어 구속사 계보의 왕이 되었다면(16:13절). 마땅히 "옛 뱀, 한 큰 붉은 용" 의 "짐승" (계12:1~5; 13:1,2)이 되어버린 사울 왕과 영적 전쟁을 하여 반드시 승리하여 이스라엘을 메시야 언약 계시의 구속사 선민으로 세계만방에 우뚝 서도록 만들어 놓아야 했을 것이다. 그런데도 구속사의 계보, 계대인 당사자인 다윗이 악령의 짐승(16:14절), 수종자인 사울을 심히 두려워하여 도망 다니는 자가 되었다면 이는 다윗 자신도 구속사를 역행하는 자가 되었음을 증명한다.

삼상16:13~15을 보면 다윗이 기름 부음을 받는 그 날(창49:8~10) 다윗에게는 구속사의 성령님이 충만하게 임재 하셨고, 사울에게는 하나님의 영(성령님, 구속사의 영)이 떠나는 대신 즉시 "옛 뱀, 악령"이 그를 지배하게 된 것을 가리킨다. 이것은 창3:15이 그들에게 상징화된 것을 가리킨다. 여기에서부터 하나님의 메시야 계시 언약의 구속사와 "한 큰 붉은 용" 의 사탄의 투쟁이 시작되었음을 암시한다. 그러므로 다윗은 메시야 구속사의 믿음으로 자기를 대적하는 사울을 이겨야 한다. 그런데도 다윗이 사울을 두려워 이렇게 도망 다니며 심지어 여기 가드에까지 와서 악령 들린 자의 행동으로써 귀신 놀이를 하는 것은 심히 망령된 자의 행동이며(21:10~15), 구속사를 역행하는 자이다(출20:7; 신5:11참조).

제 22강 사울이 제사장을 살해함

본문 : 사무엘상 22장

사울에게 악령이 들어간 후부터는(16:14절) 다윗을 죽이려고 하므로 다윗은 사울이 두려워 먼저는 사무엘이 거주하는 라마도 도피했고(19:18절), 그 곳에서도 군대를 풀어 다윗을 살해하려고 하였으므로(19:20절), 그곳을 떠나 "놉" 땅으로 도망갔으나(21:1절) 그곳도 이미 사울의 살해 위협이 있었으므로 두려워하여 이스라엘이 아닌 블레셋의 골리앗의 탄생지 가드(17:4절)로 피신한다. 그렇지만 그곳은 이스라엘의 그 어떤 곳보다도 오히려 더 위험한 곳이었으니 그들의 대장군 골리앗을 다윗이 죽인 것으로 알아 하루도 안심하고 있을 수가 없었다(21:11~12절). 그래서 ① 성령님의 기름 부으심으로 이스라엘의 왕이 된 자요(16:12, 13절), ② 메시야 언약 계시의 구속사의 조상으로서는(창49:8~10) 도무지 해서는 안 될 미친 자(악령)의 흉내까지(21:13~15절) 낼 수밖에 없었다. 그리고는 다시 가드에서 도망쳐 나와 아둘람 굴에 들어가 있었고(22:1절), 그곳에 있을 때 소식을 듣고 베들레헴에 있던 부모님의 가정 식구들과(22:1절) 환난 당한 모든 자와 빚진 모든 자, 마음이 원통한 자들까지 사백 명이 함께 거주하게 된 것이다(22:2절).

이렇게 사백 명이나 갑자기 늘어난 많은 수를 감당할 수가 없었으므로 이번에는 다시 모압 땅 미스베롤 가서 모압 왕의 허락 하에 그

곳에 거주하게 된다(22:3, 4절). 그때 선지자 "갓" 이 다윗을 만나 모압 땅에 거주하지 말고 다시 유다로 들어가라고 하므로 부모의 가정 식구들과 같이했던 사백 명을 데리고 유다 지파의 본거지 유다 땅으로 귀향한다(22:5절).

본 장(22)의 내용으로는 ① 다윗이 아둘람과 모압으로 피신함(22:1~5) ② 놉의 제사장들의 피살(22:6~23) 등으로 나누어진다.

첫째: 다윗이 아둘람과 모압으로 피신함(22:1~5)

가드 왕 아기스에게 쫓겨난 다윗은 아둘람 굴로 갔다. "아둘람(아두람 עֲדֻלָּם Adullam)" 은 "가드" 에서 동남으로 약 14km, 베들레헴 남방 19km 지점이다. 이는 유다 지파에게 주어진 땅이고 현재는 "아이드 엘 마(Aid–El–Ma)" 이다. 고대에서 모반자는 연좌제(緣坐制)로 엮어져 그 일가족까지 같이 몰살시키었으므로 다윗의 가족들도 베들레헴에서 피신하여 이곳으로 온 것이다(K&D). 그리고 이어서 사백 명 가량 모여든 사람들은 ① 환난 당한 모든 자(콜 이쉬 마초크 כָּל־אִישׁ מָצוֹק every one that was in distress 〈 콜 כֹּל 모든 것, 전체/이쉬 אִישׁ 사람/마쪼크 מָצוֹק 좁음, 곤경, 고뇌, 압박, 고통)는 사울의 학정으로 정치적 또는 사회적으로 압박당하는 자요 ② 빚진 자(노쉐 웨콜 이쉬 נֹשֶׁא וְכָל־אִישׁ and every one that was in debt 〈 나솨 נָשָׁא 이자나 고리를 받고 빌려주다, 채권자가 되다, 채권자 that was in debt)는 히브리어로 복수가 되어 "빚진 모든 사람들" 이다. ③ 마음이 원통한 자(마르 네페쉬 מַר־נֶפֶשׁ every one that was discontented 〈 마르 מַר 쓴 맛, 고통, 괴로움/네페쉬 נֶפֶשׁ 영혼, 자아, 생명, 마음, 감정)는 사울에게 짓밟히고 빼앗기므로 분함이 가득한 자들이다. 어쨌든, 다윗에게로 모여든 사람들은 모두 다 사울의 압박 아래서 억울함을 당한 자들이었다. 악령이 가득한 자가 "짐승" (계13:1~3)처럼 되어 나라와 민족을 다스리니 온전할 수 있겠는가? 이 사백 명 중에는 용사들도 있었고(대상12장), 선지자도 있었다(22:5절). 대상21:9 참조. 이들이 나중에는 육백 명으로 증가되었는데(23:13절), 이들은 다윗에게서 강한 군대가 되어 전쟁에 나가 승리를 거두기도 했다(23:5; 27:9; 30:26 참조). 또한 훗날 다윗이 왕위에 오른 뒤에는 이 육백 명 용사들은 다윗을 돕는 정예부대가 된다. 압살롬 전쟁을 승리에 이끈 것도 이들이었다(삼하18:7~8).

여기서 다윗에게 모압의 요새(마추드 מְצוּד stronghold)에 있지 말고 유다로 들어가라고 말한 사람은 선지자 "갓(가드 גָּד)" 이었는데 그는 사무엘 선지 학교 출신으로(19:22), 이때 사무엘 선지자의 파송으로 다윗에게 온 것으로 보인다(K&D. Rpsmithe). 나단 선지자(삼하12:1)와 더불어 하나님의 뜻을 다윗에게 전하는 왕궁의 선지자였다. "갓" 이 모압 당에 머물지 말고 유다로 가라고 하는 것은 ① 장차 이스라엘의 왕 될 자가 이방의 땅, 더구나 평생 격리시켜야 될 모압(신23:3; 느13:1,2) 땅에 머물러 있는 것은 선민으로서 합당하지 못한 것이요, ② 이제는 메시야 언약 계시의 구속사 조상답게 부끄러운 일을 해서는 안 된다는 것이요, ③ 구속사 메시야를 신뢰하고 골리앗도 쳐서 물리친(17:45,46절) 그 담대한 용기와 기백으로 사울의 모든 위협과 협박과 압제를 이기며 나아가라는 것이다. ④ 유다는 여호와 하나님의 은혜와 섭리 가운데 주신 왕의 터전인데 어찌 그 영광의 왕터를 버리고 이렇게 이방의 땅에 머물러 있을 수 있겠느냐 하는 구속사 하나님의 계시이기도 하다(수15장; 19:1~9 참조).

둘째: 놉의 제사장들의 피살(22:6~23)

사울이 전국적으로 다윗을 감시하고, 그와 함께 하는 자가 누구인지를 살피는 정탐관들을 전국 각 지방마다 두었기 때문에(19:15,16,19절) 다윗이 어느 곳으로 도피하더라도 그의 행방에 대하여는 속속들이 잘 알고 있었다. 사울은 이번에도 다윗이 모압으로 들어갔다가 다시 나와 유다로 들어간 것도 알았다. 사울은 그때 "기브아 높은 곳에서 임금의 상징인 "홀" 대신 손에 "단창" 을 들어 자기 신하들인 베냐민 지파 사람을 심하게 꾸짖는다(22:7~8절). 한마디로 말하면 ① 자기 자신이 베냐민 지파 사람들을 신하로 삼고 부자 되게 하였는데 ② 요나단과 공모하여 자신을 대적하고 있으며 ③ 아무도 나를 도와주는 자가 없다는 것이다. 여기 6~8절까지 짧은 세 구절뿐이지만 사울의 정치가 얼마나 불의하였는가를 여실히 보여준다. 먼저는 이스라엘 왕은 하나님을 대신하는 "홀" 을 들어야 하는데(창49:10), 홀 대신에 "단창" 을 들었다는 것은 스스로 폐위되었음을 자인(自認)하는 것이며, 자비와 긍휼로써 백성을 섬기며 다스리는 것이 아니라 칼로 백성을 폭압하는 독재정치를 가리킨다.

그러므로 사울은 이스라엘의 열두 지파의 임금이 아니라 자기 지파, 베냐민 지파의 왕인 것만을 가리킨다. 그들만 요직에 등용하여 혜택을 주었기 때문이다. 또 하나는 민족을 분열시키는 자이다. "이새의 아들이 너희에게 각기 밭과 포도원을 주며 너희를 천부장과 백부장을 삼겠느냐" (22:7절)라고 한 것은 만약 다윗이 왕이 된다면 유다 지파만 잘살도록 하여 주지, 다른 지파(특히 베냐민)는 거의 돌보지도 아니하리라는 것이다. 유다 지파와 다른 지파 특히 베냐민 지파를 이간시키는 민족분열자이다. 자기가 지금 그런 정치를 하고 있기 때문에 다윗도 그런 왕이 될 것이라는 모함의 책동 정치이다.

또 한 가지는 불신이 가득한 자이다. 다윗도, 요나단도 단 한 번이라도 공모하여 장인이시며 부왕(父王)이신 사울을 살해하려고 한 적이 없다. 오히려 악령으로 귀신들려 미친 장인이시며(다윗의) 부왕이신(요나단) 사울이 사위 다윗을 죽이려고 여러 번 덫과 올무를 놓았고, 요나단도 두 차례나 죽이려 하였지만(14:43~44절; 20:33절), 다윗과 요나단은 오히려 장인과 부친을 불쌍히 여겨 용서하며 긍휼히 여겼다. 마지막으로는 백성들 앞에 군림(君臨)하는 교만과 오만의 전제주의자이다. 그가 이렇게 신하들과 자기 백성들을 질타하는 자리는 "기브아 높은 곳" 이다. 자기 왕의 권세를 백성들에게 보이기 위한 독재자의 만용이다. 하여튼 22:6~8절, 그 짧은 문맥에서 어느 한 가지도 하나님을 모시고 구속사의 메시야를 대신해야 하는 섬기는 종으로서의 자세가 단 한 가지도 없다. 악령이 이미 그의 전체를 사로잡고 있기 때문이다. 22:6~8절까지에 있는 사울의 이 질책에 대하여 "에돔 사람 도엑이 사울의 신하 중에 섰다" 가 놉에 있는 제사장 아히멜렉과 도피자 다윗 사이에 있었던 근래의 일을 사울에게 상세히 밀고하게 된다(22:9~10절).

이 고자질을 듣던 사울이 당장에 사람들을 보내어 놉에 있는 제사장 아히멜렉과 아무런 관계도 없는 "놉" 에 있는 제사장들을 다 소집하여 놓고 심히 꾸짖기 시작하였고(22:11~13절), 이 얼토당토않은(bear no relation to) 사울의 이 괴변에 대하여 ① 아히멜렉은 다윗과 사울과의 윤리적 관계와(22:14절) ② 자기와 다윗의 관계에 대하여 어떤 공모도 없었음을 밝히면서 왕은 더 이상 "종의 아비의 온 집에 아무것도 돌리지 마옵소서" 라고 간곡하게 아뢴다(22:15절).

이 정의로운 답변을 듣고도 살인마의 악령에 접한 사울은(요10:10上, 12) 더 이상 들으려고도 하지 않고, 사울과 같이 있는 아히멜렉과 제사장들, 놉에 있는 제사장들, 아히멜렉의 가정 식구들 그리고 놉 성읍의 남녀와 어린아이들 심지어 젖먹이까지도 모든 가축들과 함께 씨말이를 시키고야 말았다(22:16~19절). 그때 사울의 목자장이며 에돔 사람인 도엑이 죽인 제사장만 85명이나 되었다(22:18절). 거기 "기브아(22:6절)" 에서 살아 도망한 자는 아히멜렉의 제사장 장자 아비아달이었는데 그가 다윗에게로 돌아가 그 소식을 알리었고(22:20~21절) 그래서 다윗의 제사장이 된다(23:6, 9절).

아비아달을 통해 사울이 행한 천인공노(天人共怒 They have sinned against God and man)할 소식을 다 듣고 난 다윗은 한 가지 크게 뉘우친다. 놉에서 아히멜렉이 다윗에게 진설병과 골리앗의 칼을 주었을 때 도엑이 다 눈여겨보고 있었다(21:1~7절). 그때 다윗이 순간적으로 생각한 것은 이 도엑이 이 일을 사울에게 밀고(密告)하면 큰일이 생기겠구나 하면서도 이 도엑을 그대로 놓아둔 것이 지금은 크게 후회가 된다고 한다. 이 대 사건이 있고 난 후에 다윗이 지은 시편이 제52편과 109편이다. 예수님께서도 여기 도엑과 같은 흉물스럽고 간교한 서기관과 바리새인들에게 밀고를 당한 것이 한두 번이 아니셨다. 바로 가룟 유다가 예수님을 대제사장들, 장로들 즉 유대교의 교권자들에게 밀고하므로 은 30냥에 팔리심을 받으셨다(마22:15~22; 눅20:20~26; 22:3~6; 요13:2).

구속사 설교

◈ 그리스도의 권속 ◈

이 세상에 오시는 예수 그리스도의 모형이 되어지는 자는 많이 있다. 모세와 여호수아도 예수님의 모형이라고 하고, 그 전에 있었던(388년 전) 요셉에 대하여는 더 많은 그리스도님의 모형이라고 한다.

그러나 신, 구약성경에서 가장 예수님의 모형이 되는 자는 다윗이라고 할 수 있다. 그는 아브라함과 더불어 가장 예수님과 가까운 모형이면서도 그림자이시다(마1:1). 특히 그의 고난에서의 모든 시험과 환난은 장차 메시야 언약 계시에서 구속사를 이루시는 주님의 고난과 시험 그리고 환난을 가장 많이 모형화되고 있다. 그렇기 때문에 다윗의 전 생애를 기록하다시피 하는 사무엘서는 그리스도의 모형과 그림자로 해석하지 않으면 그 성경에 대한 존재 가치가 상실되고 만다.

그렇기 때문에 다윗이 사울 왕으로부터 당하는 모든 고난과 수난, 박해와 압제를 오시는 메시야 구속사로 해석하지 아니하고, 다만 정치적 사건으로 생각하여 사울 왕의 다윗에 대한 시기와 질투, 모략과 올무로 해석하면 특히 시편에서의 다윗의 고난의 기록은 정치적 상황에서 한 개인이 분하고 억울하게 당하는 한풀이 밖에는 되지 아니한다. 그러나 다윗이 사울로부터 당하는 고난, 압살롬 때문에 겪는 환난은 시편에서는 언약 계시의 구속사로 오셔서 원수들로부터 당하시고 겪는 그리스도의 십자가 고난과 박해를 예표 한다. 과연 시편 22, 25, 34, 59, 69 등의 다윗의 고난의 장들이 그리스도의 고난과 관계없이 어떻게 해석될 수 있었겠는가? 하는 것이다. 그렇기 때문에 반드시 사무엘서의 모든 다윗의 고난과 영광은 그리스도 안에서 해석이 되어야 한다. 본 장(22:2절)에서 다윗이 사울로부터 큰 박해를 당하여 도피하여 다니는 그 상황에서도 환난 당한 자와, 빚진 모든 자와 마음이 원통한 자가 다 그에게로 모였고, 그는 그들의 우두머리가 되었는데, 그와 함께한 자가 사백 명 가량이었더라고 했다. 이는 메시야 언약 계시의 구속사에서 어떤 의미가 있는가?

1. 환난 당한 모든 자들이다.

본문 2절에서는 "환난 당한 모든 자들이" 다윗을 좇았다고 한다. 여기서 "환난 당한 자(was in distress)"는 사울의 학정으로 정치적 또는 사회적으로 압박당하는 자를 가리킨다. 예수님 시대에도 헤롯 왕이나 유대교 교권자들로부터 박해와 고난을 당하는 수많은 백성들은 오직 인생의 피난처 되시는 예수님을 찾아 구름처럼 모여들었다. 그때 주님은 육체적으로, 심정적으로, 영적으로 고난당하고 압제 당하는 백성들을 불쌍히 여겨 ① 말씀으로 영혼의 양식을 주시고(마7:28,29), ② 육체적인 굶주림을 해결하여 주시고(마9:37,38; 14:13~21; 15:32~38) ③ 병자들을 다 고쳐주셨다(마4:23~25). 그렇기 때문에 주님께서는 "수고하고 무거운 짐 진 자들아 다 내게로 오라 내가 너희를 쉬게 하리라" (마11:28)고 초청하셨다. 예수님의 모형이 되시는 다윗이기에 자기도 사울의 압제 아래에서 도피하는 유랑의 신세이지만 자기를 피난처로 알고 찾아오는 "환난 당한 모든 자들"을 품에 안으려고 한다. 이들이 바로 다윗의 권속이면서도 백성들이 된 것처럼 이 시대에도 영육 간에 고난당하고, 환난 당하는 모든 인생들은 다 예수 그리스도의 한 권속들이다.

2. 빚진 모든 자들이다.

다윗에게 모였던 모든 빚진 자들은 사울의 그릇된 경제 정책으로 말미암아 고리대금업자에게 시달리고 있는 가난한 백성들은 가리킨다. 모세 오경의 긍휼법으로 한다면(레19:9~10; 23:22; 신

14:28,29; 16:9~11; 24:19~21; 26:12) 선민 이스라엘에서는 빈익빈, 부익부도 없고, 골고루 누구나 다 잘사는 한 민족이어야 하겠지만, 사울 왕 시대에는 불의한 왕권의 통치제도와 갑질의 채권자들의 횡포로 말미암아 가난한 자들은 더 가난하게 되어 경제사의 극심한 부담과 진 빚으로 자기 터를 버리고 유리 걸식하는 자가 많았기 때문에 오직 그들의 벗이라고 한 형제와 다름없는 다윗에게 몰려들어야 마음도 하나 되고, 뜻도 하나 되어 공동체적으로 다 같이 고난, 배고픔도 함께한다. 예수님 당시에도 이러한 백성들이 수다 했기 때문에 그들은 예수님은 마음의 고향, 영혼의 터로 알고 주님만 계시는 곳이라면 하루, 이틀의 문제가 아니라 사흘이라고 함께 주님 곁에 있으려 했고 도대체 주님 곁에서 떠나지 않으려고 했다(마15:32~38; 막8:1~10). 사울 왕 시대에 빚진 자들은 누구나 다윗을 찾아 다윗 왕의 한 권속이 되어진 것처럼 예수님 시대에도 육체적으로 병든 자, 경제적으로 빚진 자, 사탄 마귀, 귀신들에게 억눌림을 당하는 모든 자들은 예수님을 찾아와 해결을 받음으로 한 권속이 된 것처럼 오늘날 시대에도 영육 간에 빚진 자, 사탄의 시험과 유혹으로 범죄하므로 죄의 빚진 자들까지 다 예수 그리스도 이름으로 골고다 십자가의 피로써 죄 사함을 받아야 한다. 예수님의 권속은 인생살이에서 빚진 것을 다 탕감되는 다윗 시대의 모형이다(마11:28~30).

3. 마음이 원통한 모든 자들이다.

이들은 먼저 다윗 자신일 수도 있다. 국란의 위기에서 자기 한 몸을 던져 국가와 민족을 더구나 사울 왕 자신까지 구하고 건져 내었지만, 특등 상급은커녕 이제는 다윗이 있는 곳마다 “사망의 음침한 골짜기” (시23:4)를 왕 자신이 만들어 죽이려고 하고 있으니 생각하면 얼마나 원통하고 분한 일이냐? 하는 것이다. 여기는 특별히 사울로부터 당하는 폭압과 압제로 인한 원통함이 먼저는 다윗의 부모와 형제들이 있겠고(22:3절), 악령이 든 자의 폭정 아래에서 아부하고 사느니 차라리 의로운 다윗과 함께 고난의 길을 가겠다 하는 자들도 있을 것이며, 권세 아래에서 억울함을 당한 원통한 자, 가진 자들로부터 착취를 당하므로 원통하고 분한자들도 다수가 있었다.

예수님 시대에도 주님이 가시는 곳마다 억울하고, 분하고, 원통한 자들이 인산인해(人山人海 hordes of people)로 주님을 따랐다. 그 때 바리새인과 서기관들이 예수님을 비웃으며 마태 제자에게 “어찌하여 너희 선생은 세리와 죄인들과 함께 잡수시느냐” (마9:11절)라고 핀잔을 했지만 예수님께서는 오히려 “건강한 자에게는 의사가 쓸데없고, 병든 자에게라야 쓸 데 있느니라” (마9:12)라고 하셨다. 실로 예수님은 마음이 원통한 모든 자들의 위로가 되시고 평안의 해결자가 되셨다.

지금도 예수님은 다윗이 그 시대에 환난 당한 모든 자, 빚진 자들의 모든 자, 그리고 마음이 원통한 모든 자들의 한 권속이 되어 주신 것처럼 다윗의 원형, 모형이 되시는 메시야 언약 계시의 구속사 되신 그리스도께서도 이 시대의 그 같은 사람들을 초청하여 한 권속으로 삼아 주신다.

다윗의 왕국이 이스라엘 나라에 새롭게 건설이 될 때 바로 그들이 다윗 왕국의 백성이 되어 위대한 구속사의 왕국으로 되어진 것처럼 오늘날 이 시대에도 그리스도 예수님의 천국 백성들은 바로 그런 사람들이 예수님 왕국에서 한 권속이 되어질 것이다.

제 23강 다윗의 계속되는 방랑

본문 : 사무엘상 23장

하나님의 약속과 계시 언약은 영원무궁하시기 때문에(마5:17~19), 어느 경우에서도 변개하심이 없으시지만(삼상15:29; 겔24:14), 사람은 아무리 강할지라도 속성이 연약하기 때문에 어려움이 생길 때에는 놀람과 두려움으로 쉽게 스스로 시험에 빠지게 된다. 17세의 소년에게 담대한 용기와 철저한 믿음이 있을 때는 천하무적 골리앗도 단 한 번의 물맷돌로 쳐 죽일 수도 있었지만(삼상17:45~49) 사울에게 악령이 들어가 다윗을 죽이려고 할 때는 그 담대한 용기와 믿음은 어디로 가버렸는지 하나님을 모시는 기도도 전혀 없이 국내의 라마와(19:18; 20:1), 놉(21:1)과 아둘람(22:1)과 이방 땅 모압의 미스베로 도망 다니기에 바빴었다(22:3,4절).

과연 이와 같은 무능한 졸장부(拙丈夫 a small-minded man)가 어떻게 천하무적(天下無敵 be unrivaled in the world) 골리앗을 물리쳐 죽였는가? 와 이런 사람이 창49:8~10에 기록된 메시야 언약 계시의 구속사 계보라는 말인가? 하는 의문도 들게 된다.

그러나 창세 전에 구속사의 일꾼으로나 도구로 사용될 자는 그도 연약한 인간이기에 때로는 낙심될 때도 좌절하는 기간도 있겠지만 그렇다고 쓰러지거나 폐퇴하지는 아니한다. 얼마 전에 가지고 있던 그 신앙적 믿음으로 다시 일어나게 된다. 다윗의 경우가 이러하다. 하나님이 보내신 선지자 "갓" 이 이제는 이 요세에 있지 말고 떠나 유다 땅으로 들어가라(22:5절) 하시는 하나님의 지시에 따라 "헤렛 수풀"에 들어가게 된다. 그 유다 땅에 들어가면서 마음도 많이 안정되었고, 그동안 떠돌아다니느라 잃었던 신앙 용기와 믿음의 담력도 다시 찾았고, 하나님과의 친교(기도)도 회복되었으며 침공하는 블레셋도 물리치므로 예전의 소년 다윗 왕으로 돌아오게 된다. 이때에도 사울은 여전히 다윗을 수색하고 있었으나 다윗은 예전처럼 두려워 당황하지 않고 이제는 신실한 믿음과 용기로써 왕을 대하게 된다.

본 장의 내용은 ① 다윗이 그일라를 구원(23:1~6) ② 그일라 사람들의 배반(23:7~14) ③ 다윗과 요나단의 마지막 만남(23:15~18) ④ 십 사람들의 밀고(23:19~29) 등으로 나누어진다.

첫째: 다윗이 그일라를 구원함(23:1~6)

어느 시대든지 어느 백성이든지 한 나라의 지도자가 되려면 자기 일신의 안위보다는 백성을 위한 애민(愛民 affectionate people) 정신이 철저해야 한다. 다윗은 소년 때부터 가족애(家族愛 family affection) 정신이 뚜렷했고(17:34~35절), 민족애가 넘쳐 있었다(17:36,45~47절).

다윗이 유다 땅으로 돌아오자마자 블레셋이 그일라를 침범했다는 소식이 들려오자 하나님께 기도할 때에 하나님께서 "가서 블레셋 사람들을 치고 그일라를 구원하라" (23:2절)라는 계시가 임하신다. 그러나 "다윗의 사람들" (22:2절)이 반대하므로(23:3절) 다윗이 하나님께 다시 기도드렸더니 이번에도 같은 응답이 내리신다(23:4절). 그래서 믿고 전쟁하였더니 다윗이 크게 승리하였다(23:5절).

그때 이스라엘은 어느 곳이든지 사울 왕이 통치하는 사울의 나라이다. 그렇다면 블레셋이 이스라엘의 한 국토를 침범했다면 당연히 왕에게 보고하여 왕으로 하여금 전쟁하도록 해야 했을 것이다. 그런데도 왜 그일라 백성들은 사울 왕이 아니라 아무 직책도, 책임도 없는 다윗에게 보고했느냐? 하는 것이다. 그만큼 모든 국민의 민심이 이미 사울이 아니라 다윗에게 쏠려 있었음을 알 수가 있다. 하나님께서도 다윗에게만 응답하여 해결해 주신다.

둘째: 그일라 사람들의 배반(23:7~14)

그일라 사람의 배반은 전 성읍의 집단적인 것이라기보다는 사울이 전 이스라엘 곳곳에 파송하여 보낸 도엑과 같은 정탐꾼(19:14; 21:7; 22:6~10절)들이라고 할 것이다. 또 한편으로는 다윗이 그일라를 블레셋의 침공으로부터 구해냈다고 하는 소문이 사울에게 전해졌을 때 사울이 "놉" 에 있는 85명의 제사장들과 성읍 전체를 도륙해 버린 것처럼(21:11~19절), 이번에도 그 같은 참변이 생길 것 같기에 미리 사울에게 알리었는지도 모른다.

다윗이 그일라에 왔다는 소문이 사울에게 알리어졌을 때 사울은 군사를 데리고 가서 그일라를 에워싸려고 한다. 그때 다윗은 제사장 아비아달에게 에봇을 달라고 하여(23:6절), 입고 하나님께 기도하였더니 하나님께서 사울이 그일라에 내려왔을 때 성읍 주민들이 다윗을 잡아 사울에게 넘겨주리라(23:10~12절)고 하신다. 그래서 다윗은 자기를 따르는 육백 명의 백성들과 함께 그일라를 떠나서 또다시 광야의 요새와 십 광야에서 유랑하게 되었고, 사울의 수색은 그 곳에서도 계속되어진다(23:13,14절).

셋째: 다윗과 요나단의 마지막 만남(23:15~18)

다윗이 십(지프 זִיף Ziph) 황무지에 도피하고 있을 때 요나단이 그를 찾아와 격려하면서 마지막 우정을 나눈다. 이 때에 요나단이 다윗에게 전하여 준 말은(23:17절) 메시야 언약 계시의 구속사를 전혀 인식하지 못하는 대다수의 주경인들처럼 요나단의 ① 겸손한 마음의 표현이다. ② 철저한 신앙의 결과이다. ③ 하나님께서 다윗을 왕으로 세웠음을 인정하는 말이다. ④ 백성들이 다윗을 왕으로 모시고 싶어 하니까 하는 말이다. 등등으로 해석한다. 그러나 요나단의 삼상 23:17의 말을 그가 가지고 있는 다윗의 왕권과 메시야 구속사권을 창49:8~10 그대로 인정하는 구속사 신앙의 믿음이라고 해야 한다.

본 절(23:17절)이 요나단의 구속사 신앙인 것은 ① 다윗이여! "두려워 말라" (17절) 그대가 죽으면 메시야 언약 계시의 구속사가 무효가 되기 때문에 하나님께서 절대적으로 지켜주시고 보호하여 주셔서 반드시 메시야 오시는 구속사를 이루어 주실 것이기 때문에 그대는 놀라거나 두려워하지 말라는 것이다. ② "내 아버지 사울의 손이 네게 미치지 못할 것이요" 라는 요나단의 확신은 일반적인 위로와 평안의 권면이라기보다는 구속사의 계보가 확실히 다윗(왕)에게 있기 때문에(창17:5~6, 16,49:8~10) 사울도 어찌할 수가 없다는 다윗에 대한 구속의 확신이다. ③ “너는 이스라엘의 왕이 되고” 이는 창49:8~10 절의 재해석이다. 유다 지파에게서 왕권이 계속 이어지고, 메시야 언약 계시(창12:1~3; 13:14~17; 15:4~5,13~16; 17:1~8; 22:17~18; 26:3~5; 28:13~15등)가 반드시 구속사를 이루어지게 하리라는 것이다. ④ “나는 네 다음이 될 것” 육체적 세습으로 본다면 당연히 요나단이 부왕(父王) 사울의 후계자로서 다음 왕이 될 것이지만 선민 아브라함의 정치체계는 전제적인 왕권체제가 아니라 하나님의 신정정치 제도이므로 유다 지파의 메시야 언약 계시에서 왕권이 이어짐과 동시에 그 왕권에서 메시야 구속사가 성취되리라는 것이다(창49:8~10). 그렇다면 사울이 물러가면 반드시 그 왕의 후계 권리는 다윗이 물려받아야 한다는 요나단의 구속사 왕권의 해석이다. 여기서 요나단의 “나는 네 다음이 될 것(웨아노키 에헤에 레카 레미쉬네 דוְאָנֹכִי אֶהְיֶה־לְּךָ לְמִשְׁנֶה I shall be next unto thee 〈 아노키 אָנֹכִי 나(1인칭 대명사, 단수)/하야 הָיָה 있다, 되다/미쉬네 מִשְׁנֶה 두 번째 순위, 순서)” 이란 말의 해석은 다윗이 왕이 되면 자신은 제2인자로 남아 있겠다는 해석이라기보다는 왕위 계승권 자체를 포기하겠다는 창49:8~10에 대한 언약 계시의 복종이다. 그래서 요나단은 미련 없이 자신이 입고 있던 겉옷을 다윗에게 주었던 것이다(18:4절). ⑤ “내 부친 사울도 안다(웨감 솨울 아비 요데아으 켄 דוְגַם־שָׁאוּל אָבִי יֹדֵעַ כֵּן and that also Saul my father knoweth 〈 감 גַּם 또한, ~조차, 역시/아브 אָב 아버지/야다 יָדַע 알다/켄 כֵּן 그와 같이, 그러므로) 여기서 "알다" 라는 뜻의 "요데아으(יֹדֵעַ)" 는 야다(יָדַע, 알다)의 능동분사형으로 사용되어 사울은 이전부터 다윗이 왕이 될 것을 계속적으로 알고 있었음을 나타낸다. 그래서 결국 사울도 다윗이 왕이 될 것을 24:20절에서 실토하게 된다.

그런데도 사울은 왜 계속해서 다윗을 죽이려고 하는가? 세 가지 이유가 있다. 먼저는 권세욕에서이다. 다음에는 왕자 요나단에게 물려주기 위해서이다. 마지막에는 "옛 뱀, 한 큰 붉은 용" 의 짐승이(악령) 사울에 들어가서 창3:15의 원죄의 전쟁이 벌어졌기 때문이다. 권세욕으로 보는 정치세력의 권력다툼으로만 보려는 인본적 성경 해석에서는 마지막 해석인 창3:15의 원리 복음으로는 볼 수가 없다. 그러나 분명한 것은 여기서뿐만 아니라 사무엘상, 사무엘 하 전체는 모든 주경신학자들이 보는 것처럼 흔히 일반적 세속 사회의 정치세력권의 권력다툼으로만 보면 절대 안 된다. 창3:15의 원리복음에서 여자의 후손의 구속사 계보가 되는 다윗 왕 편과 뱀의(악령) 편이 되는 사울과 압살롬의 치열한 영적 투쟁으로 보아야 한다. 주님의 재림시까지는 이 두 세계가 맞서 심히 싸우게 될 것이다. 그래서 결국 승리는 여자의 후손 편에만 있을 것이다(계17장~20장).

넷째: 십 사람들의 밀고(23:19~29)

그일라 사람들의 밀고로 그곳에 더 이상 머물 수가 없게 되었으므로 "십 광야 산골에" 들어가게 되었는데(23:14절), "그때에 십 사람들" 마저 사울의 정탐꾼들이 되어 다윗을 밀고(密告 an anonymous)한다. 전에 있었던 사울의 놉 성의 제사장들 85명과 주민 전체를 학살한 그 공포증이 여기 십 사람들은 그일라 사람들보다(23:7절) 더 큰 배신자들이었다. 사울 왕 군대가 자기들이 있는 "십"까지 내려온다면 다윗이 숨어 있는 곳까지 길 안내를 하여 주겠다고 한다(23:19~24절).

그러나 다윗에게도 사울을 염탐(廉探 secret observations)하는 자들이 있었기 때문에 다윗은 십 황무지를 떠나 마온 황무지에 숨으려고 갔고, 사울은 다시 여기까지 수색하였다. 그래서 다윗은 사울의 군대가 없는 곳을 피하여 도망 다녔다(23:25~26절). 실로 창 3:15의 "옛 뱀, 한 큰 붉은 용의 짐승과" (계12:1~5; 13:1~4) 여자 후손의 구속사 계보가 치열한 영적 투쟁이 계속 진행되고 있는 것이다. 일반 세상의 권력투쟁이었다면 어찌 삼천 명의 군대 앞에서 다윗이 살아날 수가 있었으랴!

뱀(사울 왕의 군대)에게 발꿈치를 물려 당장에 그 독으로 다윗은 죽고 말았을 것이다. 그러나 다윗이 뱀에게(사울 왕편 군대) 물리지 않아야 비로소 메시야 언약 계시에서 구속사가 성취되어 천하만민을 믿음으로써 구원시킬 수 있기 때문에 하나님께서는 그 어떤 "사망의 음침한 골짜기" (시23:4) 가운데서라도 다윗을 구원하여 주신다.

구속사 설교

◈ 참으로 아름다운 친구의 우정 ◈

예수님께서는 친구의 아름다운 우정에 대하여 “사람이 친구를 위하여 자기 목숨을 버리면 이보다 더 큰 사랑이 없나니”(요15:13), “너희는 나의 친구라”(요15:15)고 하셨다. 그리스도 세계에서는 이 세상에서 가장 아름다운 친구의 우정을 이야기할 때 흔히 다윗과 요나단의 사이라고 한다. 다윗은 요나단이 블레셋과의 전쟁에서 전사했을 때 “저녁때까지 슬퍼하며 울며 금식하면서”(삼하1:12), “내 형 요나단이여 내가 그대를 애통함은 그대는 내게 심히 아름다움이라 그대가 나를 사랑함이 기이하여 여인의 사랑보다 더하였도다”(삼하1:26)라고 슬피 통곡하였다. 요나단의 친구에 대한 우정은?

1. 목숨보다 더 귀한 사랑이었다.

부왕(父王) 사울이 자기의 왕권이 다윗에게 넘어갈까 봐 여러 번 다윗을 죽이려고 하였지만 그럴 때마다 요나단은 다윗의 무고함을 사울에게 변호했고, 그의 애국적인 공로를 부왕(父王) 앞에서 고하기도 하였다(19:4~5절).

사울은 반드시 다윗을 죽여야 사울 나라와 요나단의 나라가 될 수 있을 것으로 믿었는데 아들 요나단은 아버지의 뜻을 거스르고 자꾸 다윗을 감싸고 도니 크게 진노하면서 욕설을 퍼붓는다. 그때 요나단은 부왕의 부당한 행동을 반항할 때 사울은 벽에 걸려 있는 단창을 뽑아 요나단에게 던져 죽이려고까지 하였다(20:30~34). 의로운 요나단은 아무리 사울 왕이 이스라엘의 왕이시며 부친이라고 할지라도 하나님의 뜻을 거스르고 불의한 행동은 행하므로 그것을 따르지 아니하고 오히려 극도로 미움 받는 의로운 다윗을 더 따르고 자기 목숨만큼이나 다윗을 지키고 보호하여 주려고 한다. 그래서 다윗이 사울의 위험을 미처 몰랐을 때도 요나단은 미리 감지(感知 perception)하여 다윗으로 하여금 그 위험을 피하도록 한다(20:41,42).

2. 왕위보다 더 귀한 사랑이었다.

만약 부왕(父王) 사울이 바라는 대로(20:30~31절) 요나단에게 티끌만큼이라도 왕권에 대한 욕망이 있었다고 하면 부왕이 바라는 대로 얼마든지 다윗을 제지할 수 있는 기회는 있었다. ① 부왕(父王) 사울은 이미 하나님으로부터 폐위당한 자였으나(15:25~28; 16:1절) 왕자 요나단은 다음 왕위를 이어받을 수도 있는 위치에 있었다. ② 부왕(父王) 사울은 유대인들로부터 도외시 당하였으나 요나단은 다윗 다음 정도의 신임을 받고 있었다(14:43~45절). ③ 요나단이 부왕 사울의 후계자로서 이스라엘의 왕이 된다고 할지라도 다윗은 물론 어느 누구도 그의 왕이 되는 것을 반대할 자는 없었다. 요나단 후에 창49:8~10에 언약 된 대로 다윗이 왕이 되어도 조금도 계시 언약에 어긋난 것은 아니기 때문이다. 그런데도 의인 요나단은 다윗이 골리앗을 죽이고 개선장군으로 이스라엘에 돌아왔을 때 "자기가 입었던 (왕자의) 겉옷을 벗어 다윗에게 주었고, 자기의 군복과 칼과 활과 띠도" 다 준 것이며(18:3~4절), 이번에는 "너는 이스라엘 왕이 되고 나는 네 다음이 될 것이다" 라고 스스로 왕위 자리를 다윗에게 양도한 것이다.

그것은 이미 왕의 자리가 다윗에게 주어졌고(16:12,13절), 메시야 언약 계시의 구속사에서도 그렇게 정하여졌기에(창49:8~10), 의인 요나단은 예정된 순리 그대로 순응하려고 했던 것이다. 이는 다윗과의 아름다운 우정은 요나단에게는 한 나라의 왕위보다 더 귀한 사랑이었다.

3. 구속사를 실천하는 참 사랑이었다.

요나단은 사울 왕 다음에는 다윗이 이어서 이스라엘의 왕이 되어야 한다고 생각하면서 믿은 것이 아니라 사울 왕 자신도 그렇게 말하였던 것이 드러난다(23:17 下; 24:20~21절). 그런데도 요나단은 조상부터 전승되어 오는 그 메시야 언약 계시의 구속사를(창12:1~3; 15:5~7; 17:4~8; 22:17~18; 26:3~5; 28:12~15; 49:8~10등) 그대로 실천하려 했고, 사울 왕은 메시야 계시 언약의 구속사를 알고 믿기는 했지만 ① 왕권에 대한 탐욕이 생기므로 자기와 자기 아들 요나단에게만 물려주려고 했고, ② 보다 더 크게는 악령이 그에게 임하여 있었으므로 아예 다윗 자체를 없애버리므로 창3:15의 원리 복음을 무효화시키려고 한 것이다. 이것을 보면 요나단도 모세 오경의 율법에서 메시야 언약 계시의 구속사를 알았고, 부왕(父王) 사울도 알고 있었지만 구속사를 실천하는 자는 요나단뿐이었다. 그만큼 요나단은 구속사 계보인 다윗을 아끼고 사랑하는 참 하나님의 사랑 아가페(ἀγάπη)가 있었기 때문이다.

제 24강 사울을 선대한 다윗(1)

본문 : 사무엘상 24장

다윗이 사울을 피하여 십 광야로 도피했을 때 군대를 풀어 다윗을 수색하려고 하였으나 블레셋이 침공하므로 사울이 그치었고, 다윗은 다시 도피하여 엔게디 요새로 갔다(23:24~29절). 그런 후에 다시 사울은 삼천 명의 군대를 대동하여 다윗이 있는 엔게디의 광야로 간다(23:1~2절).

본문 내용은 ① 다윗이 사울을 선대(善待) 함(24:1~7) ② 사울에게 사실을 직고함(24:8~15) ③ 다윗에게 사과하는 사울(24:16~22) 등으로 나누어진다.

첫째: 다윗이 사울을 선대함(24:1~7)

정탐꾼을 통하여 다윗이 엔게디의 광야에 들어왔다는 소식을 듣고 사울이 정예부대 삼천 명을 이끌고 엔게디 광야를 수색한다(24:1~2절). 길가에 굴이 있는지라 "사울이 뒤를 보려고 들어" (와아야보 사울 레하세크 에크 라글라이우 וַיָּבֹא שָׁאוּל לְהָסֵךְ אֶת־ רַגְלָיו and Saul went in to cover his feet 〈 보 בּוֹא 들어가다/싸카크 סָכַךְ 울타리를 두르다, 가리다/에트 אֵת 에트는 목적어를 분명하게 지시해주는 번역 불가능한 불변사/레겔 רֶגֶל 발)갔다.

"뒤를 보려고" 를 개역 성경에서는 "발을 가리려" 로 되어 있는데 이는 ① 용변을 보다(삿3:24 Vulgate. Chaldee. Lange. K&D. HD Smith. RP Smith) ② 잠을 잔다(Syriac. Ewald. Michaelis) 두 가지 해석이 있으나 우리 개역 개정판 성경처럼 "뒤를 보려고" 용변(用便)으로 해석이 된다. 용변을 보기 위해 앉으면 긴 옷자락이 양 발을 가리우기 때문에 생긴 표현이다.

이 "굴(메아라 מְעָרָה cave 동굴)" 은 대단히 깊고, 또 넓어 그 깊은 곳에 다윗의 "육백 명" (23:13절) 군대가 운집할 수도 있을 정도였다고 한다. 그때 몇 사람이 용변을 보려고 온 사울을 그 자리에서 죽이자고 하였지만, 다윗은 "자기 사람들에게 내가 손을 들어 여호와의 기름 부음을 받은 내 주를 치는 것은 여호와께서 금하시는 것이니 그는 여호와의 기름 부음을 받은 자가 됨이니라" (24:6절)하고서 "사울의 겉옷 자락만 가만히 베고" (24:4절) 그대로 살려 보낸 것이다 (24:5,7절).

둘째: 다윗이 사울에게 사실을 직고함(24:8~15)

용변이 끝난 사울이 굴속에서 나오고, 다윗과 그 일행도 그 속에서 다 나왔을 때 다윗은 사울을 부르면서 간곡하게 직고한다. ① "땅에 엎드려 절함" 으로 최상의 경의를 표한다(24:8 下) ② 왕은 아첨하는 자의 말을 듣지 말라고 한다(24:9절). ③ 왕을 살해할 기회가 있었으나 "하나님의 기름 부음을 받은 자이시기 때문에", "겉옷 자락만 베었은 즉 내 손에 악이나 죄과가 없는 줄을 오늘 아실지니이다" 하면서 벤 옷자락을 보여준다(24:10,11절). ④ 자기 스스로는 결단코 왕을 해하지 않으려니와 왕을 판단하시는 이는 오직 여호와 하나님이신 것을 증명한다(24:12,13절) ⑤ 왕이 계속 자기를 쫓는다는 것은 "죽은 개나 벼룩" 같기 때문에 자기를 공정하게 심판하실 분은 오직 여호와 하나님이시라고 고백한다(24:14,15절).

이렇게 다윗이 사울에게 진심과 정성을 다하여 직고하는 것은 세 가지로써 먼저 자기는 여호와의 기름 부은 왕을 조금도 해할 마음이 없다. 다음에는 아첨하는 간신배들의 고자질을 따르지 말라 그리고 마지막에는 인간의 모든 행위를 심판하지는 이는 오직 하나님이시라고 한다. 이는 사울의 행위를 간접적으로 경고하는 것이기도 하다.

셋째: 다윗에게 사과하는 사울(24:16~22)

이같이 진심과 정성을 다하며 다윗의 애정을 다하는 직고에 얼음장같이 차가운 사울도 그 순간에는 일시적인 감동을 받는 것 같다. 그래서 ① "소리를 높여 울며 통곡한다." (24:16下) 그러나 그의 고백과 통곡은 먼저 하나님께 드리는 회개의 애통이 되어야 한다. 그러면서 자신을 철저히 살피는 새 피조물의 역사가 되어야 했다(고후 5:17). ② 다윗을 자기보다 의롭게 여겼다 "너는 나보다 의롭도다(차디크 아타 밈메니 צַדִּיק אַתָּה מִמֶּנִּי Thou art more righteous than I 〈 차디크 צַדִּיק 올바른, 합법적인, 의로운, 진실한/아타 אַתָּה 너/민 מִן 보다 더)" 이 의는 법정적 용어로써 하나님 앞에서 불의가 없는 것을 가리킨다. 그렇다면 사울은 다윗으로부터 이 "의(righteous)"를 본받아야 할 것이다. 그리고 자기도 신앙 양심에 파고 들어오는 그 악령(16:14; 18:10; 19:9절)을 하나님의 능력으로 쫓아내도록 했어야 되었다. 그렇지 않고 입으로만 나타내면 오히려 더 큰 일곱 귀신이 들어온다. ③ 다윗을 위하여 축복한다 "여호와께서 네게 선으로 갚으시기를 원하노라" (19절) ④ 다윗이 "반드시 왕이 될 것을 알고" 선언도 한다(24:20절). 그러면서 자기 가문을 다윗에게 부탁한다(24:21절). 이것들을 보면 사울에게도 의를 동경하는 신심(信心)이 어느 정도는 남아 있는 것을 보게 된다. 그러나 문제는 자기 죄를 숨기고, 핑계 대면서 자기 죄를 다른 백성들에게 전가시키므로(13:11,12; 15:15,24,30) "악령, 옛 뱀, 한 붉은 큰 용" (계12:1~4; 13:1~3)이 그 영혼 속에 들어가서 메시야 언약 계시의 구속사 계보이신 다윗(창49:8~10)을 계속해서 죽이려고 한다는 것이다. 그렇기 때문에 지금 이렇게 맑은 신앙의 양심이 들어왔을 때 사도 베드로처럼 자기 죄를 철저히 회개하므로(눅22:61) 자기 영혼 속에 들어와 있는 악령의 세계를 쫓아내야 한다. 그렇지 않으면 창3:15의 "뱀" 노릇만 하다가 비참한 생애로 종지부를 찍게 된다(31:2절). 사울 자신도 창49:8~10의 메시야 언약 계시의 구속사를 알고 믿었기 때문에 자기의 장자 요나단 왕자에게도 다윗만 유다 지파로서 이스라엘의 왕과 구속사의 계보가 된다는 것을 일러주었고(23:17), 자기도 직접 다윗에게 입으로 시인하면서 고백을 한다(24:20절). 그렇기 때문에 사울이 최우선으로 해야 할 일은 이렇게 정신이 온전할 때에 다시는 악령의 세계가 자기 속에 들어오지 못하도록 철저히 회개하므로 성령님의 도우심과 지키심을 바라야 한다.

◈ 사울을 살려주는 다윗 ◈

다윗이 얼마든지 자기를 죽일 수도 있었는데도 불구하고 살려주었다는 다윗의 외침을 들은 사울은 크게 감동하여 "내 아들 다윗아 이것이 네 목소리냐" 하면서(24:16 절), "사람이 그 원수를 만나면 그를 평안히 가게 하겠느냐" 한다(24:19절). 원수인 사울이 이 정도로 감동과 감화를 받을 수 있게 하여 준 다윗은 사랑의 실천 면에서도(마 5:38~48) 메시야 구속사의 조상이 되시기에 합당하다. 그럼 다윗이 자기 원수인 사울을 용서하고 사랑한 그 의도는 무엇이었는가?

1. 하나님이 세우신 왕이었기 때문이다.

하나님께서는 메시야 언약 계시의 구속사적 계보(창49:8~10)가 이스라엘에 나타나기 전까지는 인간 정치세력의 왕을 세우는 것은 원하지 않으셨다. 그렇지만 열두 지파의 모든 장로들이 떼를 지어 사무엘에게 찾아와 한사코 왕을 요구하기에 그들의 고집을 꺾지 못하시고 결국 신17:15~20에 의한 율법에 의하여 첫 왕으로 사울을 기름부어 세우신다(8:4~22; 10:1절).

그러나 얼마되지도 않아 사울의 하나님에 대한 불순종과 신앙 이탈로 말미암아 왕위에서 폐위가 되었지만(13:13~14; 15:26,28절) 다윗의 생각으로는 그것은 하나님의 신권에 의해서 되어진 하나님의 주권이시기 때문에 자기로서는 거기에 가타부타해서는 안 된다는 것을 원칙으로 삼은 것이다. 구약 시대의 왕은 하나님의 "기름 부음 바 된 자들"이다. 이는 이스라엘의 왕 직분이 하나님의 신적 기원에 있다는 것을 가리킨다. 그러므로 구약의 왕은 하나님의 대리자를 표방한다. 그런 점에서 왕에 대한 도전은 곧 하나님께 대한 도전 그 자체였다. 이 사실을 직시하였던 다윗은 아무리 하나님으로부터 폐위당한 사울 왕일지라도 그의 목숨을 주관하시는 분도 하나님이신 것을 알았기 때문에 그 생명도 하나님께 맡기게 된 것이다(24:12절).

2. 성직자를 공대하는 본을 보여주기 위함이었다.

사울 왕을 죽이기 원하는 다윗 편의 사람들은 여호와의 뜻이기 때문에 죽이자고 하였다(24:4절). 그러나 이는 그들의 마음이었을 뿐 누구도 하나님의 계시를 받은 자는 없었다. 그렇기 때문에 만약 다윗이 "내가 원수를 네 손에 넘기리니 네 생각에 좋은 그대로 그에게 행하라" (24:4절)하는 그들의 말만 믿고 사울을 죽인다면 이는 거짓된 말에 속는 것으로써(렘23:16~17,21~22 참조) 앞으로도 이 같은 헛된 말에 속을 수도 있어(26:8절) 그렇게 되면 큰 혼란에 빠질 수도 있게 된다. 또한, 그때 사람들의 말만 듣고 마치 원수에 대한 분풀이로 "기름 부어 세운 왕" 을 죽이는 것처럼 된다면 다윗을 따르는 아랫사람들에게 좋지 못한 것을 보여주게 되어 자기 자신의 왕직도 존경심을 갖지 못하게 될 수도 있다.

그러나 이때 "하나님이 기름 부어 세운 자" (24:6; 26:9절) 사울 왕을 살려주므로 먼 훗날 다윗이 아들 압살롬에게 죽임을 당하게 되는 그 대위기에서도 다윗과 함께했던 수종자들은(21:2; 23:13절) 하나님이 기름 부어 세우신 하나님의 쓰시는 왕 다윗을 지키기 위하여 자기들 목숨이라도 내놓고 끝까지 헌신과 충성을 다 바쳤던 것이다(삼하18:1~3).

3. 구속사에 대한 확신이 있었기 때문이다.

다윗이 사울을 죽이지 않고 살려주면서 사울에게 하는 말을 들어보면 ① 무고한 자를 해치는 범죄에 대한 경고도 있지만(24:11,12절) ② 아무리 왕이 나를 죽이려고 할지라도 절대 그럴 수가 없는 것은 자기는 특별히 하나님을 위하여 하나님이 예정하시는 그 일을 성취해야 할 사명이 있기 때문이라고 한다(24:15; 26:23,24절). 물론 요나단과 사울도 다윗은 유다 지파로서 이스라엘의 왕이 되어 메시야 언약 계시의 구속사를 이루게 될 메시야의 계보가 되는 것을 알고 믿기도 하였지만(23:17; 24:20,21절), 다윗 자신도 자기는 이미 사울을 대신하여 이스라엘의 왕이 되었고(16:13절), 창49:8~10의 예언도 반드시 자기를 통하여 메시야 언약 계시의 구속사를 이루어야 할 것이기 때문에 사울이 아무리 삼천 명의 군대로써 자기를 찾아 죽이려고 할지라도(24:2; 26:2절) 절대 그렇게 할 수가 없는 것은 하나님이 지키시고 보호해 주실 것이기 때문이라고 확신하였다. 이 구속사의 확신은 먼저 베들레헴의 험한 골짜기에서 양치기로 있을 때에도 있었던 용감무쌍한 확신이었다(17:45~47절).

지금도 이 같은 구속사의 일꾼이 되려고 하는 자는 세상에 대한 두려움과 염려와 병드는 것과 천재지변을 지나치게 걱정하지는 아니한다. 그에게는 그리스도께서 자기에게 주신 구속사의 사명이 있기 때문에 이 일을 마치기 전까지는 세상이 자기를 어쩌지는 못할 것으로 확신하고 있기 때문이다(롬8:28).

제 25강 다윗의 아내 아비가일

본문 : 사무엘상 25장

"엔게디" 동굴에 숨어 있는 다윗을 찾아 그 굴속에 들어갔다가 다윗의 수하들에게 죽을 뻔한 사울이(24:1~7절) 이번에는 자기 왕궁으로 돌아갔고(24:22절), 다윗은 엔게디 굴속에서 나와 바란 광야로 내려간다(25:1절).

본 장은(25) 사무엘의 사후(死後) 바란 광야로 내려간 다윗과 그의 일행이 마온에 있는 나발에게 식량을 요구하였으나 매몰차게 거절당하고 오히려 멸시와 천대만 당하게 된다. 그래서 다윗 일행이 나발 가정과 그의 산업 전체를 몰락시키려고 하였으나 나발의 아내 아비가일의 현명한 판단과 명철한 지혜와 총명으로 모든 것이 원만하게 잘 해결이 되었고 나발이 죽은 후에는 그의 아내 아비가일이 다윗의 아내가 된다.

그렇기 때문에 삼상25장은 24장에 기록되어 있는 엔게디 동굴 사건과 다음 장(26장)에 있는 하길라산 사이에 끼어 있는 삽화적 사건의 기록이다.

본 장의 내용은 ① 나발의 매몰찬 냉대와 다윗의 큰 분노(25:1~13) ② 아비가일의 현명한 중재(25:14~35) ③ 다윗의 아내가 된 아비가일(25:36~44) 등으로 분류된다.

첫째: 나발의 매몰찬 냉대와 다윗의 큰 분노(25:1~13)

여기 1절 "사무엘이 죽은 후에" 와 "다윗이 일어나 바란 광야로 내려 가니라" 는 말씀과는 어떤 관계가 있음을 암시한다. 사무엘의 생존에는 다윗이 사울을 피하여 사무엘의 거처가 있는 라마에 가서 도피하였으나(19:18절), 이제는 마음의 스승이시며, 의지셨던 사무엘이 죽었으므로 더욱더 사울이 자기를 해칠 것 같았으므로 좀 더 먼 곳 바란 광야로 내려간 것이다. 실로 사무엘은 모세 이후 이스라엘에서는 가장 뛰어나고 위대한 마지막 사사이면서 제사장이었고, 또한 선지자였다. 그는 이스라엘 최초에 왕정 통치제도를 설립한 사람으로서 사울 왕과 소년 다윗에게 기름 부어 왕으로 등장시켰다. 비극의 왕 사울이 폐위당했을 때는 불쌍한 사울과 나라와 백성을 염려하므로 밤이 새도록 슬퍼하며 기도했다(15:35; 16:1절).

"바란광야(미드빠르 파란 מִדְבַּר פָּארָן the wilderness of Paran 〈 미드바르 מִדְבָּר 광야, 사막, 아무도 살지 않는 땅/파란 פָּארָן "아라비아의 사막", '바란')" 를 70인 역(LXX)의 어떤 사본에는 "마안(Μαάν)" 으로 번역되어 있다(Cod.B). 이것은 "마온(מָעוֹן maon)" 을 가리킨다.

다윗이 바란 광야로 내려가(25:1절) "마온" 에 사는 나발을 도운 것은 그의 요청이 있었기 때문은 아니었으나 다윗에게는 육백 명의 가병(家兵 창14:14참조)이 있었기 때문에(23:13절) 다윗이 그곳에 머물고 있는 한 자연히 바란 땅 전체(마온 광야)는 저절로 치안 유지가 될 수밖에 없었다. 그래서 나발에게 있는 삼천 마리의 양, 일천 마리의 염소 그리고 수많은 다른 가축들과 엄청난 재산, 재물까지도 다윗으로 말미암아 도적들과 강도들 그리고 맹수들로부터 보호막과 지킴이가 되고 있었다. 더구나 다윗이 머물고 있는 그 어떤 곳이라도 그곳에는 평화가 있었다(22:2; 23:1~5,13). 그러던 어느 날 나발이 "자기 양털을 깎는다는 소식" 이 다윗에게 전하여졌다(25:4절). 양털 깎는 날은 유목민의 축제의 날로써 주인은 잔치를 벌이며, 나그네와 일꾼들을 푸짐하게 대접을 한다. 그동안 다윗의 가병들은 나발의 가축들과 재물까지도 지켜주는 지킴이가 되어 주고 있었기 때문에(25:15,16절) 이렇게 나발에게 기쁘고 좋은 날 다윗은 선한 일의 기회를 만들어 주기 위하여 "소년 열 명(아사라 네아림 עֲשָׂרָה הַנְּעָרִים the young men 〈 에쎄르 עֶשֶׂר 십, 열/나아르 נַעַר 소년, 젊은이, 청년)" 을 나발에게 보낸다. 열 명까지 보낸 것은 아마도 풍성한 선물을 기대하였기 때문이다. "소년들" 을 직역하면 Young men으로서 "젊은 청년들" 이다. 다윗과 함께 하는 육백 명의(23:13절), 청장년들 열 명을 보내었을 것이다.

"나발(Nabal נָבָל)" 이란 뜻은 "어리석은 자(be foolish)", "바보(a stupid)" 인데 그것은 부모가 지어주었다기보다는 그의 마음과 하는 행실이 너무 이기적이고, 욕심쟁이고(25:3절), "불량하고(벨리알 בְּלִיַּעַל 이익 없이, 쓸모없음 cf. 고후6:15 〈 베리 בְּלִי 부정의 부사 없이, 없는 + 야알 יַעַל 얻다, 이익을 얻다, 득을 보다, 유용하다, 가치가 있다)", "미련한(네바라 הַנְּבָלָה 무분별함, 어리석음, 부도덕, 악함 〈 나발의 여성형 נָבָל 어리석은, 무분별한, 바보, 사악한 사람)" 자이기 때문에(25:25절) "마온" 이나 "바란 광야" 에서는 그렇게 인정하고 부르는 별명이 된 것 같다.

다윗은 이런 자에게 모든 예의를 다하여 정중하게 평화의 축복을 주는 마음으로 선행을 요구한다(25:5~8절). "우리가 그대에게 사랑을 다 하였으니 그대도 우리에게 은혜를 베풀어 주소서" 한 것이다. 이는 당연히 할 수 있는 부탁으로 선의 교류이다. 그러나 그 요구를 들은 나발은 그 말이 끝나기도 전에 다윗을 모독하고 가문을 비난한다. 그리고는 마치 자기를 대하듯 매몰스럽게 일언지하에 말문을 끊어 버린다(25:10절). 이 매몰찬 냉대와 비난에 큰 의분(義憤 righteous indignation)을 가지게 된 다윗은 슬하에 있는 가병들을 총동원하여 나발 가정과 산업 전체를 몰락시켜 버리려 나발을 향하여 올라간다(25:12~13절).

둘째: 아비가일의 현명한 중재(25:14~35절)

나발의 아내 "아비가일(אֲבִיגַיִל 〈 아브 אָב 아버지 + 길 גִּיל 기쁨, 즐거움)" 은 "기쁨의 원천, 즐거움의 아비" 라는 이름 그대로 "총명하고, 아름다운 용모" 를 가진 여인이었다(25:3절). 그때 하인 한 사람이 주인 나발이 말한 그대로 아비가일에게 전해주면서, 다윗과 그 일행이 그동안 어떻게 주인집에 선행을 하면서 산성이 되어 주었는가를 실토하고, 그러나 이제는 다윗이 주인집을 해하려고 군사를 몰고 이곳으로 오고 있다고 일러준다(14~17절). 그 말을 들은 아비가일은 매우 놀라 급히 다윗의 모든 가병들에게 선물할 봉물(封物)을 준비하여 집에 있는 하인들(소년들)을 앞세우고 다윗을 만나려고 "한 호젓한 곳을 따라 내려가다가" (25:18~20절), 마주 오는 다윗을 만나게 된다(20절). 다윗을 만나자마자 아비가일은 급히 나귀에서 내려 땅에 엎드려 절하면서 다윗을 향하여 무려 "내 주여, 내 주님, 내 주는" 이란 말을 27번이나 한다. 그녀가 평소에 다윗을 존경하고 있었다는 듯이 자기의 모든 정성과 성의를 다하여 상전 모시듯 경모하면서 4가지 예의 바른 표현을 한다. (1) 나발의 죄를 자기가 지겠다고 한다(25:24절). 그는 다윗에게 단 한 번도 나발에 대하여 자기 남편이라고 하지 아니한다. 모두 다 "불량한 사람 나발", "미련한 자" (25:25절) "보복할 만한 가치조차 없는 자" (26절) 라고 한다. (2) 다윗의 복수를 막아 주신 하나님께서 다윗의 원수가 나발같이 되기를 원한다고 하였다(26절). 다윗도 그 같이 하신 하나님께 깊은 감사를 드린다(25:32~34절). (3) 예물 드림과 동시에 사죄를 구한다(25:27~28 上절). 이것은 다윗의 선한 공로이기 때문에 하나님께서 반드시 "내 주를 위하여 든든한 집을 세워주시리라" 라고 한다. 여기에서 다윗의 구속사가 아비가일의 입에서 전하여진다. (4) 다윗은 하나님의 예정 가운데 메시야 언약 계시의 구속사의 계보이시기 때문에 누구든지 다윗의 원수 된 자는 하나님께서 멸망시키사 반드시 그 구속사를 성취시켜 주시리라고 확신한다(28下 ~31절). 이와 같은 아비가일의 구속사 신앙에 깊이 탄복한 다윗은 그녀의 구속사 신앙에 축복을 내리고, 아비가일 때문에 무가치한 자를 죽이는 살인죄를 짓지 아니한 것에 깊은 감사를 상찬(賞讚 admiration)하면서 그녀가 주는 선물을 달게 받는다.

셋째: 다윗의 아내가 된 아비가일(25:36~44)

아비가일의 구속사 신앙고백으로(25:26~31절) 살게 된 것도 모르고 자기 집 잔치에서(25:36절) 내취(內醉 dead drunkenness)한 나발에게 다음 날 포도주에서 깬 후에 어제 하루 동안에 일어난 사건을 고할 때 나발이 낙담하여 있다가 "한 열흘 후에 여호와께서 나발을 치시매" 죽고 말았다(25:38절). 나발의 죽음은 이미 예견되어 있는 그대로이다(25:26절).

그때 마침 아내 미갈과는 남남이 되어 있었으므로(44절), 다윗은 몇 사람의 전령들을 보내어 아비가일을 아내로 삼는다고 정식으로 청혼할 때 다윗의 청혼을 받아들여 "처녀 다섯과 함께 다윗의 전령들을 따라가서 다윗의 아내가 된 것이다(25:39~42절).

본문에는 아비가일의 남편 나발이 죽자마자 금방 다윗의 아내가 된 것 같이 되어 있으나(25:39~42절) 이는 이스라엘의 장례 기한이 마쳐진 후에 된 것이라고 할 것이다. 또 아비가일 외에도 "이스라엘 아히노암" 이 다윗의 아내가 되었으니, 이는 다윗의 맏아들 암논의 생모이다(삼하3:2). 이 여인을 취한 때는 아비가일 후에 얼마의 시간이 경과되었는지 모른다. 이는 분명히 십계명 중 제7계명을 범한 죄이다. 구약 시대의 일부다처제는 가정 파탄의 비극이다(삼하13:1~33; 15:30; 18:33참조).

◎ 이름을 잃어버린 나발 ◎

성경에 기록된 위인들은 모두 다 자기 본인의 이름들이다. 아브라함은 "여러 민족의 아버지" 라는 뜻이고, 사라는 "여러 민족의 어머니" 이다. 모세는 "물에서 건져낸 자" 라는 이름이며 사무엘은 "하나님이 들으신다." 이다. 그러나 여기 아비가일의 남편의 이름은 나오지 아니하고 그 대신 못된 별명만 있는데 "어리석은 자, 바보 같은 놈" 의 뜻으로 나발이란 이름이다. 분명히 태어날 때 부모가 지어준 좋은 이름이 있었을 터인데 일평생 못된 행동과 어리석은 짓만 하면서 살았기에 본 이름은 없어지고 그 대신 어리석다. 못나다. 바보 같은 자라는 뜻으로 "나발" 만 남게 된 것이다.

그렇기 때문에 아비가일의 남편만 "나발" 이 아니라 누구든지 나발과 같이 행하며 사는 자들도 그 이름과 동일하게 나발이라고 할 것이다. 나발의 생활은?

1. 나발은 배은망덕한 자이다.

사무엘이 세상을 떠난 후에 다윗은 바란 광야 "마온" 으로 거처를 옮기게 된다. 마온은 기름진 땅이었기에 초원이 광활하여 목초지로 유명한 곳이었다. 바로 아비가일의 남편 나발은 이곳에 살면서 광대한 목장업을 가지고 있었다. 그때 다윗은 육백 명이 되는 기병들(23:13절)을 거느리고 있으면서 가는 곳마다 치안 유지를 잘 감당하고 있었으므로 도둑, 강도가 없어졌고, 바란 광야, 마온 땅의 질서가 유지되었으며 가축을 해치는 맹수들도 침범하지 못하였다. 그래서 나발의 목축업은 저절로 큰 유익을 얻게 된 것이다(25:7,8절). 마침 나발의 목장에서 양털을 깎는 잔치가 있다는 소문을 듣게 된 다윗은 나발로 말미암아 풍족한 양식을 얻기 위하여 열 명의 가병들을 보내었다. 그러나 나발은 그 이름답게 다윗의 가문과 다윗 자신의 이름을 매몰차게 비웃고 조롱하며 냉대하면서 일언지하(一言之下)에 거절(I was met a flat refusal) 하고야 말았다. 오죽하면 다윗이 그 가문 전체를 도륙하려고 했겠는가? 인간의 성공이란 홀로 되는 것은 없다. 그렇게 되기까지는 많은 사람들의 도움이 여러모로 있었다. 그런데도 나발 같은 종류의 인간들은 자기 혼자서 성취된 성공으로 알고 다윗에게 한 것처럼 다른 사람들의 도움을 잊어버리고 교만하여 냉대한다. 하나님의 은혜를 망각한 나발들, 다른 사람들의 도움을 잊어버린 나발들이 많다.

2. 나발은 남을 멸시하는 자이다.

다윗의 일행은 자기 부모, 형제, 일가친적과(22:1,2절) 가병(家兵 house army)들까지 하면 대 식솔들이다(육백 명 이상 23:13절). 그래서 좀 더 많은 양식을 구하기 위하여 열 명의 장정들을 나발의 집에 보내면서 "다윗의 이름" 으로 예의를 다하여 식량을 보내주는 선처를 기대한다(25:4~8절). 그러나 정작 나발은 다윗의 이름이 나오자마자 사울로부터 쫓겨 다니는 반역자로 취급하면서 그 가문까지 모욕하고(25:9~10절), 마치 거지 취급하듯 하여 열 명 모두를 쫓아내 버린다(11절).

이는 예수님께서 비유로 말씀하신 큰 부자와 같다. 수백 수천 석의 곡식을 쌓아 둘 곳이 없어 곳간을 더 지으려고만 했다. 하나님의 그 크신 은혜와 이웃의 도움을 모르는 나발 같은 자를 향하여 하나님께서는 "어리석은 자여(이 나발아!) 오늘 밤에 네 영혼을 도로 찾으리니 그러면 네 준비한 것이 누구의 것이 되겠느냐" (눅12:16~21)라고 책망하는 것과 같다. 이 세상에서도 나발(נָבָל Nabal) 같은 종류의 인간들은 자기에게 무엇이라도 조금 있으면 자기 교만에 빠져 남을 무시하고 멸시하게 된다.

3. 나발은 자기만 아는 이기적인 자이다.

나발은 식량을 간절히 요청하는 다윗의 전령자들을 향하여 "내가 어찌 내 떡과 물과 내 양털 깎는 자를 위하여 잡은 고기를 가져다가 어디서 왔는지도 알지 못하는 자들에게 주겠느냐" (25:11절)라고 말한다. 그는 나발이기에 자기만 알고 있을 뿐 남은 전혀 모르는 자이다. 실상 그는 "총명하고 용모가 아름다운" (25:3절) 아내의 도움을 받아 목축업에 대성공을 거둔 자였으나 자기 아내의 고마움도 모르고 있었기에 아내 아비가일은 다윗에 대하여는 스물일곱 번이나 "내 주님" 이라고 하면서, 자기 남편 나발에게는 단 한 번도 "내 남편" 이라고 하지 않을 뿐 아니라 심지어는 "불량한 사람 나발" (25:25절), "미련한 자 나발" (25) 그렇기에 "내 주의 원수들과 내 주를 해하려 하는 자들은 나발과 같이 되기를 원하나이다" (25:26절) 하므로 죽여야 할 자라고까지 한다.

나발의 아내 아비가일은 다윗에 대하여 영원히 이스라엘 왕위에 오를 자로서 구속사의 계보가 되실 자(25:29,30절)로 알고 있는데 여기 나발은 다윗을 쫓겨 다니는 거지로만 알고 있으니 이 자는 하나님도 모르고, 오시는 메시야도 모르고, 자기를 구해주는 다윗 왕도 모르고 오직 자기 육신과 돈과 재물과 챙기는 이기적인 짐승과 같은 자이다. 오늘도 이기적인 동물과 같은 인간은 모두 다 나발의 후예들이다(벧후2:12~14; 유10).

구속사 설교

◈ 총명하고 아름다운 아비가일 ◈

잠언31:10에는 "누가 현숙한 여인을 찾아 얻겠느냐 그의 값은 진주보다 더 하니라" 라고 하셨다. 성경에는 실로 그러한 여인들이 많이 등장한다. 진주보다 더한 여인들의 값은 아브라함의 아내 사라, 이삭의 아내 리브가, 모세의 모친 요게벳, 사무엘의 모친 한나, 나라를 구한 드보라, 에스더도 있다. 그런데 이 여인들의 유명세에 이름이 가리워 그리스도 세계에 널리 알려지지 아니하는 이름 하나가 있으니 그는 아비가일 곧 다윗의 아내 된 여인이다. 아비가일의 이름이 유명하다 하는 것은?

1. 불량한 남편을 따르지 아니하였다.

아비가일의 남편 나발은 “완고하고 행실이 악하여” (25:3절) 그의 본이름조차도 나타나지 아니하나 그 아래 아비가일은 “총명하고 용모가 아름다워” (3절) 바란 광야의 마온 성에서는 부잣집 마나님보다는 아름답고 현숙한 여인으로(잠31:10) 그 이름이 널리 알려져 있었던 것 같다(25:14~17절). 어느 가정에서든지 고대 세계에서는 대개 주인집 마나님들은 주인 남편의 행실을 거의 다 따라가기 마련인데 이 가정에서의 아비가일은 전혀 남편 나발의 완고하고 행실이 악한 것을 본받아 따라가지 아니하고 오히려 아내만의 총명하고 현숙한 행위가 따로 있었다(시1:1,2).

만약 그렇지 아니했다면 나발이 다윗이 보낸 열 명의 전령자들에게 양식을 주는 것은 고사하고 사울 왕에게 쫓겨 다니는 불량배들로 취급하여 매몰차게 거지로 쫓아낼 때(25:9~11절), 아내 되는 아비가일마저 나발처럼 그렇게 하였을 텐데 아비가일은 전혀 그렇게 하지 아니하고 오히려 메시야 계시 언약의 구속사의 왕의 계보로 여겨 이스라엘의 영원한 왕으로 극진히 모신 것이다. “여호와께서 ~~~~ 내 주를 이스라엘의 지도자로 세우실 때에” (25:30절) “다만 여호와께서 내 주를 후대하실 때에 원하건대 내 주의 여종을 생각하소서” (25:31절)라고 고백하여 간청하므로 다윗을 창49:8~10에 기록된 이스라엘의 영원무궁한 왕으로 메시야 언약 계시의 구속사의 계보로 모신 것이다. 아비가일의 몸은 비록 나발의 아내였으나 그 영은 메시야 구속사의 모형인 다윗을 적극적으로 도우므로 시편1:1대로 실천한 위대한 그리스도인이였다. 그래서 다윗이 보낸 열 명의 전령자들에게 나귀가 더 이상 싣고 갈 수 없는 만큼 아주 풍성한 봉물(封物)을 실어 보내고(25:18절), 자기는 뒤따라 가다가 마주 오시는 다윗을 호젓한 산길에서 모시게 된 것이다(20절).

2. 다윗의 전령자들과 한 권속이 되어 있었다.

나발이 매몰스럽게 다윗의 전령자들을 쫓아냈을 때, 그 집 하인들이 나발의 아내 아비가일을 만나 ① 나발의 무자비한 행동을 고하는 것과 ② 그동안 다윗의 가병들이(23:13절) 어떻게 나발의 식솔들과 가축 떼들을 지키며 보호해 주었는가를 아비가일에게 들려주었을 때, 웬만한 아내들 같았으면 단 한 번이라도 자기 남편 나발 편에 서서 옹호하는 말이라도 하였을 것인데 거기에는 전혀 말이 없이 무조건 하인들이 전하는 말만 믿고 남편이 매몰스럽게 냉대하는 다윗의 권속들에게 주게 될 선물만 극진히 준비하여 급히 보낸 것은(25:18,19절) 이미 그때 아비가일의 정신과 마음은 남편 나발은 아랑곳없고, 오직 다윗과 다윗이 보낸 열 명의 전령자들에게만 있었던 것이다.

또한, 다윗을 만났을 때는 지극히 겸손하고 복종하는 마음으로 땅에 엎드려 절하면서 최고 최상급의 예의를 다하여 왕으로 섬긴다. 그러나 다윗 앞에서 자기 남편 나발에 대하여는 마치 자기 남편이 아닌 것처럼 "불량한 사람", "미련한 자", "피를 흘려 친히 보복을 당해야 할 자" (25:25,26절) 등으로 취급하여 버린다. 그때 이미 아비가일은 나발의 아내이면서 마온 성읍에서 부잣집 귀부인의 마나님이라기보다는 고난당하는 메시야 언약 계시의 구속사의 한 권속이었다.

3. 구속사의 신앙과 그 고백으로 자기 가정을 구원하였다.

나발이 악령의 사자 사울 왕의 편이 되어(25:10절) 매정스러운 거절로 다윗이 보낸 열 명의 전령자들을 다 쫓아 보낸 것에 큰 분노를 가진 다윗의 무서운 복수의 칼끝이 자기 가정 식구가 가축들까지 미친 것으로 알고, 이 엄청난 참극을 수습하려고 부랴부랴 많은 봉물을 급하게나마 준비하여 나귀들에 싣고 다윗을 만나려고 떠난 아비가일은(25:18~20절) 다윗을 만나자마자 정성과 진심을 담아 다윗만이 이스라엘의 영원무궁한 왕이시며(메시야 모형으로써) 구속사의 계보자가 되신다는 것을 신앙 고백하고(25:28~30절), 그래서 나발 같은 천박한 자의 피를 다윗의 손에 묻히지 아니하도록 하나님께서 미리 막으셨다고 한다(25:26~31절). 이 정성과 진심을 담은 아비가일의 신앙고백을 다윗이 듣고 진노가 풀리면서 아비가일을 칭찬함과 동시에 그 가정 식구와 가축들까지도 다 살려준다(25:32~35절). 그러므로 현숙한 여인 아비가일은 자기의 신앙과 메시야 계시의 언약의 구속사 고백으로 자기 가정 전체(하인들까지)와 산업까지도 다 구원시키게 되었으니 사도 바울의 믿음과 그 고백 그대로 되어진 것이다(롬10:9,10,11~13).

제 26강 사울을 선대한 다윗(2)

본문 : 사무엘상 26장

본 장(26)은 다윗이 사울을 두 번째 살려주는 장으로써 24장의 "엔게디 광야" 에 이어서이다. 24장의 엔게디 광야에서는 다윗이 먼저 굴속에 몸을 숨기고 있을 때 사울이 용변을 보려고 들어왔으나 다윗은 사울의 겉옷 자락만 베고 살려줄 때 사울은 다윗이 정말 고마워서 "소리를 높여 울며" (24:16절) 다시는 다윗을 죽이지 않을 것처럼 말하고 오히려 "보라 나는 네가 반드시 왕이 될 것을 알고" 있으므로 "네가 이스라엘의 왕이 되거든 내 후손을 끊지 아니할 것을 이제 여호와의 이름으로 내게 맹세하라" 하였을 때 다윗은 사울에게 맹세까지 한 바 있었다(24:18~22절).

그리고는 다윗이 형편에 따라 "광야 앞 하길라 산에" 머물러 있을 때(26:1) 고자질하는 "십 사람들" (23:19절)이 두 번째 다윗을 밀고한다. 그때 사울은 엔게디 굴속에서 다윗에게 맹세한 바 있는 그 언약도 까맣게 잊어버렸다는 듯이(24:16~22절), 이번에도 삼천 명의 군사를 앞세우고 다윗이 거주하는 하길라 산을 수색하기 시작한다.

이것을 보면(삼상18:10~26:2) 많은 주경인들이 해석하는 것처럼 사울이 다윗을 암살하려는 것은 단순히 어떤 정치적인 시기와 질투 때문이 아니라 창3:15의 원리 복음으로써 "옛 뱀, 한 큰 붉은 용" (계12:1~4; 13:1~4)이 메시야 계시 언약의 구속사를 없애어 말살시키려는 사탄의 계략에서이다. 사울이 악령이 임하지 않을 때는 자기 행동을 큰 게 뉘우치고 반성도 하였지만(19:4~7; 24:16~22절), 그러나 악령(창3:15의 뱀)이 그에게 임할 때는 언제나 죽이려고 한 것을 보면(16:14,15; 18:10~12; 19:9~17; 20:30~31; 22:11~19; 23:7~14,19~26; 24:1~3; 26:1~5절등) 이는 창3:15의 여인의 후손과 뱀의 치열한 구속사의 전쟁으로 보아야 한다. 분명히 다윗은 여자 후손의 구속사 계보자이시고, 사울은 "옛 뱀, 한 큰 붉은 용" (계12:1~4)의 하수인인 "짐승(계13:1~4)" 이다.

이렇게 사울이 열 번이나 다윗을 살해하려고 했으나 다윗은 메시야 계시 언약의 구속사 계보, 계대이시기 때문에 결코 죽지 아니했지만, 사울은 다윗 앞에서 뱀과 함께 영원히 실패하고 만다. 이는 여자의 후손이 여지없이 뱀의 머리를 깨뜨려(창3:15) 부수어 버릴 것이기 때문이다(시2:9).

본 장의 내용은 ① 다시 시작된 사울의 추격(26:1~5) ② 다시 사울을 선대한 다윗(26:6~12) ③ 다시 다윗에 대한 사울의 사과(26:13~25) 등으로 나누어진다.

첫째: 다시 시작된 사울의 추격(26:1~5)

십 사람들이 자주 다윗의 은신처를 사울에게 밀고(密告 an anonymous report)하는 것은(23:19; 24:1; 26:1절) 처음에는 다윗을 숨겨 주었다가는 사울로부터 치명적인 보복을 당할 것이 두려웠기 때문이지만(22:11~19절), 다음부터는 어떤 보상을 받기 위한 것이라고 보인다. 그러나 이런 행위는 창3:15의 뱀 편으로써 하나님의 절대적 구속사를 역행하는 무식, 무지한 만행이다. 당시 선민 이스라엘의 모든 백성들은 다윗이 이스라엘의 왕이 된 것을 믿고 있었고, 요나단과 아비가일 정도의 백성들은 다윗에게서 메시야 계시 언약의 구속사가 진행되어질 것도 믿었으며, 심지어 사울 자신도 다음 이스라엘의 왕위는 요나단이 아니라 다윗이라는 것도 알고 있었다(23:17; 24:20절).

아무튼 십 사람들로부터 다윗의 은둔처에 대한 밀고가 들어와 있었으므로 사울은 여전히 삼천의 군대를 데리고 또다시 다윗을 추격하기 시작하였으니 이는 임시변통의 뉘우침이나 반성이 본질적인 속성의 범죄를 끊을 수 없다는 것을 우리 그리스도인들에게 여실히 보여주는 것이라고 할 것이다. 잠26:11에 "개가 토한 것을 도로 먹고", 벧후2:22에는 "개가 그 토하였던 것에 돌아가고 돼지가 씻었다가 더러운 구덩이에 도로 누었다는 말"과 같이 사도 베드로처럼 자기 죄를 철저히 회개하지 아니하면(눅22:60~62), 그 사람의 속성에 깊이 잠기어져 있는 본질적인 죄는 끊을 수가 없다. 더구나 사울은 지금 악령이 속에 들어와 창3:15의 뱀 노릇을 지금 대신하고 있는데 어찌 뉘우침으로 후회함으로나 반성 정도로 다윗에 대한 구속사 범죄를 끊어 버릴 수가 있겠는가? 아니다. 오히려 세월이 지나갈수록 그 범죄는 더 심화되어 갈 뿐이다. 그래서 파멸에 이르게 된다.

둘째: 다시 사울을 선대한 다윗(26:6~12)

계속된 다윗의 수색에 지쳐 있는 사울과 군사령과 아브넬은 하길라 산에 있는 다윗을 찾지도 못하고 그 산 아래에 진을 치고서 누워 있다가(26:3~5절), 그만 모든 수색대원들이 잠들어 버렸고, 다윗과 아비새가 밤에 사울의 진영에 가서 보니 진을 지키는 보초마저 깊은 잠에 빠져 있었다.

그때 요압 장군의 아우인 아비새가 사울을 죽이는 좋은 기회이니 이번에는 반드시 죽이므로 보수하자고 하였으나 다윗은 이번에도 "여호와께서 그를 치시기 전에는 내가 손을 들어 여호와의 기름 부음 받은 자를 치는 것을 여호와께서 금하시나니 그의 머리 곁에 있는 창과 물병과 가지고 가자 하고" (26:10,11절) 사울 왕의 머리 곁에 있는 창과 물병과 가지고 나온 것이다(26:12절).

이렇게 이번에도 사울에게 보수하지 아니하고 그의 목숨을 그대로 살려준 것은 ① 하나님께 범죄하지 않기 위함과(9절下), ② 하나님께서 친히 다윗에 대한 원수를 갚아 주시기를 바라는 것과(10절), ③ 하나님의 구속사는 인간 원수의 복수 심리에 있는 것이 아니었기 때문이다(26:11,12절). "다윗이 사울의 머리 곁에서 창과 물병을 가지고 떠나가되 아무도 보거나 눈치채지 못하고 깨어 있는 사람도 없었으니 이는 여호와께서 그들을 깊이 잠들게 하셨으므로 그들이 다 잠들어 있었기 때문이었더라" (26:12절).

하나님께서 사울과 삼천 명의 군병들에게도 피곤하고 지친 몸을 편히 쉬도록 만들어 주셨는데 하나님께서 그들에게 주신 안식과 쉼

터를 메시야 계시 언약의 조상이 되는 다윗이 자기 사적인 원수나 갚는 육체의 기회로 삼는다는 것은 비겁하고 용렬한 기회주의자이다. 그들은 어차피 다윗의 구속사 앞에서 사라져야 할 하루살이 같은 존재들이다. 그렇다면 이번에도 다시 살려주므로 하나님의 은혜와 영광을 나타내는 호기(好機 good opportunity)로 삼아야 한다. 이번에도 다윗은 그의 자손으로 오실 메시야 예수님의 원수 사랑에 아주 좋은 귀감의 모형이 되셨다(마5:38~48).

셋째: 다시 다윗에 대한 사울의 사과(26:13~25)

창과 물병을 가지고 하길라 산꼭대기에 올라간 다윗은 사울의 수호 용장인 아브넬을 부르면 왕의 수호를 허술히 한 그 책임을 물어 꾸짖는다. 어느 시대이든지 수호로써 모셔야 할 최상의 존엄자에 대한 신병에 무슨 이상이 생겼을 때는 그 수호장과 경계병들은 준엄한 심판에 처한다. 다윗은 그 상황을 물어 아브넬을 심하게 문책한다(26:13~16절).

"여호와의 기름 부음 받는 너희 주를 보호하지 아니하였으니 너희는 마땅히 죽을 자이니라". 그렇다면 "여호와의 기름 부은 자를 보호하므로 살려준" 다윗은 마땅히 어떤 상급을 주어야 하는가? 바로 아브넬을 꾸짖은 다윗은 자기 자신의 생명보호에 대한 상급이기도 하다. 산꼭대기 위에서 우렁차게 들여오는 소리에 귀를 기울이고 들어보니 이는 틀림없이 다윗이 외치는 소리였다. 그래서 순간적으로 사울은 자기도 모르게 다윗을 향하여 "내 아들 다윗아 이것이 네 음성이냐" 라고 되묻는다. 그때 다윗은 "내 주 왕이여 내 음성이니이다." (26:17하下)하고 사울 왕의 부당한 행위를 조목조목 따진다. ① 단 한 번이라도 왕을 해치려 한 적이 없다고 한다. 구속사는 사랑과 용서의 진리이시지 복수는 아니기 때문이다. ② 고자질로 이간질하는 것은 "그들이 여호와 앞에 저주를 받으리니" 왕은 그들의 꼬임에 넘어가지 말라고 한다(26:19,20절). ③ 나를 계속 추격하는 것은 마치 메추라기를 사냥하는 것과 한 벼룩을 수색하는 것과 같다고 하면서 자신을 한없이 낮추며 무가치한 자로 여긴다(20절).

이 솔직 담백한 다윗의 고백을 들은 사울은 이번에도 자기의 잘못과 범죄성을 실토한다. "내가 범죄하였도다." (26:21절) "내가 어리석은 일을 하였다. 내가 다시는 너를 해하려 하지 아니하리라" (21절). 그러나 이는 사울의 머릿속에서만 나오는 즉흥적 감정이기 때문에 심정 깊은 영혼에서 나오는 회개는 아니다. 첫 번의 뉘우침과 후회와 반성 정도를 되풀이하는 것에 지나지 아니한다(24:16~22절).

하나님의 구속사 영적인 사람이라야 회개의 깊은 각성이 나오는 것이지(시6장; 32장; 38장; 51장; 102장; 130장; 143장; 눅22:61등), 사탄, 악령, 귀신, 거짓 선지자, 적그리스도로부터 어떤 회개도 기대할 수는 없다. 지옥에 떨어져도 회개는 나오지 않는다. 그래서 다윗은 자기 생명을 오직 하나님께 맡긴다고(26:24절) 하면서 사울의 창과 물병을 돌려주고는 땅에서는 물론 영혼의 세계에서도 영영 이별하고 말았다.

◈ 반복되는 인간의 죄성 ◈

하나님이 안 계시는 세상에서는 잘못했을 때 뉘우침과 후회스러움과 반성은 있을지라도 회개는 없다. 전자는 하나님과 아무 관련이 없는 인간 이성의 깨달음일 뿐이다. 그러나 그리스도께서 계시는 신앙의 세계에서만 회개가 되는 것인데 이는 회개의 영이신 성령님께서 구원받을 수 있는 성도들에게만 범죄하므로 지옥에 가지 못하도록 회개의 영을 부어 주심으로 다윗처럼, 사도 베드로처럼 회개하도록 하신다(롬 8:26,27; 엡4:30~32).

사울이 엔게디 굴속에서 다윗에게 살림을 받았을 때 우리는 그가 다윗에게 자기 범죄를 실토하는 회개의 통곡이(24:16절) 있었던 줄로만 알았었다(24:16~22절). 그러한 사울이 그 후로도 계속하여 다윗을 죽이려고 추격한 것과 마침내 여기 하길라 산에서도 다시 살림을 받았을 때 또 같은 변명을 다윗에게 한 것을 보고는(26:17,21절) 놀람과 동시에 어찌 저렇게 할 수 있겠는가? 하는 의아심도 가지게 된다. 그래서 혹자들은 사울은 즉흥적인 이성적 감정이 빠른 사람이라고도 한다. 또는 표리부동(表裏不同 deceptiveness being two~faced)한 외식주의라고도 한다. 왜 이러는가?

1. 악령의 사람이기 때문이다.

사탄의 세계는 회개가 없다. 악령, 귀신, 거짓 선지자 그리고 적 그리스도인들에게는 자기 범죄의 변명, 핑계 그리고 자기 죄의 전가는 있을지언정 자기 범죄에 대한 참회와 고백은 없다. 하나님의 무서운 심판을 받으면서도 그 심판, 징계에 대한 변명과 함께 원망과 불평, 불만과 신성모독은 할지라도(계6:12~17; 16:8~11,21) 회개는 없다. 심지어 무저갱의 유황 불 못에 들어간다고 할지라도 하나님을 모독하고 원망을 할지언정 회개는 없다(계20:7~10). 회개하는 심령은 하나님의 성령님이 주시는 큰 은총이신데(시51:10), 그 회개하는 심령의 은총을 성령님이 범죄로 인하여 거두어 가신다면(시51:11; 롬8:9; 엡4:30), 어느 누구도 참회할 수가 없다. 사울도 성령님의 사람인 것 같았다(삼상10:9~13; 11:6). 그러나 하나님의 성언(聖言)을 거스르고(13:8~12; 15:1~9) 사무엘이 꾸짖고 따질 때 그는 변명하고(13:11,12; 15:15절) 핑계 대며(13:5~8; 15:20절), 자기 범죄를 애꿎은 백성들에게 전가했다(13:11; 15:21절). 이와 같이 거짓되어 회개하지 않을 때 악령이 들어가서 그 영혼을 점령하여 버린 것이다(16:14,15절). 그래서 다음부터는 악령을 따라 그가 조종하는 대로 완전히 거짓된 사람이 되어버린 것이다. 그러므로 사울이 다윗에게 잘못했다고 하는 것도 다윗을 속여 안심하도록 하고서 죽이려고 하는 것이다.

2. 시작이 잘못되었기 때문이다.

하나님께서도 이스라엘 백성들에게 언젠가는 이방의 세계처럼 왕정 제도가 필요할 때가 돌아오게 될 것을 미리 아시고, 왕정에 대한 규례와 법규를 모세 오경의 신명기에 기록하도록 하셨다(신17:14~20). 그러나 사무엘 시대가 이르기까지 왕정 제도를 늦추게 된 것은 창49:8~10의 메시야 계시의 언약대로 유다 지파에서 왕이 될만한 합당한 자가 없었기 때문이다. 물론 그때 유다 지파에서 이새의 아들이 있기는 하였지만(사11:1,10) 모두 다 하나님 앞에서 합당하지 못하였기 때문에(삼상16:6~10) 합당한 자가 생길 때까지는 계속 기다리고 있었던 것이다.

그런데도 이스라엘 선민들은 더 이상 기다릴 수 없다는 듯이 사무엘에게 찾아가 우리에게도 이방 세계처럼 우리를 위해 싸워줄 수 있는 왕이 있어야 되겠다고 자꾸 조르고 간청하므로(8:4~9,19,20절) 하나님께서 마지못하여 메시야 계시 언약에 맞지 아니하는(창49:8~10) 베냐민 지파의 기스의 아들 사울을 선정하여 이스라엘의 초대 임금으로 세우게 된다(9:1,2; 10:1절). 그러므로 베냐민 지파 기스의 가문에서 이스라엘의 초대 왕으로 세운 것은 하나님의 뜻에 어긋나는 모세 율법을 거스른 것이다. 사람이 잘못되어 있었다. 사울은 어차피 잘못된 왕이었다. ① 왕정 제도로 잘못되어 있었고, ② 메시야 계시 언약도 완전히 어그러지고 거스른 것이었다. ③ 사울이란 인물 자체도 잘못 뽑힌 선정이었다. 그는 왕자 요나단만도 못한 신앙인격이었다. 요나단은 창49:8~10의 메시야 언약 계시의 구속사를 알고 부왕(父王) 사울의 후계자는 마땅히 유다 지파 이새의 아들인 다윗이 되어야 한다고 알고 있었으므로 기꺼이 다음 왕 자리를 다윗에게 양보, 양도하였다(23:17절). 그러나 사울은 자기 다음의 후계자는 왕자 요나단이 아니라 하나님의 언약 계시의 구속사(창49:8~10)에 의하여 마땅히 다윗이어야 한다고 알고 있었고, 시인하며 고백하고 있으면서도(23:17; 24:20,21; 26:21,25절) 악령에 의하여 다윗을 죽이려고 계속 추격하고 있었다는 것은 애초에 그를 왕으로 세운 것부터 잘못되어 있었다. 첫 단추가 잘못 끼어 있었다는 말이다.

3. 구속사의 대적자이기 때문이다.

"여호와의 영이 사울에게서 떠나고 여호와께서 부리시는 악령이 그를 번뇌하게 한지라" (16:14,15절) 하면서부터 그 생명이 블레셋과의 대전쟁에서 끊어질 때까지(31:1~6절) 그는 단 한 번도 다윗을 죽이려는 수색작업과 추격 몰이에서 멈추는 때가 없었다. 그도 자기 후대에는 다윗이 이스라엘의 왕이 되어야 할 것도, 다윗에게 이스라엘 민족의 메시야 계시 언약의 구속사가 있는 것도 다 잘 알고 있었다. 그런데도 자기가 계속 다윗을 죽이려고 삼천 명의 수색대와 추격하는 군대를 이끌고 다윗이 가는 곳마다 쫓아다니는 것이 잘못된 것도 잘 알고 있었다. 그래서 때로는 다윗에게 살려줌을 받을 때는 "내 아들 다윗아 이것이 네 목소리냐" (24:16; 26:17절), "내가 잘못했다. 내가 범죄하였다. 내 아들 다윗아 돌아오라" (24:17; 26:21절)하여 "소리를 높여 울며" 통곡한다(24:16; 26:17절). 이같이 악령이 잠시 떠나고(눅4:13) 그래서 이성이 돌아올 때는 이렇게 멀쩡하다가도 금세 악령이 전신(全身)을 휘감아 사로잡아 버릴 때는 다윗의 대적자가 되어 구속사의 "옛 뱀, 한 큰 붉은 용" (계12:1~4)의 하수인인 "짐승(계13:1~4)" 의 창3:15이 되어진다. 이때 사울은 "여자의 후손의 발꿈치를 상하게 하는", "옛 뱀" 의 악령의 "짐승" 이 되어진다. 이는 신약시대의 마귀의 제자 가룟 유다와 같다. 유다에게도 예수님으로부터 주어진 개인적인 사명도 있고(요12:6; 13:29) 양심의 외침도 듣고 있었으나(마26:25; 27:3~5), 그러나 한 번 사울처럼 악령(마귀)이 그 영혼을 사로잡아 버릴 때에는(눅22:3~6; 요13:2,27) 계속하여 구속사의 대적자가 될 뿐이다. 그러므로 이 두 사람은 "차라리 태어나지 아니하였더라면 제게 좋을 뻔" 한 사람들이다(마26:24).

육체의 비참함과(31:4,5,8~10; 마27:5; 행1:16~18) 유황 불 못에 떨어진 그 영혼의 참상을 어찌 말로 다 표현하랴!

제 27강 블레셋 가드로의 망명

본문 : 사무엘상 27장

하길라 산에서 사울과 좋게 헤어졌으나 항상 악령의 지배를 받는 사울의 마음이 또 언제 변해서 다윗을 습격할지 모르므로 전에 들어갔다가 선지자 갓에 의하여 떠나 왔던(22:5절) 블레셋에 다시 들어간다.

다윗이 블레셋에 들어간 곳은 "가드" 라는 곳이었는데 여기 "가드(가트 גַּת Gath)" 는 블레셋의 5대 도시 중 하나로 십 광야에서는 약 40km의 100리 정도의 거리이다. 다윗은 전에 가드에 들어가서는 왕 아기스가 두려워 미친체하므로 화를 모면하였었다(21:10~15). 여기 27:3절에 나오는 "아기스 왕" 은 처음 다윗이 만났던 "아기스" 와 동일한 왕으로 생각된다(21:10,14절). 하여튼 전에 만났던(21:12~14절) 아기스 왕은 두려운 존재였으나 이번에는 환대하여 맞이하므로 혹시 다른 "아기스" 왕이 아닌가 생각도 든다. 애굽의 바로 왕처럼 여기 아기스 왕도 가드의 모든 왕들의 별호일 수도 있기 때문이다. 다윗과 함께 블레셋 지방의 가드에 들어온 일행은 육백 명의 가병들이었고, 두 아내인 아비가일과 아히노암도 같이 했고, 가족들과 더불어 일가 친척들도 같이한 상당한 수라고 할 것이다. 이천~삼천 명 정도이다(李. Lange). 그때 다윗이 블레셋의 가드에 들어갔다는 밀고가 다시 사울에게 전해졌으나 이번에는 삼천의 수색대를 보내지 아니한다. 국경분쟁이 벌어질 수도 있기 때문이다. 본 장의 내용은 ① 다윗이 다시 가드로 들어오다(27:1~7) ② 다윗의 가드에서 활약(27:8~12)으로 나누어진다.

첫째: 다윗이 다시 가드로 들어오다(27:1~7)

다윗이 다시 가드에 들어온 것은 두 번째다. 먼젓번에 들어왔을 때는 다윗에 대한 심한 불신이 있었으나(21:10~15절), 가드 왕 아기스가 이번에는 크게 환대한다(27:5,6절). 전에 아기스 왕이 다윗을 몹시 꺼려했던 것은 자기 지방의 대장군 골리앗을 죽인 다윗이었기 때문이며(21:11절), 그래서 이번에도 자기를 해치려고 온 것으로 착각할 수도 있었기 때문이다.

그러나 이번에는 극진히 환대한 것은 아기스 왕도 다윗이 사울에게 쫓겨 다니고 있다는 것을 알기 때문에 혹시 다윗을 자기 나라의 용병(傭兵 mercenary)으로 삼을 수도 있다는 생각도 가질 수 있었기 때문이다. 반면 다윗으로서는 아기스 왕의 용병으로서 사울의 사슬에서 벗어난 완전한 도피처를 마련하게 되었고, 대식구들의 양식도 이제는 충분히 준비할 수도 있었다. 다윗이 블레셋의 가드에 들어와 생활한 지 1년 4개월 만에 시글락을 얻게 되어 그곳으로 전 일행이 이주하게 된다(27:6,7절). "시글락(치글락 צִקְלַג Ziklag)" 이 원래는 유다 지파에 할당되었다가(수15:31) 시므온의 땅이 되고(수19:5), 블레셋으로 넘어간 유다와 가까운 땅이다. 가드 왕은 다윗의 요청을 받아들여 시글락을 다윗에게 준 것인데 그래서 시글락의 성주가 되었고, 시글락에서 통치자의 왕국을 넓히면서 실습을 계속하게 된 것이다. 그러므로 여기 시글락은 사울의 사후에 이곳에서 헤브론으로 올라가 유다 왕이 되면서(삼하1:1; 2:2) 결국은 영원히 이스라엘의 영토가 되고 만다.

둘째: 다윗의 가드에서 활약(27:8~12)

"시글락"에 들어가 성주가 된 다윗은 육백 명의 가병들을 동원하여 그술 사람, 기르스 사람, 아말렉을 계속 침공한다. 그리고는 빼앗은 물품들은 모두 아기스 왕에게 봉납(捧納 dedication)하므로 더 두터운 신임을 얻었으나(27:12절), 침공한 땅의 주인들은 다 죽였으니 다윗의 행위에 대한 비밀이 아기스 왕과 가드에 알려질 수 있기 때문이다(27:9,11절).

때로는 가드 왕 아기스가 다윗에게 "오늘은 누구를 침노하였느냐"(27:10절)라고 물으면 모두 다 이스라엘 나라에 속한 지방들을 말하므로 아기스 왕은 다윗이 보고하는 말만 믿고 "다윗이 자기 백성 이스라엘에게 심히 미움을 받게 되었으니 그는 영원히 내 부하가 되리라고 생각" 한 것이다(27:12절).

◈ 의인 다윗의 범죄 ◈

다윗은 하길라 산에서 사울과 좋게 헤어졌으나 변덕스러운 사울이 또 어떻게 마음이 돌변하여 자기를 추격할지를 몰라 절대 들어가서는 안 될 블레셋으로 들어가고야 만다. 그때까지 사울은 최소한 여섯 번이나 다윗을 죽이려고 했기 때문에(18:10,11; 19:9,10; 20:33; 24:1,2; 26:2절) 이후에도 언제 어느 때 사울에게 잡혀 죽으려는지 모르기 때문에 이스라엘의 가장 강력한 원수 나라인 블레셋 땅으로 도피하는 것이 가장 안전하리라 생각한 것이다(27:1,2절).

그러나 이는 4가지 면에서 하나님에 대한 불신앙적 결정이다. ① 하나님께서 그 사경(死境)마다 지켜주시고, 보호해 주신 은혜를 잊어버린 것이다. ② 구속사의 사명을 망각한 것이다. 그가 죽으면 메시야 계시 언약의 구속사도 있지 못한다는 것을 생각지 아니한 것이다. ③ 하나님께서 선지자 갓을 통하여 이방 땅에서 도피하지 말고 유다 땅으로 들어가라 하시는 그 명령(22:5절)을 잊어버렸기 때문이다. ④ 가드로 들어가는 것은 자기 몸이 인질이 된다는 것을 깨닫지 못하는 어리석음이었다. 진실로 하나님께서 거의 다 사경에 이른 다윗을 지켜주시지 아니하시고, 구속사 진행의 조상이기 때문에 보호해 주지 아니하셨다면 어떻게 사울이 삼천 명이나 되는 수색대를 동원하여 대대적으로 샅샅이 수색하고 있는데 어찌 그곳에서 빠져 살아날 수가 있다는 말씀인가? 그런 지키심과 보호하심을 망각하고 전에 한 번 들어갔다가 죽게 생기자 미친 시늉까지 하면서 겨우 탈출하였던 블레셋의 가드(21:10~22:1절)에 다시 들어간 것은 실로 메시야 언약 계시의 구속사 조상(마1:1,17)답지 아니한 불신앙적 행위이다. 그러나 어찌하랴! 성육신(成肉身 Incarnation)하신 예수님 외에는 다 허물 많고, 죄 많은 인간이거늘~~~~(롬3:10~18; 5:12~14) 의인 다윗의 범죄는?

1. 살인죄의 제6계명을 범한 죄이다.

다윗이 블레셋에 들어가 거주한 날 수는 1년 4개월이었다. 70인역(LXX)에는 블레셋의 체제 기간을 4개월이라고 하고, 역사가 요세푸스(Josephus)는 4개월 20일이라고 한다. 그 기간까지 머물러 있으면서 아기스 왕에 구하여 얻은 땅은 시글락이었다(27:5,6절). 다윗은 시글락에서 성주가 되어 있었다.

전에는 다윗을 크게 냉대하여 죽일 듯이 취급했었지만(21:10~15절), 이번에는 아기스 왕이 자기 용병 중 전쟁하는 용장으로 삼으려고 했기 때문에 다윗이 요청하는 대로 시글락까지 허락한 것이다(27:5,6절). 시글락은 블레셋 가드로부터 40km 떨어진 일백리나 되는 상당히 먼 거리이다. 이곳에 들어간 다윗은 아기스 왕과 가드 사람들의 눈을 피하여 블레셋의 그술 사람과 기르스 사람과 아말렉 사람들을 침노하여 다 살생하여 버리고 "양과 소와 나귀와 낙타와 의복"을 빼앗아가지고 돌아와서는 아기스 왕에게 전리품으로 드렸다(27:8~9절).

물론 전쟁 시에 이 세 곳은 이스라엘의 적진지였기 때문에 죽인다고 할 수도 있다. 그러나 ① 평화 시에는 살인할 수가 없다. 전쟁을 하더라도 반드시 평화공존을 선언하고 듣지 않을 때만 죽여야 한다(신20:10; 삿21:13). ② 더구나 다윗은 그 땅의 혜택을 받고 있다. 만약 가드에 전쟁이 나면 가드 왕 아기스의 명령에 의하여 그 땅을 지키고 보호해 주어야 할 군대의 용장이다. 그 같은 책임 있는 자가 아무런 이유 없이 블레셋 가드 지방에 있는 그술과 기르스와 아말렉을 침공하여 남녀노소 할 것 없이 다 도륙했다는 것은 어떤 이유와 핑계를 대더라도 적지 아니한 살인의 범죄를 저지른 것이다. 이렇게 하면 살인이다.

2. 거짓 증거의 제9계명을 범한 죄이다.

다윗의 전리품을 아기스 왕에게 주지 아니했다면 가드 왕이 모를 수도 있었겠지만 전쟁하여 승리할 때마다 전승품을 바치었기 때문에 자연히 "너희가 오늘은 누구를 침노하였느냐" (27:10절)라고 물을 수 밖에 없었을 것이다. 그때는 다윗이 답변하기를 이스라엘과 관계된 지역들만 보고했기 때문에 이 어리석은 가드 왕 아기스는 진실여부를 가리지도 아니하고 다윗의 말만 믿고는 "다윗이 자기 백성 이스라엘에게 심히 미움을 받게 되었으니 그는 영원히 내 부하가 되리라" 고 생각했던 것이다(27:12절).

이 같은 다윗의 거짓말은 천 번 만 번을 이해하고 듣는다고 할지라도 공의로우신 하나님의 말씀에서 사죄하시는 예수 그리스도의 골고다 십자가를 두고 생각하며 판단할지라도 이는 이웃을 상해하는 제9계명의 거짓 증거이다. 거짓 증거의 형벌은 그가 거짓 증거한 대로 받는다고 하였으니(신17:6,7; 19:15~21), 그렇다면 다윗의 거짓말은 스스로의 사형이어야 한다.

3. 국가와 민족을 대적하는 반역자가 될 뻔하였다.

다윗이 블레셋에 머물러 있은 지 1년 4개월이 되는 때에 블레셋과 이스라엘은 큰 전쟁에 돌입했다. 그때 아기스 왕은 다윗에게 자기와 함께 이 전쟁에 참여하여 자기를 도우라고 강력히 요구했고, 블레셋이 승리할 때에는 "내가 너를 영원히 내 머리 지키는 자로 세우리라" 고 약속하는 것이다(28:1,2절). 그래서 다윗과 육백 명의 기병들도 아기스 왕을 도와 이스라엘과 블레셋 전쟁에 참여하게 되어진다(29:1,2절). 그러나 그때 블레셋 방백들은 다윗이 골리앗을 죽인 사건을 예로 들면서 다윗이 전쟁에 참여하면 반드시 그는 블레셋의 대적자가 될 것이라고 하면서 적극적으로 반대한다. 그래서 할 수 없이 다윗은 이 전쟁에서 빠지게 된다(29:3~7절). 이것은 하나님께서 다윗으로 하여금 블레셋 전쟁에서 빠지게 하여 주심이시다. 만약 그때 다윗이 가드왕 아기스를 도와 이스라엘을 대적하는 자가 되었으면 그는 영원히 선민 이스라엘의 반역자로 낙인이 찍혀 왕위는 고사하고, 창49:8~10의 메시야 계시 언약의 구속사도 다 물거품이 될 뻔하였다. 그렇기 때문에 선지자 갓의 권면을 듣지 아니하고(22:5절), 유다를 떠나 구속사 대적의 땅 블레셋의 가드에 들어간 것은 그의 일생일대의 가장 큰 실수다. 그러나 어찌하랴! 성육신하신 예수님 외에는 단 한 사람도 온전하거나 완전한 사람이 없는 것을~~~~! 모든 죄인, 온 인류의 죄인들을 구원하려고 구속사의 완성으로 오신 그리스도께서는 그 죄인들 가운데 죄인 중에 한 사람으로 무죄인으로 죄인 됨을 입어(신21:23), 우리 가운데 오신 것이다. 그 죄인 중의 하나가 구속사 진행의 다윗이었다.

제 28강 사울이 찾아간 무당녀

본문 : 사무엘상 28장

본 장(28)에서부터 본서 마지막이 되는 31장까지에는 본서 전체의 결말 부분으로써 사울과 그의 왕국의 몰락을 가져온 "길보아 전투" 기록이다. 본 장에서 사울의 무당녀를 찾아간 것은 악마의 본산으로서 자기 본래의 집을 찾아갔다(16:14,15; 19:9절등)라고 할 수도 있겠으나(창3:15참조), 표면적 이유로는 블레셋의 침략이었다. 그때 블레셋의 전투 세력은 막강하였으므로 사울은 그 기세에 눌려 "두려워서 그의 마음이 크게 떨린지라" (28:5절), "여호와께 묻자오되 여호와께서 꿈으로도, 우림으로도, 선지자로도 그에게 대답하지 아니하시므로" 무당녀를 찾아간 것이다(28:6,7절). 그렇다면 사울은 하나님과의 친교가 단절되게 된 원인을 찾아 자기 죄를 철저히 깨닫고 크게 회개하며 하나님의 용서를 구하였어야 할 것인데 그런데도 오히려 근본적 해결 방법은 찾지 아니한 체 하나님께서 가장 싫어하시고, 저주하시는(출20:3~5; 신4:15~28; 12:1~3; 13장; 18:9~14; 레18장; 20장 등) 악령의 매개인 접신녀(接神女)를 찾아갔으니 먼젓번에는 왕위가 폐위되었다면(13:13,14; 15:26~29), 이번에는 그 목숨조차 끊어지게 된 것이다(31:2,8~9절).

본 장의 내용으로는 ① 곤경에 직면한 다윗과 사울(28:1~7), ② 무당녀를 찾아간 사울(28:8~19), ③ 사울의 완전한 절망(28:20~25)등 삼대분 한다.

첫째: 곤경에 직면한 다윗과 사울(28:1~7)

본문은 두 사람 즉 다윗과 사울에 대한 곤경을 기록한다. 먼저 다윗은 사울의 죽임을 피하여 블레셋의 가드 왕 아기스에게 들어갔다가 큰 호의를 받아 시글락을 얻어 그 성읍의 성주까지 되었으나(20:6절), 이번에는 터진 이스라엘과의 대전쟁에서 아기스 왕의 용장이 되어 전쟁에 참여하게 될 것이고(28:1,2절), 다음에 사울은 엘라 전쟁(17:2절) 이후 최대, 최상의 규모로 전쟁하기 위하여(Josephus) 소집한 군대 수의 블레셋과 대전투를 해야만 한다. 아마도 블레셋은 엘라 전투에서 다윗에게 전사한 대장군 골리앗의 원수를 갚으려고 하는 복수 전쟁이었기 때문에 만반의 준비를 다하여 대결하려고 한 것이다. 다행히 다윗은 블레셋 방백들이 다윗의 전쟁 참여에 대한 적극적인 반대로 인하여 블레셋 군대의 용장에서 제외되었지만(29:2~11절), 그러나 사울은 어찌할 수가 없이 블레셋과의 대 전쟁, 대 전투에 돌입해야만 했다. 이는 하나님의 경륜과 섭리로 볼 때는 다윗에게는 천만다행의 메시야 계시 언약의 구속사를 위한 지킴이가 되었고, 사울로서는 그의 마지막 인생의 종국이 되고 말았으니 다윗 편으로 생각할 때는 만약 다윗이 그때 블레셋의 가드 왕 아기스의 용장이 되어 이스라엘을 무찔렀다면 그가 어떻게 사울의 사후에 이스라엘의 왕이 될 수가 있겠으며 어찌 자기 동족을 죽인 민족의 반역자가 창49:8~10을 이루는 메시야의 계보가 될 수가 있겠느냐 하는 것이다. 그렇기 때문에 하나님께서는 악한 날에 블레셋 방백들을 사용하시므로(잠16:4) 다윗이 이스라엘을 섬멸하는 그 전쟁에 참여하지 못하도록 막으신 것이다.

그러나 한편, 사울 왕 편으로 생각할 때는 다섯 부족으로 구성 되어있는 어마어마한 대 군단 병력인 블레셋 대군대를 보고 있을 때는 오히려 몇 년 전에 있었던 골리앗의 엘라 전쟁보다도 더 큰 놀람과 두려움과 공포에 완전히 기가 죽을 수밖에 없었던 것이다(28:4,5절). 그때는 그래도 17세의 소년 용장 다윗이라도 있어 제1차 블레셋의 대전쟁을 종식시켜주었는데(17:50~54절), 이제는 대 용장 다윗마저 쫓겨나 버리고, 하나님께서는 아무리 간구를 드려도 꿈으로도, 우림으로도, 선지자로도 응답이 없으시니, 제사장들은 그가 다 죽였으므로 없어졌다(22:18,19절). 전에 자기 앞에서 쫓아내 버렸던 "신접한 자와 박수" 를 다시 찾아갈 수밖에 없었던 것이다(28:1~7절). 이제는 사울 자신도 악령의 세계로 들어가려는 것이다.

둘째: 무당녀를 찾아간 사울(28:8~19)

사울이 무당녀를 찾아갈 때 변장하고 찾아간 것은 ① 여러 사람들에게 왕의 신분을 감추려 하는 것과 ② 왕의 체신을 지키려는 것과 ③ 외식적으로 행하는 것이다(28:3절). 그러나 사울이 접신녀에게 사무엘을 불러 올리라고 할 때 그의 신분은 들통이 난다(28:11,12절). 사울 왕인 것을 알게 된 무당녀는 이제는 사울 왕에게 무당인 신분이 드러나 죽게 되었구나(28:9절)라고 생각 할 때, 사울이 안심시키면서 "두려워하지 말라 네가 무엇을 보았느냐" 라고 한다. 그때 접신녀가 "영이 땅에서 올라오는데~~~~ 한 노인이 겉옷을 입었나이다" 라고 대답할 때에 사울은 그 노인이 사무엘인 줄 알고 그의 얼굴을 땅에 대고 엎드려 절하였다(28:11~14절).

여기에서 사울이 무당에게 "사무엘을 불러 올리라" (11절) 한 것은 이제는 하나님도 떠나 응답하지 아니하시므로 사무엘이 더 그리워졌기 때문이다. 사무엘은 그래도 자기를 이스라엘의 왕으로 세워주셨고, 잘못되었을 때는 꾸중도 하시지만 밤이 새도록 기도를 하여 주신 대 스승님 같은 분이셨기에(15:35; 16:1절), 이 어렵고 고난의 때에 사무엘을 통하여 국난을 해결 받을 수 있으리라는 생각이 들었기 때문이다. 그래서 무당은 사울의 요청에 의하여 사무엘을 불리어 올린다. 그러나 사무엘은 사울을 보자마자 심히 꾸중부터 한다. ① "네가 어찌하여 나를 불러 올려서 나를 성가시게 하느냐" ② 사울의 범죄를 정확하게 알아맞히고 그 결과에 대하여 사울을 저주한다(16~19절). ③ 이렇게 사울이 저주받게 되는 것은 하나님의 말씀에 불순종하였기 때문이라고 한다. 무당녀가 불리어 올린 사무엘이 사울을 꾸짖으면서 한 사울의 과거에 대한 말은 모두 다 사실과 부합한 것이며, 그 후에 사울 자신과 이스라엘 민족과 자녀들에게 한 예시도 그대로 이루어졌다. 그렇기 때문에 사울에 의하여 무당녀가 불러냈다는 사무엘이 과연 어떤 존재인가? 에 대하여는 다음 3가지로 해석이 분분하다. (1) 실제적인 사무엘이라고 한다(Keil. Lange. Klein. Josephus. K&D. Dene. Schulz. Schneider). (2) 여인은 아무것도 불러내지 아니했고, 무당이 불리어 냈다고 하는 것은 거짓이다(Luther. Calvin. Grotius. M. Henry). (3) 무당녀가 보았다고 하는 사무엘을 사울은 살피지 아니하고 그냥 얼굴을 땅에 대고 무조건 절부터 했기 때문에(28:14절) 그것은 사무엘이 아니었다(Pulpit. Hertzberg)고 한다.

이 세 가지 해석에서 ①번은 그리스도의 나라와 하나님의 영적 내세에서는 성경의 교리로써 도무지 생각할 수도 없고, 받을 수도 없는 이방 종교의 주장과 같다. 성경은 죽은 자의 영혼에 대하여 "인생의 영혼은 위로 올라가고" (전3:21)라고 하시므로 인간이 죽음을 맞이하게 되면 그 육체는 영혼과 분리되어 성도는 하나님의 나라로 불신자는 지옥으로 완전히 가버리기 때문에(눅16:22,23), 이 세상에 어떤 경우로도 두 번 다시 돌아올 수가 없다. 그러므로 ②, ③번은 같은 해석이 정답이다.

만약 접신녀가 사울에게 사무엘을 불러 올리었다면 성경 교리적으로 큰 모순이 생기는 것은

1. 이미 하나님 나라의 낙원에 있는 사무엘이 어찌 인간 세상에 다시 내려올 수가 있느냐 하는 것으로 예수님의 내세와는 완전히 모순된다(눅16:26).

2. 성도는 천사들의 인도에 따라 하늘로 올라갔는데(전3:21; 12:7; 눅16:22) 어찌 무당녀가 부른다고 해서 그 부름에 응답하여 하늘이 아니고 땅에서 올라올 수 있겠느냐? 하는 것이다(28:13절).

3. 무당녀는 접신자로서 그 소속은 악령의 세계이고, 사무엘은 하나님 나라의 천성에 있는데 어떻게 악령의 세계와 천성의 낙원의 세계가 교감이 될 수가 있었겠는가? 하는 것이다(눅16:26).

4. 사울이 신앙을 이탈하여 그릇된 길로 갈 때도 하나님의 뜻에 따라 폐위는 사무엘이 했지만, 무당이 불리어 올린 거짓 사무엘처럼 그렇게 무참히 저주하지는 아니했다. 오히려 사울에 대한 슬픔도 있었다(15:35; 16:1절). 그러나 무당녀의 거짓 사무엘에게는 막된 말의 저주, 심지어 이스라엘의 민족과 사울의 자녀들까지 다 함께 저주하지만, 자비와 긍휼 지심의 슬픔은 없다(28:16,17~19절). 이는 악령 세계의 표상이다.

5. 사탄도 얼마든지 자기를 광명한 천사로 가장할 수 있기 때문에 여기 무당녀의 사무엘도 가장하여 나타난 것이다(고후11:14~15).

6. 사탄의 세계도 영물이기 때문에 하나님의 신령한 세계처럼 온전하신 예언의 미래는 아니지만 그래도 어느 정도 미래에 대한 예고는 한다(왕상22:22~23; 행16:17참조). 그러므로 이 무당녀도 사울의 미래를 거침없이 예고한다. 그러나 사탄의 세계란 축복 된 예언이란 없다. 모두 다 화와 저주의 선포이다(욥1:11; 2:5).

셋째: 사울의 완전한 절망(28:20~25)

절체절명의 대 국란의 위기에 빠진 사울이기에 여호와께 기도했으나 그 어떤 것으로도 응답지 아니하셨고, 그렇다고 예언해 줄 만한 선지자나 제사장, 예언자들도 없었으므로, 자기 믿음이 온전하다고 할 그 시대에 쫓아내 버렸던 "신접한 자와 박수" 무당에게 찾아가 그래도 전쟁에 대한 좋은 소식이라도 듣고자 자기를 이끌어 왕위에 앉힌 사무엘을 만나게 된다. 무당의 입에서 사무엘이란 말이 나오자마자 너무 반갑고, 기쁘면서 경모하는 마음이 저절로 나와 확인해 볼 것도 없이 무조건 땅에 꿇어 엎드려 절부터 하였는데(28:14절), 사무엘이란 사람의 입에서 나오는 예언이란 ① "나라를 네 손에서 떼어 네 이웃 다윗에게 주셨느니라" (28:17절) ② 여호와께 순종하지 아니하였으므로 네 나라를 이제 망한다(18절) ③ 네 나라는 블레셋에게 패망하리라 ④ 이스라엘도 블레셋에게 넘어가리라 ⑤ 그래서 너와 네 아들이 다 죽으리라(28:19절)는 저주에 대한 패망밖에는 없었다. 더구나 여호와께서 그렇게 저주하신다는 사무엘의 예언을 듣고는 더 이상 듣고 버틸 수가 없어서 "갑자기 땅에 완전히 엎드려" 쓰러지고 만 것이다(28:20절). 사무엘 전에 있었던 엘리 제사장이 "하나님의 언약궤는 블레셋에게 빼앗겼다" (4:17,18절)는 비참한 소식을 듣고 의자가 뒤로 넘어져 목이 부러져 즉사한 것처럼(18절). 사울 역시 "이스라엘 군대가 블레셋 사람들의 손에 넘겨지리라" (28:19절)라는 비보의 예언을 듣고는 더 이상 견디어 낼 기력이 없어 즉시 땅에 엎어 쓰러지고 만 것이다.

그때야 모두 놀래어 쓰러진 사울을 일으켜 세우고 무당녀 집에 데리고 가서 진수성찬(珍羞盛饌 rich viands and sumptuous fare)으로 기운을 차리게 하였지만(28:20~25절), 어느 누구에게도 의지할 것 없는 사울은 이제 완전한 절망의 늪에 던져진 몸이 되어 버린 것이다. 오! 하나님에게 마저 버림 당한 그 영혼 어디에 안식할 곳이 있으랴!

◈ 대답하지 않으시는 하나님 ◈

사울 왕 시대에 이스라엘과 블레셋과의 전쟁은 다섯 차례가 있었으나(4:1~11; 13:1~4; 17:1~11; 24:1~7; 28:1~7절) 이렇게 절체절명의 위기에 처한 적은 없었다. 가장 위험하다고 하는 엘라 골짜기 전쟁에서도 소년 영웅 17세 된 다윗이 블레셋의 대 용장 골리앗을 단번에 죽이므로 대 위란에서 벗어날 수가 있었는데, 사울 생애의 마지막 전쟁이라고 하는 길보다 전투에서는 어느 누구도 사울을 도와줄 만한 용장이나 군대는 고사하고 선지자나 제사장마저 없었다. 그래도 몇 년 동안 신인(神人)간에 교제가 끊어지기는 했지만 그래도 국란의 대위기에 나라와 민족을 구원하고자 여호와 하나님께 간구를 드렸지만, 하나님마저 응답하시지 아니한 것이다. 오죽했으면 전에 이스라엘 밖으로 쫓아버렸던(28:3절), 접신녀 박수무당을 찾아갔으랴! 그럼 하나님께서는 국란의 대위기에서 왜 사울에게 응답지 않으셨는가?

1. 사울의 불순종 때문이다.

사울이 왕이 되기 전에는 겸손하였고, 온유했고, 순종하는 사람이었다(9:20,21; 10:9~13,22~24). 그러나 왕이 된 후에는 얼마 되지 아니하여 사무엘과의 약속을 어기면서 제멋대로였고(13:8~10절), 자기 죄를 변명하며, 핑계 대고, 백성들에게 전가했다. 사울의 결정적인 실수와 불순종의 범죄는 아멜렉과의 전쟁에서였다. 하나님께서는 사무엘에게 명하시어 전에 있었던 아멜렉의 이스라엘 모세 때에 불의한 전쟁의 책임을 물어(출17:8~16; 신25:17~19), 사울로 하여금 이번에 아말렉을 전멸하라고 명령하셨지만, 사울은 아말렉 왕 아각과 함께 살찐 짐승들을 다 살려주었다. 이에 대한 불순종의 책임을 사무엘이 꾸짖고 책망하였지만, 그때도 변명하고, 핑계 대고, 자기 불순종의 범죄를 애꿎은 자기 백성들에게 다 전가시키면서(15:12~15,20~24절), 자기 왕위에만 관심을 두고 있었다(30절). 누구든지 하나님께 불순종하는 것은 하나님의 숭엄을 무시하면서 경홀히 여기는 신성모독 제3계명의 망령된 죄이다. 공의로우신 하나님께서는 누구든지 절대하신 하나님께 불순종하면 그가 회개하고 돌아오기까지는 친교를 끊으신다.

아브라함도 사라의 몸에서 난 자라야 메시야 계시 언약의 구속사 조상이라고 말씀하셨지만(창15:3~7), 아브라함이 그 말씀을 불순종하고 첩 하갈을 취하였으므로(창16:1~4) 하나님께서는 아브라함과 13년 동안이나 단절, 단교하셨다(창16:4~17:1). 하나님에게서 아무런 응답이 없으시다면(28:5~6절) 악령의 수종자인 박수무당녀를 찾아갈 것이 아니라 철저히 하나님께 회개하고 죄사함을 받았어야 되었다. 사울은 죄사함 없이 하나님의 응답만 바라고 언약궤를 모시고 블레셋 전쟁에 뛰어든 엘리 제사장과 같다. 어찌되었는가? 언약궤도 빼앗기고, 엘리 가문은 전멸을 당했다(4:17,18절). 깨달음으로 불순종의 범죄를 회개하지 아니한 사울의 가정도 결국 그렇게 되었다(31:4~13).

2. 사울의 죄악 때문이다.

알면서도 지은 죄는 모르고 지은 죗값보다 열 배, 백배는 심판이 무겁다. 사울도 선민 이스라엘의 율법과 계명의 아들이었기 때문에 모세 오경의 창세기49:8~10절도 잘 배워서 익히 알고 있었으리라(신6:4~9). 그가 이스라엘의 계속되어지는 왕위와 메시야 계시 언약의 구속사 계보는 오직 유다 지파에서만 되어진다는 것을 알고 있었다는 뚜렷한 증거가 있다. 그래서 자기 왕위는 자기 대에서 단절되고 다음에 이어지는 왕위는 유다 지파의 이새의 아들인 다윗이(사11:1,10) 왕과 함께 메시야 구속사 계보, 계대가 되리라는 확실한 증거를 먼저는 자기 장자인 요나단 왕자에게 가르쳤고(23:17절), 자기 자신도 믿어 다윗에게 고백하면서(24:20절), 다윗이 그렇게 될 때는 자기 가문을 보호하여 달라는 부탁도 한 것이다(24:21절). 심지어는 그렇게 하기로 서로 맹세까지 하였다(22). 그러함에도 사울은 다윗을 죽이려고 여섯 차례나 하였고(18:10,11; 19:9,10; 20:33; 24:1,2; 26:2절등), 심지어는 다윗을 죽이려는 별도의 병정들만 삼천 명이나 데리고 그 좁은 땅덩어리를 휩쓸고 다녔다. 85명의 무고한 제사장들을 소탕시킨 것도 다윗 편이 되어 자기를 암살하려고 한다는 누명에서였다. 그 뿐만 아니라 그는 베냐민 지파뿐만 아니라 유다 지파만 제외하고 열한 지파에서 다윗의 도피지를 알려주는 정탐꾼도 두고 있었다. 그러므로 이 같은 사울의 범죄는 비단 다윗 한 사람만 죽이는 것으로 그치는 것이 아니라 이제 시작되어지는 왕정 제도를 모두 소멸시키면서 더 큰 죄악은 다윗을 소탕시키므로 천하만민의 구속사까지도 사탄의 발 밑에 뭉개버리는 창3:15의 "옛 뱀, 한 큰 붉은 용" (계12:1~4; 13:1~4)의 짐승이라고 할 수 있다. 하나님께서 어찌 그 같은 붉은 용의 수하인 짐승의 요청을 응답하여 주시겠는가?

3. 사울의 교만 때문이다.

사울은 왕이 된 후 길갈에서 제사장만이 드릴 수 있는 번제와 화목제를 하나님께 드리는 큰 죄를 저지르게 되었는데, 이것은 그의 교만 때문이었다(13:8~10절). 이 같은 자만과 교만과 거만과 심지어 하나님까지 멸시하는 오만(루츠 לוּץ luts)은 다윗이 골리앗을 죽이고 백성들(여인네들)로부터 대대적인 칭송을 받을 때 시기와 질투의 증오심으로 표출되어(18:6~9절), 직접 살인하려는 행동으로까지 실제화된다(18:10~12절).

끝까지 이러한 사대 증상(자만, 교만, 거만, 오만)이 온몸에 배기게 될 때 그는 완전히 악령의 소유물이 되고 만다. 그래서 계속 하나님의 경륜을 배격하고 그분의 섭리를 몰락시키는 "한 큰 용의 수하" 인 짐승으로 전락하여지고 만다(계13:1~4). 하나님께서 어찌 창3:15의 "옛 뱀" 의 간구를 용납하여 주시겠는가? 오히려 저주하여(28:10절) 사망에 이르게 하실 뿐이다. "하나님이 교만한 자를 물리치신다." (약4:6) "하나님이 교만한 자를 대적하신다." (벧전5:5) 이는 비단 사울 왕에게만 국한되어진 일만은 아니다. 누구든지 오랫동안 하나님께 계속하여 기도드리는데도 기도의 응답이 없다면 먼저 자기 자신이 이렇게 사울과 같이 되지는 아니하였는가? 를 먼저 살펴보면서 다음으로는 약1:5~8, 4:1~3도 명심해야 할 것이다.

제 29강 다윗의 전쟁 참여 거절

본문 : 사무엘상 29장

다윗은 선지자 갓의 "그대는 이방 땅에서 유랑하지 말고, 여호와 하나님께서 지키시고 보호하심만 믿고 다시 유다 땅으로 들어가라" (22:5절)라는 지시에 순종하여 사울을 피하여 도피하더라도 유다 땅에 그냥 머물러 있어야만 했다. 그런데도 사무엘이 죽을 때, 전에 들어갔다가 하마터면 죽을 뻔한 블레셋의 가드에(21:10~15절) 다시 들어가서, 그곳에서 아기스의 시위 대장이 되어 시글락을 물려받아(27:5~6절) 그곳의 성주가 된다. 이 내용이 27장과 28:1,2절이다.

다윗이 블레셋의 가드에 들어가서 1년 4개월을 지나는 동안 그때까지 이스라엘 역사상 두 번째로 가장 큰 블레셋과의 대전쟁을 치르게 되는데 이 전쟁이 소위 "아벡" 전쟁이라고 한다(29:1절). 이때 다윗은 블레셋의 대용장이 되어 가드 왕 아기스의 시위 대장으로 있었으므로 자연히 아기스 왕은 다윗을 이스라엘과의 대전투에 참여시키려고 한다(29:1,2절). 그래서 승리하면 골리앗의 빈 자리를 차지하게 되고 블레셋의 대장군으로까지 승진하게 된다. 그래서 다윗도 기꺼이 이 전쟁에 참여할 마음도 가지고 있었으니 만약 참여치 아니하면 시글락의 성주(城主) 자리도 내어놓아야 했기 때문이다.

본 장의 내용은 ① 다윗에 대한 블레셋 방백들의 불신(29:1~5절) ② 다윗이 전쟁에 불참하게 됨(29:6~11절) 등으로 나누어진다.

첫째: 다윗에 대한 블레셋 방백들의 불신(29:1~5)

블레셋의 가드 왕 아기스가 다윗을 이스라엘의 전쟁에 참여시키려고 한 것은 다윗에 대한 불신은 다 잊어버리고(21:10~15절), 현재에 일어나고 있는 다윗의 전쟁에 대한 거짓말을 참된 것으로 알아 그대로 믿고 있었기 때문이다(27:8~12절). 다윗의 그 같은 용감무쌍한 전쟁이라면 이스라엘과의 전쟁에서도 대승리를 할 것이라고 믿어 의심치 않았기 때문이다(29:2,3절). 그렇지만 블레셋의 방백들은 전에 있었던 엘라 골짜기의 전투를(17:1~3절), 아직도 생생하게 기억하고 있기 때문에 절대적으로 반대한다(29:3~5절). 그 엘라 골짜기 전쟁에서 골리앗이 죽었기 때문이다(17:48~54절). 이는 블레셋의 수령들과 방백들의 당연한 주장이다.

블레셋의 수령과 방백들이 아직도 다윗과 육백 명의 가병들을(23:13절) 믿지 못하는 것은 ① 골리앗까지 죽인 다윗이 과연 이스라엘과의 대전쟁에서 우리 블레셋 군대의 편을 들어 우리를 위해 싸워주겠느냐 하는 것과 ② 만약 다윗의 군대가 우리 블레셋의 편이 아니라 도리어 이스라엘 군대 편이 된다면 우리는 양쪽에서 대적자들과 싸워야 하므로 그때는 패전하게 되리라는 것과 ③ 다윗이 이스라엘과의 전쟁에서 승리하여 준다면 그때는 우리의 개선장군이 되어 백성들의 열렬한 환호성에 우리 수령들과 방백들을 다스리고 지배하는 제2의 골리앗 같은 대장군이 될 것이 아니겠는가? 하는 세 가지 결정적인 의문, 의심이 들었기 때문이다. 이는 충분히 그럴 수도 있었으리라고 생각도 든다.

둘째: 다윗이 전쟁에 불참하게 되다(29:6~11)

당시 블레셋에는 5인의 방백들의 제도가 있어 연방 체제를 이루고 있었으며 그중 한 사람이 블레셋의 연방 체제를 대표하는 왕으로 있었는데 그가 바로 가드의 왕 아기스였다. 가드의 왕 아기스는 절대적 왕권을 가지고 있지는 못하였다. 군대의 통치의 수령들과 5인의 방백 회의의 결의된 사항을 따라야 하는 이른바 전체 회의 의장과 다를 바가 없었다. 이렇게 다윗은 블레셋을 위하여 전쟁할 수가 없다는 군대장들의 수령과 방백들의 결의와 결정이 내려지자 어쩔 수 없이 다윗과 가병들은 아벡 전쟁에서 모두 시글락으로 회군할 수밖에는 없었다(29:6~11절). 이는 오히려 하나님의 위대하신 경륜과 섭리라고 할 수가 있으시다.

◎ 다윗이 당한 부끄러움과 치욕 ◎

다윗이 하길라 산에서 사울과 화해를 하고(26:21~25절), 들어간 곳은 블레셋이었는데(27:1절), 이는 하나님께 합당하지 못한 비신앙이다(22:5절). 그러나 스승님처럼 믿고 의지하며 존경하던 사무엘 선지자가 죽은 후에(25:1; 28:3절), 가드 왕 아기스에게 들어간 것은 비윤리적인 일이다. 하나님을 신뢰하며 의지하였다면 하나님의 인도하시는 계시만을 믿고 하나님의 뜻을 따라 동참했어야 할 것이었는데 자기 마음대로 자행자지(自行自止 self-indulgence)해 버린 것은 불신앙(不信仰)적 행위이다. 그래서 어떤 부끄러움과 수치를 당하게 되었는가?

1. 아기스 왕의 시위 대장이 되었다.

선지자 갓이 이방 땅에서 유랑하는 다윗을 향하여 블레셋에서 나와 유다 땅으로 들어가라(22:5절)고 한 것은 ① 아무리 사울 왕이 다윗을 죽이려고 해도 이스라엘 왕권이 다윗에게 있고, 메시야 계대의 구속사 권한이 다윗에게 있는 한 하나님께서 지키시고 보호하시므로 절대 해침을 당하지 않기 때문이다. ② 비록 아직은 왕권을 행사하지 않을지라도 이미 이스라엘의 왕이 된 자가(16:13절) 이방 땅에서 유랑한다는 것은 이스라엘의 수치요, 그를 세우신 하나님의 영광에도 모독이 되는 것이기 때문이다.

다윗은 지금 어떤 자리에 있는가? 원수의 땅 블레셋에 들어와서 가드 왕 아기스의 시위 대장이 되고 있다. 이는 왕이 된 다윗의 수치요, 이스라엘의 큰 모욕과 치욕이다. 더구나 이제는 아기스 왕의 명령에 따라 자기 나라 백성 이스라엘을 침공해야 하지 않겠는가? 이는 다윗의 일생일대의 큰 치욕과 모욕이다.

2. 블레셋 방백들에게 물리침을 당했다.

가드 왕 아기스는 다윗의 지난 일들을 따지지 않고 현재만 보고(27:8~11절), 다윗이 이스라엘과 전쟁하여 블레셋이 승리하면 자기 수하의 대장군으로 삼아(27:12절), 영원히 내 부하로 삼겠다고 한 것이다. 그래서 다윗을 데리고 이스라엘 전쟁에 참여하려고 하였다(29:3절). 그 말을 들은 블레셋의 군대 수령들과 방백들은 다윗의 과거만 생각하여 ① "왕이 그에게 정하신 그 처소로 가게 하소서" 라고 하면서 ② 그는 우리와 함께 싸움에 내려가지 못하리니 그가 전쟁에서 우리의 대적이 될까 하나이다" (29:4절)라고 하면서 ③ 왔던 시글락으로 돌려보내 버린다(29:9~11절). 이는 이스라엘 사람으로서 당연한 일이었고, 메시야 언약 계시의 구속사로 볼 때는 오히려 합당한 일이었지만, 인격적으로 볼 때는 수령들과 방백들에게 큰 모독을 받은 것이다.

3. 다윗의 소유가 다 불타버렸다.

다윗이 블레셋 편에서 이스라엘과 전쟁하지 못하고 블레셋의 수령들과 방백들에게 밀려나 그가 거주하는 곳 시글락에 사흘 만에 돌아왔을 때, 아말렉이 시글락을 침범하여 불사르고 거기에 있는 모든 거류민들을 다 사로잡아 끌고 갈 때 다윗의 두 아내인 아히노암과 아비가일도 사로잡아갔고 다윗의 가병들의 가정식구들도 다 사로잡아 가는 큰 곤욕도 치르게 되었다(30:1~5절). 그때 "백성들이 자녀들 때문에 마음이 슬퍼서 다윗을 돌로 치자" 하였으나 하나님을 믿고 의지하므로 용기를 얻게 된 것이다(30:6절).

이는 선지자 갓의 충고를 외면하고 유다를 떠나 블레셋의 가드 땅 시글락에 머물게 된 다윗의 징계 받음이기는 하나, 한편 하나님의 자비와 그리스도의 은혜로 생각하여 볼 때는 만약 다윗과 그의 병사들이 블레셋의 군대로 전쟁에 참여하였다면 다윗의 두 아내와 가병들의 식구는 영영 찾지 못하였을 것인데, 하나님께서 다윗으로 하여금 블레셋 전쟁에 합세하지 못하게 하셨으므로(29:9,10절), 다윗과 가병들을 모두 다 자기 가정 식구들을 구하여 낼 수 있었다.

구속사 설교

◈ 악한 날에 도우시는 하나님 ◈

하나님이 다윗에게 보내시는 선지자 갓의 권면의 말씀을 듣고 모압 땅을 떠나 유다로 다시 돌아왔다면(22:5절), 이제는 두 번 다시 이방 땅으로 들어가 유랑하는 나그네가 되지 않아야겠다는 굳은 결심과 각오로써 어떤 어려움과 고난이 오더라도 하나님만 믿고 신뢰하면서 끝까지 참고 견디어 이겨야 할 것인데 하길라 산에서 사울과 화해하고 나서도(26:21~25절), 그가 두려워 다시 이번에는 블레셋의 가드 왕 아기스에게로 들어간다. 들어가서 1년 4개월을 지나는 동안에 아기스 왕에게 충성과 헌신을 다하므로 가드에서 약 40km 떨어진 시글락을 다윗이 얻어 그곳의 성주가 되었고, 그곳에 머물러 있으면서 블레셋의 서쪽 지역인 그술과 기르스와 아말렉을 침공하여 다 도륙하므로 다윗의 땅을 넓히게 된다. 그리고는 아기스 왕에게 보고할 때는 유다 남방과 여라무엘 사람의 남방과 겐 사람의 남방을 쳐서 빼앗았다 하므로 절대적인 신임을 더욱더 깊이 받게 되었다. 그러나 이것은 자기 자신의 힘으로는 블레셋 나라의 가드에서 빠져나올 수 없는 올무와 덫에 걸려든 것과 같다. 그런데 바로 그 순간에 우리 하나님께서는 블레셋 군대의 수령들과 방백들로 하여금 다윗의 과거 행동을 문제 삼아 이스라엘과의 전쟁을 참전시키지 못하게 하심으로 다윗에게 씌웠던 올무와 덫에서 벗어나게 하신다(29:4,5절). 사악한 날에 다윗을 도우시는 하나님은?

1. 시글락의 성주가 되게 하신다.

"시글락(치크라그 צִקְלַג ziklaq)" 이 원래 유대의 시므온 지파의 땅이었으나(수19:5) 블레셋으로 넘어갔다. 아기스는 다윗을 절대적으로 신임하여 그의 요청에 따라 시글락을 주었고, 다윗은 그곳의 성주가 되었으며 그곳에서 1년 4개월을 머물면서 블레셋의 국경 지역을 몰락시키므로 다윗의 영토로 만들었는데 사울의 사후에 다윗이 왕으로 되었을 때 그 점령한 곳들은 모두 이스라엘의 영토가 되었다.

"사악한 날에 다윗을 도우시는 하나님" 은 비록 다윗이 비윤리, 부도덕으로 시글락 주변의 땅들을 침략하여 모든 생명들을 도륙하므로 범죄는 하였지만(27:5~8절), 그러나 도피하는 그 유랑의 시간들 속에서도 허송세월하지 않게 하시려고 사울 왕의 사후에, 다윗이 그 후계자로 이스라엘의 왕이 될 때 메시야 구속사의 국가를 설립하도록 하시는 철저한 실습을 시글락에서부터 시키신 것이다. 다윗을 따르는 육백 명의 가병들은 이스라엘 전체 백성들을 상징하고, 시글락에서 몰락시켰던 블레셋의 땅들은 다윗이 왕이 된 후에 반드시 필요로 하는 이스라엘의 영토가 된 것이다.

이는 마치 "사악한 날에 베드로를 도우시는 하나님"은 베드로가 비록 사탄의 시험에 넘어가 예수님을 세 번이나 부인했지만(눅22:31,32,61), 회개하고 돌이킨 후에는 예수님을 대신하는 사도들과 모든 성도들의 목자가 된 것과 같다(요21:15~18).

2. 사탄을 이기는 승리자가 되게 하신다.

가드 왕 아기스가 다윗을 이스라엘 전쟁에 참여시키려는 것은 ① 블레셋의 군사력을 보강하게 하고, ② 다윗을 이스라엘과 원수가 되게 하여 이스라엘의 사기를 꺾으며, ③ 승리할 때는 영원히 자기의 시위대장과 골리앗을 대신하는 블레셋의 대장군으로 삼기 위해서이다(28:12; 29:3절). 이 같은 아기스 왕의 제의에 대하여 이미 신앙이 밑바닥까지 추락하여 버린 다윗도 기꺼이 응하여 이스라엘을 원수로 삼고 전쟁에 참여하려고 한다(29:8절). 이는 젊은 다윗의 용맹이 절정에 이르렀기 때문에 이스라엘의 왕위도 메시야 계시 언약의 구속사도 생각되지 않았기 때문이다. 그러나 가드 왕 아기스의 요청과 다윗의 기분 좋은 승낙은 사탄이 노리는 창3:15; 49:8~10의 무서운 파괴 공작이다. 만약 사탄의 음모와 공작대로 다윗이 자기 민족과 나라에 대한 반역대로 블레셋 군대에 앞장서서 전쟁한다면 다윗이 이기든지 지든지 간에 누가 그 같은 민족의 배반자, 반역자를 사울의 사후에 이스라엘의 후계자 왕으로 세울 것인가? 하는 것과 또 그렇게 될 때는 창49:8~10과도 맞지 아니하므로 다윗은 메시야 언약 계시의 구속사 계보는 아니다. 그가 이기면 가드 왕 아기스의 영원한 시위 대장과 블레셋의 골리앗 다음 자리를 이어지는 대장군이 될지라도 이스라엘의 왕위는 완전히 소실되어 버리고, 다윗이 만약 전쟁에 진다면 그로 말미암아 이루어져야 할 메시야 구속사 언약 계시는 완전히 수포로 돌아간다. 이것이 바로 창3:15에서 노리는 사탄, 옛 뱀, 한 큰 붉은 용의 음모와 수작의 유혹이다. 그렇기 때문에 "사악한 날에 다윗을 도우시는 하나님" 께서는 구속 계시의 악한 자들인 블레셋의 군대 수령들과 방백들을 움직이시므로(잠16:4; 욥21:30; 출9:16참조), 다윗을 이스라엘 전쟁에 참여시키지 못하게 하시므로 그 길을 막으신다(29:4~9절). 그래서 결국 훗날에 다윗이 이스라엘의 임금이 되는 것과 구속사 조상의 계보, 계대(마1:1,17)가 되는 것에 조금도 틀림이 없도록 하여 주신다. 이 같은 다윗의 한 실례에서 보는 것과 같이 그리스도인들이 예수님 안에 있는 한 "모든 것이 합력하여 선을 이루기" 때문에(롬8:28) 우리의 소원(기도)을 이루어 주시는 것도 하나님의 선하신 뜻과 그리스도 예수님의 은혜이시요, 우리의 소원(간구)을 들어주시지 않으신다고 할지라도 지난 후에 되어진 것을 보면 그때 들어주시지 않은 것도 더 큰 그리스도님의 은혜와 하나님 아버지의 사랑이심을 알게 된다.

3. 전화위복이 되게 하신다.

다윗이 육신적으로만 생각하면 블레셋 편에 속하여 이스라엘을 이기기만 하면 영원히 가드 왕 아기스의 시위 대장이 되고(28:2절), 블레셋에서도 골리앗을 대신하는 대장군으로 존귀와 명성을 누릴 수도 있었을 것인데, 아벡 전쟁에 참여하지 못하므로 모든 부귀와 공명이 끝난 것으로 알아 전쟁에서 물러날 때 다윗은 이스라엘과 싸우지 못하게 되었다고 원망과 불만, 불평으로(29:8절) 아벡을 떠나 사흘 만에 거주지인 시글락으로 돌아온다. 그러나 이는 한 치, 두 치도 눈앞의 일을 모르는 어리석은 자의 불평인 것으로 금방 드러난다. 먼저 영적으로는 다윗이 만약 자기 백성들과 전쟁했다면 사울의 사후에 돌아오는 이스라엘의 왕위도, 메시야 구속사의 계보, 계대(마1:1,17)도 모두 헛된 것이 되고 말았을 것이며, 육신적으로는 자기뿐만 아니라 자기를 따르는 육백 명 용사들의 가정들도 모두 다 파탄되고 말았을 것이다. 이는 다음 장(30)에 기록된 말씀으로 다윗의 군대가 사흘이 지나 시글락에 돌아와 보니 아말렉이 자기들의 원수를 갚으려고(27:8절), 다윗의 가병들이 시글락을 떠나 블레셋 전쟁에 참여하려고 아벡에 가 있는 사이에 기습적으로 침공하여 시글락을 불태우고, 시글락 성민들을 모두 다 사로잡아 간 것이다.

그때 다윗의 두 아내도 포로로 끌려갔고, 육백 명의 용사들의 가정 식구들도 다 사로잡아 간 것이다. 그리하여 다음 30장의 내용에 기록된 대로 결국은 다 찾아왔지만, 만약 다윗과 용사들이 블레셋 전쟁에 그대로 참여하였더라면 영원히 육백 명의 용사 가정들을 모두 다 잃어버릴 뻔하였다. 그러나 하나님께서 억지로라도 전쟁 참여를 막으셨기 때문에 전화위복(轉禍爲福 misfortune turning into a blessing)이 된 것이다.

이 같은 경우는 비단 다윗뿐만 아니라 누구든지 그리스도 예수님 안에 있는 성도들이라면 전천후(全天候 an all-weather)로 하나님께서 지키시고, 보호하시며 모든 일을 다 경륜하시고, 섭리하여 주시기 때문에 모든 것들이 다 합력하여 선을 이루게 되는 전화위복이다(롬8:28).

제 30강 다윗이 아멜렉을 쳐서 이김

본문 : 사무엘상 30장

다윗의 기병들이 블레셋 편에서 이스라엘을 침략하려고 아벡에 갔었으나 블레셋의 수령들과 방백들이 받아주지 않으므로 전쟁터를 떠나 다시 주거지인 시글락에 사흘 만에 되돌아온다. 돌아와서 보니 시가지는 모두 불에 타 있었고, 시글락 성민들은 아말렉에 의하여 모두 포로가 되어 끌려가고 없었다. 아말렉이 시글락을 공략한 것은 그들의 원수를 갚으려는 것이었고(27:8절), 다윗이 전쟁에 나가서 없을 때를 노린 것이다.

본 장의 내용은 ① 아말렉의 침범(30:1~6) ② 다윗의 시글락 탈환(30:7~20) ③ 다윗의 전리품 분배(30:21~31) 등으로 나누어진다.

첫째: 아말렉의 침범(30:1~6)

다윗의 병사들이 시글락을 비우는 그때 아말렉이 시글락을 침략한 것은 그들의 호전성(好戰性) 때문이기도 하지만(출17:8~16), 먼저 다윗의 병사들이 아말렉을 침략하였기 때문이다(27:8절). 그러나 아말렉이 시글락을 침략은 하였으나 그 성민(城民)들은 죽이지는 아니하고, 모두 살려둔 것은 하나님께서 다윗을 사랑하셨기 때문이시다. 이전에 다윗은 블레셋에 속한 지역들을 침노하여 그 거류민들을 다 죽인 것은 증거를 남기지 않으려고 한 것이었는데(27:9,11절), 아말렉은 복수하려고 시글락을 침공하였으나 죽이는 대신 모두 다 끌어다가 팔려고 한 것은 재물이 탐나기도 했지만, 이는 하나님께서 그들의 살인을 막으시므로 다윗을 보호하시려는 구속사의 지킴이시기도 하다. 만약 아말렉이 시글락에 있는 다윗 병사들의 가정을 몰살시켰다면 그 병사들이 결코 다윗을 온전하게 놓아두지는 아니했을 것이다. 왜냐하면, 다윗 때문에 병사들의 전체 가정 식구들이 살해를 당한 것으로 생각하고 있었기 때문이다(30:6절). 그러나 다행스럽게도 죽이지는 아니하고, 그냥 사로잡아서 노예로 팔려고 했기 때문에 다윗에게 해를 주지는 아니한 것이다.

둘째: 다윗의 시글락 탈환(30:7~20)

본문에 그려지는 다윗은 똑같은 위급상태에 있었던 사울 왕과는 전혀 다른 바가 있다. 다윗은 개인적인 비상상태에서 하나님께 간구할 때에 하나님께서는 다윗의 위난에 처해진 것을 감지하시고, 그 위급한 상태를 해결할 방법을 지시, 지도해 주신다(30:7,8절). 그러나 사울이 국난의 위기에서 아무리 하나님께 간구를 드려도 하나님께서는 대답지 아니하신다(28:4~6절). 왜 두 사람 사이에 차별을 두시는가? 먼저 전자는 사람에게 죄를 지으나 하나님께는 죄를 짓지 아니한다. 또 사람에게 죄를 졌어도 하나님께 죄를 지은 것만큼이나 철저히 회개한다. 그러나 후자는 사람에게도 지은 죄가 있지만, 특별히 하나님께 지은 범죄가 크기 때문에 누가 그의 죄를 대신할 자가 없다(2:25절). 또 범죄했다고 일러주어도 회개하지 않고, 변명하고 핑계 대면서 백성들에게 전가시켜 버린다. 그래서 다윗은 항상 하나님의 도우심을 받을 수 있었으나 사울은 하나님의 도우심을 단 한 번도 받지 못하였다(14:37; 28:6절). 이렇게 다윗에게는 항상 하나님께서 함께하신다는 신정 왕국(神政王國)의 영원무궁한 메시야 왕국의 그림자가 보여지면서 사죄 받는 은혜의 증표가 보여지지만 사울에게는 죄 사함의 은총의 증표가 보여지지 아니한다.

이렇게 아말렉 군대를 쳐도 된다는 하나님의 응답이 다윗에게 떨어지자(30:7,8절), 다윗은 육백 명 병사들을 중 전쟁이 가능한 사백 명 데리고 애굽 소년 병사의 인도를 따라 블레셋과 유다 땅의 전쟁에 이겼다고 큰 잔치를 하고 있는 아말렉 군대를 만나(30:16), 새벽부터 이튿날 저물 때까지 그들을 치매 "온 땅에 편만하여" 가득한(30:16) 아말렉 군사를 "낙타를 타고 도망한 사백 명의 소년들" (30:17절) 외에는 살아남은 자가 없게 하였다. 이같이 아말렉을 점령하게 되니 ① 아말렉 사람들이 수탈해 갔던 것과 ② 다윗의 두 아내와 ③ 시글락의 성민들과 그 자녀들 ④ 다윗의 육백 명의 병사 가족들과 ⑤ 그리고 빼앗겼던 모든 가축들도 다시 찾아오게 된 것이다(30:18~20절). 하마터면 자기 병사들에게 큰 곤욕을 당할 수밖에 없었던 다윗이(30:6절) 이렇게 하나님의 은혜로 모든 것들이 다시 원위치로 복구가 되니 그 물품 중에 전리품은 다윗에게 드리자는 의견들도 있었다(30:20절).

셋째: 다윗의 전리품 분배(30:21~31)

다윗과 전쟁에 승리한 병사들이 돌아올 때 전쟁에 출전하지 못한 병사들이 나아와 영접하였다. 출전한 사백 명 병사들 중에서 전쟁에 불참한 자들에게는 전리품을 주지 말자는 말도 있었지만 군대 대장 다윗의 말씀이 이번 전쟁은 모두 여호와께서 우리로 하여금 이기게 하여 주신 은혜로운 전쟁이니 참전한 자나 불참자를 막론하고 다 같이 골고루 분배하자(30:21~24절)라는 선한 의도에 따라 그렇게 하기로 결정된다. 그 후로도 이 공동분배 정신은 이스라엘의 규례가 되어 시행되어졌다(30:25절). 이는 이미 모세 율법에도 정해진 것이다(민31:27). 다윗이 본 거주지 시글락에 들어와서는 "전리품을 그의 친구 유다 장로들에게 보내게 된다(30:26절). 여기서 "그 친구 유대 장로들(레지크네 예후다 레에에후 לְזִקְנֵי יְהוּדָה לְרֵעֵהוּ unto the elders of Judah, even to his friends 〈 자켄 זָקֵן 늙은, 장로/예후다 יְהוּדָה 유다/레아 רֵעַ 친구, 동료)은 "그의 친구와 유다의 장로들에게" 라는 의미이다. 다윗이 그렇게 한 것은 ① 일찍이 유다에서 피신하여 다닐 동안 자기를 도와준 자들에게 감사하기 위한 것과(Keil. Lamb. Med. Lange) ② 앞으로 이스라엘의 왕이 되기 위한 사전 준비작업이기도 했고, ③ 왕족의 단결을 (유다 지파) 더 돈독히 하기 위한 것이기도 했다.

구속사 설교

◈ 절망에서 승리로 ◈

블레셋이 이스라엘을 대적하여 전쟁하려고 했을 때, 가드 왕 아기스는 자기 수하에 들어온 다윗을 앞장세워 그 전쟁에 투입시키려고 했다(27:12; 28:1,2절). 그러나 블레셋의 병정들의 수령과 방백들이 엘라 골짜기에서 골리앗을 죽인 우리 민족의 원수인 다윗을 전쟁에 참여시키시면 우리의 대적이 되어 우리들에게 큰 해악을 끼치게 되니 그를 이번 전쟁에 참여시켜서는 안 된다고 모두가 반대했다(29:1~5절).

가드 왕 아기스로부터 이 소식을 들은 다윗은 대단히 큰 실망으로 "내가 무엇을 하였기에 ~~~ 내 주 왕의 원수와 싸우지 못하게 하시나이까" (29:8절) 하면서 노하므로 원망과 불평을 토하며 병사들을 데리고 거주하는 시글락에 돌아왔다. 그때 다윗의 생각으로는 아기스 왕과 함께 이번 블레셋과 이스라엘의 아벡 전쟁에 참여하여 큰 승리를 하게 되면 가드 왕 아기스의 시위 대장 자리보다 더 높은 블레셋 군대의 총사령관이나 자기가 엘라 골짜기에서 죽인 골리앗의 그 자리를 대신할 수도 있으리라는 욕망이 있었는데 그만 이번 전쟁에 불참하게 되므로 그 꿈이 좌절하게 되니 그는 큰 실망과 좌절로 분노가 일어났던 것이다(29:6~8절).

그러나 그 후에 되어진 시글락의 상황을 보면 그것은 오히려 다윗에게는 절망이 아니라 큰 소망이 되었던 것이다. 어쨌든 본 장에서 되었던 여러 가지 상황과 조건을 보면 다윗에게 절망과 좌절이 오히려 승리와 소망으로 바뀐 것들이 있다.

1. 위기에 건짐을 받는다.

다윗이 가병들을 데리고 시글락에 돌아와 보니 전 시가지는 불태워져 있었고 다윗의 두 아내와 병사들의 가정 식구들은 아말렉에 사로잡혀 노예로 팔릴 위기에 직면하게 되었다. 그때 만약 다윗의 병사들이 전쟁에 투입되었더라면 시글락의 전체 성읍들은 다 노예가 될 뻔하였었는데 팔리기 전 사흘 안에 돌아오게 되어 모두 다 건짐을 받게 된 것이다. 얼마나 시글락 전체가 큰 위기에 있었으면 자기의 총사령관이나 다름없는 다윗에게 돌을 던져 죽이려고 하였겠는가?(30:4~6절). 다윗과 병사들은 블레셋 전쟁에 참여하지 못하므로 깊은 절망에 빠질 수도 있었겠지만 이렇게 되어지도록 경륜하시고, 섭리하여 주신 하나님의 절대적인 은혜와 도우심이 있으셨기 때문에 시글락 전체를 구원할 수 있게 된 것을 보면 절망에서 승리의 소망으로 바뀌게 된 것이다. 이 같은 복된 경우가 비단 다윗에게만 있는 것은 아니다. 그리스도 안에서 구속사의 사명으로 살아가는 그리스도인들에게는 때로는 일이 잘못된 것 같이 생각되어 불안하고 초조하지만, 지난 후에 그때 일을 돌이켜 보면 오히려 그때 그 일이 그렇게 되지 아니한 것이 전화위복이 될 수도 있었다. 그러므로 그리스도 안에 있는 성도들은 모든 간구로써 추진해 나가야 한다(빌4:6~7).

2. 하나님과 친교가 이루어진다.

시글락 전체가 화염에 휩싸이고, 성민들이 아말렉에게 포로로 잡혀갔을 때 "백성들이 자녀들 때문에 마음이 슬퍼서 다윗을 치자" 고 아우성쳤다(30:6절). 그때 일이 긴박하게 돌아가고 다윗이 상황적으로 다급하게 되었을 때, 제사장 아비아달에게 명하여 "에봇" 을 가져오라고 하여 에봇을 입고(23:6절), 우림과 둠밈을 통하여(28:6절), 여호와의 뜻을 물은 것이다(출28:29,30). 그래서 드디어 다윗의 불신앙으로 단절, 단교 되었던 하나님의 친교가 다시 새롭게 이어진다(30:8절). 이후부터 모든 것들이 다 회복될 때까지 다윗은 오직 여호와의 명하신 지도에 따라 행하니 빼앗겼던 시글락도 다시 복구되고 사로잡혀 하마터면 노예로 팔려 갈 수밖에 없었던 모든 백성들도 다시 찾게 되어 시글락으로 돌아온다. 사울도 블레셋과의 전쟁이 터져 에봇의 우림과 둠밈으로 여호와의 뜻을 여쭈어 보았으나 아무 응답이 없게 되어(28:4~6절) 결국은 패망하여 전쟁에서 사망하게 된다. 그리스도인들에게 가장 큰 축복은 항상 그리스도 안에 있어 하나님과의 친교가 계속되는 것이다(시84장).

3. 이스라엘의 공동체가 이루어진다.

하나님으로부터 승리할 수 있다는 확신을 얻은 다윗은 자기 병사들과 함께 아말렉을 추격하였을 때 마침 광야에서 애굽인 노예를 만나게 되고, 그의 인도를 따라 아말렉의 본거지를 습격하여 모두 점령하므로 시글락에서 빼앗겼던 모든 포로들은 말할 것도 없고, 물품들과 자산과 심지어 양 떼와 소 떼들 같은 가축들까지 다 찾아오게 되니 그것들을 가리켜 전리품(戰利品 spoils of war)이라고 했다. 이 전리품에는 비단 아말렉에게 빼앗겼던 것뿐만 아니라 그곳에서 노획하여 온 것까지도 차고 넘쳤으므로 아말렉 전투에 참여한 사백 명의 용사들뿐만 아니라 몸이 약하여 참여하지 못한 이백 명의 병사들에게도 다 같이 골고루 분배할 수가 있었다.

이 공동체 분배정신의 제안자는 다윗이 하였으나(30:21~24절), 이 공동체의 분배 정신이 모세 오경의 율법과 함께(민31:25~28) 다윗의 공동체 분배가 이스라엘의 율례와 규례가 된 것이다(30:25~31). 이 공동체 분배가 사도 시대에 있었던 예루살렘 초창기 교회의 모습이기도 하였으니(행2:42~47; 4:32~37) 시작은 예수님의 이적에서부터였다. 벳세다 광야에서 보리떡 나눔의 공동체이다(마14:13~21; 15:32~39).

제 31강 사울과 세 아들의 최후

본문 : 사무엘상 31장

사울과 그 세 아들의 최후에 대하여는 본 장(31)과 대상10:1~14에 기록되어 있다. 그리고 사울의 최후에 대하여는 28~31장까지이다. 이 기록들은 그의 참담한 인생 마지막의 수록들이다. 본질적으로는 사울의 불행은 그 자신에게도 있었지만, 그것보다는 이스라엘 백성으로 태어난 그 시대적 운명이 그를 그렇게 만들었다고 해도 지나친 말은 아니다. 그는 애당초(The very first time) 이스라엘의 왕이 되어서는 안 될 사람이었다. 그가 왕이 되지 아니하고 이스라엘의 평범한 백성들 중 하나였다면 본성, 본질적으로는 ① 준수한 소년(10:23절) ② 온유하고 겸손한 인격(9:21절) ③ 자기백성을 아끼고 사랑하는 애민의 열정(11:6~11절)이 있었기 때문에 많은 사람들에게 신망과 존경을 받으며 평탄한 생애를 보내었을 것이다. 그러나 메시야 계시 언약의 구속사적으로 전혀 지각이 없는 백성들의 장로들과 선민들의 아우성으로 이스라엘에 왕을 요청할 때에 유다 지파 이새의 가문에서는 전혀 준비되지 아니한 까닭으로 어찌할 수 없이 계시 언약의 구속사(창49:8~10)를 벗어나고 어기는, 베냐민 지파의 기스의 아들 사울을 왕으로 뽑아 세웠으니 이는 전혀 하나님께서 원하시고 바라시는 이스라엘 왕은 아니었다. 백성들과 장로들이 억지로 왕을 바라지 아니했다면 그때 다윗을 십 년 정도만 기다렸다면 창49:8~10

의 메시야 계시 언약의 구속사로 왕위가 이루어지고 메시야 계보, 계대가 원만이 계속되어질 것인데 그 몇 년간을 기다리지 못하고 왕으로 세워서는 안 될 베냐민 지파 기스의 아들 사울을 이스라엘의 초대 왕으로 세운 것이 그만 이스라엘과 사울의 가문이 붕괴를 당하게 된 것이다.

왕 위에 오른 사울 자신도 유다 지파 이새의 가문이 아니므로 자기는 임시적이고 일시적인 왕이라는 것을 알고 있었다면(23:17; 24:20~22; 26:21,25절), 구속사의 언약 계시인 창49:8~10 그대로 다윗에게 왕위를 물려주고 자기는 그냥 선왕(先王)으로 있었으면 오히려 자기와 자기 가문이 복된 가정, 가문으로 되었을 것인데 악령이 역사하는 그 유혹대로(16:14,15; 18:10~11절), 구속사의 원조이신 다윗을 죽이고 그 왕좌를 베냐민 지파에서 영구히 차지하려다가 스스로 저주받아 28~31장까지 계속적으로 멸망의 늪에 빠져들어 가드디어 삼상31장에 기록되어 있는 그대로 비참한 인생 최후를 끝맺게 되는 것이다.

본 장(31)의 내용은 ① 사울의 비참한 최후(31:1~6) ② 사울의 장사(31:7~13)등으로 나누어진다.

첫째: 사울의 비참한 최후(31:1~6)

전쟁의 시작은 아벡에서 하였지만, 블레셋이 이스라엘의 지역인 북방의 "길보아" 산까지 치고 올라갔으므로 약 50km 상위에서 사울과 그의 세 아들 요나단과 아비나답과 말기수아가 최후를 맞이한다.

블레셋이 사울과 세 아들을 주목하고 먼저 죽이려고 했던 것은 그 네 부자만 죽이면 전쟁은 블레셋의 승리로 끝나기 때문이다. 먼저 세 아들을 다 죽이고 나서 활 쏘는 자가 사울에게 쏘아 맞히니 사울이 크게 중상하여 자기 호위병에게 "네 칼을 뽑아 그것으로 나를 찌르라" (4절) 하였으나 감히 왕을 찌르지 못하므로 사울이 자기의 칼을 뽑아서 그 위에 엎드려 죽었고, 호위병도 스스로 자결하여 죽으니 그날에 사울 왕과 세 아들과 호위무사까지도 다 죽은 것이다. 이 죽음에 대하여 유대의 전승에서는 사울의 호위병은 도엑이며(21:7절), 엎드려져 죽은 칼은 놉의 제사장 85명을 죽인 칼이었다고 전한다(22:9,18절).

둘째: 사울의 장사(31:7~13)

사울이 중상하여 죽어가면서 호위무사에게 "네 칼을 빼어 그것으로 나를 찌르라 할례 받지 않은 자들이 와서 나를 찌르고 모욕할까 두려워하노라" 라고 유언을 남기므로 선민 이스라엘의 민족적 자긍심과 왕이라는 인격적 자존심을 내세우려고 했지만(31:4절), 자살하여 죽은 지 하루 만에 블레셋이 길보아 산에서 사울과 세 아들의 시체를 발견하고는(31:8절) "사울의 머리를 베고 그의 갑옷을 벗기고 자기들의 신당과 백성에게 알리기 위하여" (31:9절) 고대에서는 전쟁에 승리하면 적 왕의 머리를 베어 칼에 꽂아 만세를 부르는데 이것은 승리의 외침이다. 그런 후에는 머리는 괘에 넣어 갑옷과 함께 신전에 바친다.

그리고 몸뚱이는 갈래갈래 찢어 나누어 토막으로 자기들의 지방에 보내게 된다. 그때 블레셋은 다섯 지방이었기 때문에 그렇다면 사울의 시체는 다섯 갈래로 나누어 각 지방마다 보내었을 것이다(31:9,10절). 할례 받지 못한 블레셋 원수들에게 큰 치욕과 수치가 되지 않으려고 호위무사에게 자기를 죽여 달라고 한 사울은 오히려 죽은 후에 블레셋의 우상의 신전과 다섯 주의 각 지방마다 그 시체를 토막 내어보내었으니 죽은 후에 더 큰 모욕과 수치가 된 것이다(31:4,8~10절).

그리고 사울의 남은 시신과 세 아들의 시체는 길르앗 야베스 주민들이 약 20km 되는 거리를 밤새도록 달려가서 "벧산 성벽에서 내려 가지고 야베스에 돌아가서 거기서 불사르고 그의 뼈를 가져다가 야베스 에셀 나무 아래 장사하고 이레 동안 금식" (31:11~13절) 한 것이다. 이렇게 길르앗 야베스 사람들이 사울과 그의 세 아들의 시신을 존귀하게 여겨 장사해 준 것은 일찍이 길르앗 야베스 사람들이 암몬의 사악한 침략을 당하였을 때 사울이 하나님의 능력을 힘입고, 그들을 암몬으로부터 구원해 준 일이 있었기 때문이다(11:1~11절). 그러므로 이번에 길르앗 야베스 사람들이 사울 왕의 네 부자에 대한 행적은 전에 자기들에게 행한 사울의 은총을 갚는 보은이다.

구속사 설교

◈ 사울의 세 아들의 죽음 ◈

이스라엘과 블레셋의 전쟁의 시작은 아벡에서 했지만, 블레셋의 전 군대가 이스라엘을 치밀고 올라갔으므로(29:1,2절) 전쟁의 승패는 아벡의 약 50km 상위에 있는 길보아 산에서 결정이 났다. 블레셋 군대가 특별히 사울과 세 아들을 목표로 삼고 더 추격한 것은 이들만 잡거나 죽이게 되면 전쟁은 블레셋의 승리로 끝나기 때문이다. 그래서 먼저 세 아들을 죽인 후에(31:2절) 사울에게는 집중적으로 화살을 쏘아 마침내 사울도 죽인 것이다(31:4~6절). 여기서 성경적으로 논하여야 될 것은 사울은 자기 죄로 말미암아 죽어도 되지만 왜 요나단과 아비나답과 말기수아는 특별히 나타난 죄도 없는데 할례 받지 못한 이방인들에게 그들의 목숨을 내놓아야 했느냐? 하는 것이다.

1. 전쟁에 참여했기 때문이다.

전쟁이란 어느 전투이든지 간에 사람의 생명을 빼앗아가는 살인이다. 부친 사울만 전쟁에 나갔다면 부왕(父王)만 죽으면 되었지만, 부왕(父王)을 따라 전쟁에 참여하게 된 세 아들도 부왕(父王)을 따라 전쟁에서 죽게 된 것이다. 전쟁에서 죽지 않으려면 하나님께서 그 목숨을 지키시고 보존해 주어야 하시는데 하나님께서는 그 약속을 사울에게 주지 않으셨고(28:4~6절) 오히려 신접한 무당 귀신은 사무엘을 가장하여 점치는 사울에게 내일이면 블레셋과의 전쟁에서 대패하여 이스라엘 군대가 몰사당하겠고, 사울과 세 아들도 다 함께 죽으리라(28:19절)고 저주한 것이다.

물론 박수무당녀의 저주대로 된 것은 아니지만 어쨌든 사울의 사부자(四父子)가 이번 전쟁에서 한꺼번에 전사한 것은 하나님께서 다윗의 수십 번 전쟁과 환난에서 지키시고 보호하시므로 그 목숨을 보전해 주신 것처럼, 사울의 자식들은 지키심도 보전해 주심도 없었기 때문에 전사한 것이다.

2. 하나님의 공의의 결과이시다.

사울의 세 아들은 아버지의 죗값대로 죽은 것은 아니다. 성경에는 부모의 죄와 그 저주를 물려받은 연좌제(緣坐制 the involvement system)도를 묵인하시지 아니한다(신24:16; 왕하14:6; 렘31:29; 겔18:20등). 분명히 사울은 자기 자신의 죄에 따라 심판 받아 죽었다(삼상22:16~19). 의인 다윗을 죽이려고 삼천 명의 군대를 풀어 각 곳마다 수색하고 다녔다. 이에 대하여 다윗은 그의 목숨을 살려주면서 범죄에 대한 심판을 경고했다(24:12,15; 26:23,24절). 그러나 이미 악령에게 사로잡힌 사울의 영은 듣지 아니하다가 결국 하나님의 공의의 심판을 받아 죽었다. 그러나 세 아들은 이에 대한 죄가 없다. 더구나 다윗의 생명의 벗 요나단은 다윗의 왕위를 지켜주었고, 철저한 메시야 언약 계시의 구속사의 도구가 되었다. 요나단이 없이는 다윗의 구속사의 계보나 계대는 지켜질 수가 없을 정도로 목숨을 나누는 구속사의 생명의 친구였다. 그러므로 이 세 아들의 죽음은 실로 안타까운 전사이다. 더구나 요나단의 죽음은 더 그러하다. 그 어떤 이유로도 요나단의 전사(戰死)는 설명할 길이 없다. 분명히 하나님의 공의가 그에게도 있었을 것인데 그렇다면 이사야57:1~2로 그의 전사를 애도한다. "의인이 죽을지라도 마음에 두는 자가 없고, 진실한 아들이 거두어 감을 당할지라도 깨닫는 자가 없도다. 의인들은 악한 자들 앞에서 불리어 가도다. 그들은 평안에 들어갔나니 바른길로 가는 자들은 그들의 침상에서 편히 쉬리라" (사57:1,2).

3. 구속사의 도움이다.

요나단의 부왕(父王) 사울이 구속사의 "옛 뱀, 한 큰 붉은 용" 의 짐승(계12:1~4; 13:1~3)이라면(창3:15), 그의 장자 요나단 왕자는 메시야 언약의 구속사의 도우미이다. 그는 매제이며(18:21,27절) 둘도 없는 친우인 다윗을 육신적 관계로 생각지 아니하고 창49:8~10 안에서 ① 이스라엘의 왕이시며(23:17절) ② 메시야의 구속사가 다윗을 통해서만 이스라엘에 성취될 것이라고(20:12~16,42; 23:17절) 믿고 확인하였기 때문에 끝까지 다윗을 지키고 보호해 주려고 했던 것이다(19:4~7; 20:32~34절). 그러한 그가 다윗이 자기 대신 이스라엘의 왕이 되는 것을 보지 못하고 왜 일찍 전사해야 되었는가? 오! 그것 자체, 요나단의 사망 그것이 바로 다윗의 왕위와 구속사를 돕는 큰 도구, 일꾼이 되어 주기 때문이다. 부왕(父王) 사울은 이스라엘 어느 누구에게도 존경은커녕 신임도 얻지 못하였다. 그러나 왕자 요나단은 다윗만큼은 아니지만 그래도 이스라엘 왕자로서 높은 존경과 깊은 신임을 받고 있었다(14:43~45절). 그렇기 때문에 설령 다윗이 창49:8~10안에서 구속사 계보의 왕이 되지 못한다고 할지라도 요나단이 사울의 후계자로서 그 뒤를 이어간다고 해도 어느 누구도 반대할 자는 그리 많지 않을 만큼 덕스럽고, 애민(愛民) 정신의 왕자였다.

그런 가운데서 만약 다윗이 하나님의 계시 언약에 따라(창39:8~10; 사11:1,10) 이스라엘의 왕좌에 등극한다면 요나단을 지지하는 베냐민 지파를 중심으로 하여 많은 기득권 세력이 요나단 왕자를 왕위에 오르게 하려고 반역하므로 그만 이스라엘은 초기부터 분열하고 말 것이다. 이것은 유추(類推)적 착상만은 아니다. 사울의 사후에도 유다 지파는 다윗을 왕으로 옹립하였지만 다른 지파의 사울왕의 기득권 세력은 아브넬 장군을 중심으로 하여 사울의 남은 아들 중에 이스보셋을 왕으로 세우고 서로 다투고 싸우는 중에 있었다(삼하3:1,6). 그렇기 때문에 다윗이 사십 년간 왕으로 제위하는 동안 통일된 왕국은 예루살렘에서 삼십 년이었고, 분열된 나라는 헤브론에서 칠 년간이었다(삼하5:4~5; 왕상2:11; 대상29:26,27). 요나단이 없었는데도 사울의 남은 아들 이스보셋을 중심으로 하여 이렇게 다윗과 분열하였다면 만약 존경의 대상인 요나단이 생존했더라면 다윗의 왕국과 그 구속사는 어찌 되었겠느냐 하는 것이다.

그런 것으로 보면 어찌 생각하면 하나님께서 사울과 그 세 아들을 일찍 세상을 떠나게 하신 것이 오히려 요나단에게는 다윗의 왕위와 구속사를 돕는 큰 도구와 일꾼이 될 수 있었다는 것이다. 누구든지 이렇게 쓰임 받는 자는 구속사 안에서의 큰 자랑이요 무한한 영광의 자리에 참여할 자이다.

저자 **이준일** 목사

광신대(14회), 총신신대원(68회), 숭실원(A.L.P 1회),

섬김의 직책

숭실대 기독교문화연구소 성경 담당 / 기독교학술원 / 개혁신학회 감사 /
구속사 성경신학연구원장 / 동인천노회 성민교회 은퇴목사 / 2022년 7월 6일 소천.

연구현황

- 구속사 성경해석과 설교 창세기 출간, 하늘기획, 구속사성경신학연구원
- 구속사 성경해석과 설교 출애굽기 출간
- 구속사 성경해석과 설교 레위기 출간
- 구속사 성경해석과 설교 민수기 출간
- 구속사 성경해석과 설교 신명기 출간
- 구속사 성경해석과 설교 시편Ⅰ 출간
- 구속사 성경해석과 설교 시편Ⅱ 출간
- 구속사 성경해석과 설교 시편Ⅲ 출간
- 구속사 성경해석과 설교 여호수아·사사기 출간
- 구속사 성경해석과 설교 사무엘상 출간
- 구속사 성경해석과 설교 사무엘하 출간 예정

구속사 성경신학연구원 연구모임

때 : 매월 셋째주 목요일 10:00am-1:00pm
곳 : 인천광역시 서구 경서로 25번길 10 서해안교회

섬기는 이들

구속사 성경해석과 설교
- 사무엘상 -

발 행 | 초판 1쇄 2025년 5월 28일

지 은 이 | 이준일

편집위원 | 김동형 · 원태경 · 김동천 · 유석희 · 박찬영 · 박노준

편 집 처 | 구속사성경신학연구원

펴 낸 곳 | 하늘기획

마 케 팅 | 이숙희 · 최기원

관 리 부 | 이은성 · 한승복

북디자인 | 최수정 · 박상진

주 소 | 경기도 파주시 광탄면 혜음로883번길 39-32

등록번호 | 제6-0634호

I S B N | 979-11-92082-24-0 03230

총 판 | 하늘물류센터

전 화 | 031-947-7777

팩 스 | 0505-365-0691

※정가는 뒤표지에 있습니다.
※잘못 만들어진 책은 구입한 곳에서 친절히 바꾸어 드립니다.